W0062949

Walter Jäger

Das da draußen sind wir ...

Bausteine einer Pädagogik der Wahr-nehmung

7 Jahre unterwegs mit dem Mobilen Erfahrungsfeld zur Entfaltung der Sinne, Nürnberg

 verlag modernes lernen - Dortmund

© 1997 verlag modernes lernen, Borgmann KG, D - 44139 Dortmund

Gesamtherstellung: Löer Druck GmbH, Dortmund

Bestell-Nr. 1176   ISBN 3-8080-0389-8

Urheberrecht beachten!
Alle Rechte der Wiedergabe, auch auszugsweise und in jeder Form,
liegen beim Verlag. Mit der Zahlung des Kaufpreises verpflichtet sich
der Eigentümer des Werkes, unter Ausschluß des § 53, 1-3, UrhG.,
keine Vervielfältigungen, Fotokopien, Übersetzungen, Mikroverfilmun-
gen und keine elektronische, optische Speicherung und Verarbeitung,
auch für den privaten Gebrauch oder Zwecke der Unterrichts-
gestaltung, ohne schriftliche Genehmigung durch den Verlag anzufertigen. Er hat auch dafür Sorge zu tragen, daß dies nicht durch Dritte
geschieht.

Zuwiderhandlungen werden strafrechtlich verfolgt und berechtigen den
Verlag zu Schadenersatzforderungen.

Inhaltsverzeichnis

Der Junge, der Drachen, der Wind und die Welt

Plastik mit Aufdruck. Gerade gekauft.
Legt hin ihn. Spult Schnur ab. Rennt los.

Flieg! – Und schon kracht er im Bogen zur Erde.
Dann eben schneller! – Doch um so härter der Sturz.

Er will nicht! Noch einmal! Und er muß! Mit Gewalt.
Ziehen – Reißen – bis zum neunzehnten Mal.

So ganz fehlt dem Laufen das Wägen und Fragen.

Wutatmig. – Risse. – Das Schnurwerk verschoben.
Er kann es nicht richten. Er hat's nicht gebaut.

Da kommt er, der Fußtritt, holt aus und ... hält ein, denn
durch und durch unschuldig liegt da das Windtier,

verletzlich und leicht, und da ahnt er die Spur ...

*Das Buch ist diesem Jungen auf dem Marienberg in
Nürnberg gewidmet.*

Alles Verständnis fängt mit Bewunderung an.

J.W. v. Goethe

Ein Kreis schließt sich

In den Wintermonaten des Jahres 1983, ich bin Schüler
der *Schule Totales Theater* bei Jolanda Rodio in
Lützelflüh/Schweiz, entdecke ich bei einem Streifzug
durch die dortige Bibliothek einige Mappen der *Lose
Blatt Folge*, eines mir bis dahin völlig unbekannten
*Arbeitskreises Hugo Kükelhaus Organismus und Technik
e.V.*

Mir fallen in den teilweise handschriftlich verfaßten
schwarz-weiß gedruckten Seiten vier farbige Flecke auf.
Als ich neugierig die Finger darübergleiten lasse, stelle
ich fest, daß sie mit der Hand aufgemalt sind. Daneben
sind Worte notiert: „Ocker, Umbra-grünlich, Böhmische
Grüne Erde" und „Caput mortuum dunkel".

Bei meinem damaligen Interessenschwerpunkt für
Regietechniken und Schauspielunterweisungen hätte ich
Themen wie „organlogische Architektur" oder
„Goetheanische Farbenlehre", die in dem Heft auch
auftauchten, wohl ins Regal zurückgestellt, wenn mich
nicht diese Tatsache fasziniert hätte:
Jemand mußte sich da viele Stunden Zeit genommen
haben, um kostengünstig auf hunderten von Blättern
genau **die** Farberscheinung zu erzeugen, die er oder sie
für die Erörterungen im Text benötigte. Das Papier mußte
dann ja zur Trocknung ausgelegt worden sein und
anschließend entsprechend gestapelt und geheftet.
Ich kopierte mir die farbigen Flecke, in der untrüglichen
Empfindung auf einer Spur zu sein, und stürzte mich
wieder in die Theaterarbeit.

Ich wußte nicht, daß ich, dieser kaputt-kopierten Farbspur folgend, 1987 in Konstanz auf das *Erfahrungsfeld zur Entfaltung der Sinne* eines wenige Jahre zuvor verstorbenen Hugo Kükelhaus stoßen würde. Dieser Name hatte auch unter dem Artikel mit den Farbflecken gestanden. Selbstverständlich wußte ich auch nicht, daß dieses Erfahrungsfeld mich so sehr bewegen sollte, daß ich zwei Jahre lang versuchen würde, die Mitarbeiter des Kulturamtes in Nürnberg davon zu überzeugen, es in unsere Stadt an der Pegnitz einzuladen.

Doch es gelang. Und als im Sommer 1989 die Container der *Düsseldorfer Erfahrungsfeld GmbH* wieder vom Platz rollten, waren 26 000 Besucher gekommen.

Für mich stand fest: Das stärkste und für mich zugänglichste Element des Erfahrungsfeldes war die „Führung". Geschlossene, vorher angemeldete Gruppen wurden darin durch kleine Anregungen, Experimente und Gespräche mit den verschiedenen „Stationen" vertraut gemacht, wie diese Erfahrungsinstallationen auch jetzt noch heißen. Sie besitzen eigenartige Namen wie Doppelschaukel, Einsaiter, Chladnische Klangtafeln, Doppelspirale, Fußtastpfad, Schwungstein ...

Tatsächlich kann sich in der tätigen Auseinandersetzung mit diesen Stationen eine Atmosphäre des Reisens vermitteln. Keiner Reise in ferne Länder jedoch, sondern vielmehr hin zur Unmittelbarkeit des ganz Nahen, häufig erstaunlich Unbekannten. So z.B. zu einem aufmerksamen Abschreiten der verschiedenen Ebenen menschlicher Wahrnehmung, zu der Begegnung mit verschiedenen Bedeutungs- und Sinnregionen, bis hin zum Erleben all dessen als tief verankert in unserem lebendigen menschlichen Organismus.

Diese Art der Reise wollte ich nun unter zwei Gesichtspunkten verändern. Die erste war, die Besucher bei sich „zu Hause" anzutreffen in ihren Institutionen und Räumlichkeiten, die häufig alles andere als „Erfahrungsfelder" sind:

nämlich Schulen, Gemeindehäuser, Heime, Krankenhäuser usw.

Die zweite Absicht ergab sich aus der ersten: das zu diesem Vorhaben benötigte Material mußte sehr mobil sein. Eine kleine wendige Ausstattung ohne feste Räumlichkeiten oder jeweilige Platz- und Erschließungskosten und einem Minimum an Lagerraum sollte auch eine geeignete Grundlage sein, um dem vorhersehbaren Konflikt zwischen pädagogischen Absichten und ökonomischen Notwendigkeiten zu begegnen.

Mit Unterstützung der *„Kooperation Freizeit-Schule"* des Kulturamtes der Stadt Nürnberg, welche das Projekt seitdem finanziell bezuschußt, ging ich also daran, mit solidarischem Einverständnis der „Erfahrungsfeld GmbH", nach den von Hugo Kükelhaus entwickelten Vorgaben ein mobiles Erfahrungsfeldinstrumentarium anzufertigen und zusammenzustellen.

Bald stellte sich die entsprechende Nachfrage ein. Die meisten Einladungen kamen von Anfang an aus Grundschulen. Inzwischen gibt es aber kaum einen Schultyp, bei dem das Mobile Erfahrungsfeld noch nicht zu Besuch war.

Seit geraumer Zeit teilt sich diese Arbeit nun ein Stamm von MitarbeiterInnen: die verschiedenen Einsätze mit dem Erfahrungsfeld, Reparaturen, Schriftverkehr, Forschung, Weiterentwicklung, Fortbildungsveranstaltungen usw.

Wir besuchen Kirchengemeinden, Gewerkschaften, Institutionen der Fort- und Weiterbildung, der Suchtprävention, der Jugend- und Erwachsenenbildung, der Arbeit mit Menschen mit Behinderungen usw.

Ein bewegendes, sich ständig entfaltendes Arbeitsfeld hat sich aufgetan, und es ist noch nicht einmal ansatzweise ausgelotet, was damit noch alles geschehen kann...

Etwa 3 Jahre lang bestand zusätzlich ein *Kükelhaus-Arbeitskreis*, in dem die VertreterInnen verschiedenster Berufe zusammentrafen und ihre Erfahrungen und Gedanken austauschten. Aus den Fachbereichen von Biologie, Architektur, Ingenieurwesen, Pädagogik, Musik, Physiologie usw. erörterten wir Fragen von Rhythmus, Ökologie, Stadtplanung, Harmonik, Geometrie, Menschenbildung ...

Eine richtige Querdenker-Werkstatt.

Nach einigen hundert Einsätzen mit dem Mobilen Erfahrungsfeld wurden wir Mitglied im „Arbeitskreis Organismus + Technik e.V.". Auf eben jenen Arbeitskreis geht auch die Anregung zurück, über das Nürnberger Erfahrungsfeld eine Veröffentlichung zu beginnen. Das geschieht nun 14 Jahre nach der Begegnung mit den Farbflecken im Schweizer Emmental und fast zeitgleich mit der Eröffnung eines jährlichen großen stationären Erfahrungsfeldes der Stadt Nürnberg.

Ein Kreis schließt sich.

Werte Leserin, werter Leser!

In Veröffentlichungen sollte man nicht so tun, als würde man/frau aus einem gewissermaßen rein sachlichen Interesse heraus eigentlich nur so vor sich hindenken und -schreiben, und als käme der Leser dann eher zufällig dazu. Deshalb möchte ich mich hier eingangs direkt an Sie wenden und Ihnen und mir die Gelegenheit geben, uns einander schrittweise anzunähern, um herauszufinden, ob Ihre und meine Gedanken es verantworten können, für geraume Zeit die gleichen Räume zu durchqueren.

Ich nähere mich Ihnen, in dem ich Ihnen meinen Ausgangspunkt nenne:

Das Verschwinden der Wirklichkeit

- Die Kunst der Zubereitung von Speisen verschwindet in Fertignahrung und Fastfood.

- Musik verschwindet in Konservenregalen.

- Kühe verschwinden im Milchpulver.

- Das Feuer als Wärmequelle und Symbol verschwindet hinter Drehknöpfen und Termostaten.

- Besuche verschwinden im Telefonkabel.

- Krankheitsprozesse verschwinden hinter Impfungen und pharmazeutischen Produkten.

- Geld verschwindet hinter Abbuchungsziffern, Entfernungen hinter Autobahnkreuzen und das Wetter hinter der Stadtgrenze.

Sind Sie noch da?
Das Auflisten von Unannehmlichkeiten schafft selten
Sympathien, ich weiß. Gehen Sie noch ein Stück mit?

- Recht verschwindet im Kleingedruckten.
- Kreativität verschwindet hinter Selbstbedienung und
  Versandhauskatalogen.
- Tatsachen verschwinden in Datentürmen.
- Waldsterben, Umkippen von Gewässern,
  katastrophales Artensterben oder Ozonlöcher
  verschwinden hinter mediterranen Urlaubsprospekten.
- Verkehrstote verschwinden hinter erotisierenden
  Werbespots für Autos, Motorräder und Equipment.
- Das eventuelle Mitleiden, Mitdenken, Mithoffen,
  Mitleben, Mitlieben während der täglichen
  Fernsehstunden verschwindet mit dem Ausschalten
  hinter Einbauschränken und Schlafzimmertapeten.

Übertrieben? – Zynismus? – Oder einfach Wirk-lichkeit?

- Die menschliche Seele verschwindet in Coolness,
  Verdrängung und dem Fachjargon der Psychologen und
  Laienideologen.
- Behinderte, alte oder geistig und psychisch
  pflegebedürftige Menschen verschwinden in Anstalten.
- Liebe verschwindet in Sentimentalität,
  Geldgeschenken, Telefonsex und Fastfood-Beziehungs-
  kisten.

- Pädagogik verschwindet in der Katalogisierung von Leistungsanforderungen.

- Was das typisch Menschliche ausmachen könnte, verschwindet hinter graphischen Darstellungen von Eiweißketten, zündenden Gehirnsynapsen, Molekulargruppen und subatomarem Gewimmel, notdürftig zusammengeschnürt durch kybernetische Informationskonstrukte.

Aha, Sie sind also hart im Nehmen. Das ist gut. Wir arbeiten jetzt bereits zusammen. Ich habe mit dem Schreiben etwas vorgelegt. Jetzt liegt es an Ihnen, „den Hörer nicht aufzulegen".

Die eigentliche Wirklichkeit von beschriebenem Papier besteht ja nicht in dem vom Schreiber produzierten Inhalt, sondern in dem, was der Leser und die Leserin persönlich herausliest, also selbst entwickelt, finden Sie nicht?

Übrigens, Sie können noch aussteigen.

- Der ganze relevante gesellschaftliche Produktions-prozeß verschwindet weitgehend hinter Mauern, Firmenschildern, Stacheldraht und in Top-secret-Konferenzen.

- Der blühende Waffenhandel zur Anheizung immer grausamerer Kriege und die globale atomare Bedrohung durch Waffenarsenale und Kernkraft-anlagen verschwindet hinter zur Ideologie verkommenem Bemühen um Arbeitsplätze und einem opferheischenden Wirtschaftsstandort Deutschland.

- Enttäuschung, Demütigung, Wut, Selbstaggression, Verzweiflung und Depression verschwinden zusammen mit den immensen Gestaltungsfragen der ganzen sozialen und ökologischen Realität hinter einem

Spektakel von Konsumangeboten, Trimmpfaden,
Catcher-Arenen, Horror-Videoclips und Fremdenhaß.

Ja, zugegeben, ich bin wütend. Und Sie?

Es kann losgehen.

Die Pflege und Kritik unserer
Sinne wäre einer der
wichtigsten Beiträge zur
Umweltpolitik.

K.M. Meyer-Abich

Alle reden von den Sinnen,
manche wie um den Verstand
gebracht.

G. Selle

Wer nicht mehr sinnlich ist, ist
nicht mehr.

L. Feuerbach

Die Sinne werden im Rahmen
der diversen Schulen ... seit
geraumer Zeit wieder
angesiedelt, wie im bayerischen
Wald die Luchse ... Man kann
sie sich wieder halten.

K.-J. Pazzini

Über dieses Buch

Pädagogische Veröffentlichungen müssen gegenwärtig notwendigerweise geprägt sein von Sorge.

Sorge jedoch liest sich nur dann gut und gerne, wenn dabei das Gegengewicht der Freude über konstruktive Ansätze und Möglichkeiten der Veränderung erkennbar wird.

Die Ursachen der Sorge, aus der das hier beschriebene Projekt hervorgeht, sind jedoch sehr tiefgreifender Art. Sie betreffen gewissermaßen das Zentralnervensystem unseres gesamten gesellschaftlich-kulturellen Zusammenlebens, nämlich die Instanzen, mit denen wir unsere vielschichtige Wirklichkeit überhaupt als solche bestimmen und verarbeiten: die individuellen und kollektiven Organe der Wahr-nehmung.

In einer solchen Situation können die Äußerungen von einzelnen nur sehr bedingt zwingende Beiträge leisten. Nur ein breiter Strang von Impulsen vieler darf hoffen, sich sowohl Klarheit als auch Gehör zu verschaffen. Dieser Strang aber, um im Bild zu bleiben, besteht aus unverzichtbaren Einzelfäden.

Ein solcher Impulsfaden wollen diese hier vorgelegten Texte sein, die Sie jetzt begonnen haben zu lesen.

Sie sind, wie auch die ganze Arbeit mit dem Erfahrungsfeld zur Entfaltung der Sinne, geprägt von häufigem Perspektivenwechsel.

Pädagogische oder überhaupt gesellschaftliche Situationen bieten uns selten eine ein-deutige Richtungssicherheit. Auch sind sie immer vielgestaltig und fordern von uns eine Art perspektivischer Gelenkigkeit.

Aus dem personenbezogenen Detail einzelner
Arbeitssituationen also hinein in globale Zusammenhänge
und deren Begrifflichkeit. Aus der Beschreibung
gesellschaftlicher Wirklichkeit hinüber in die
Auswirkungen auf unsere Sinnesorganisation.
Von der Diskussion pädagogischer Zielbestimmungen über
illustrierendes Bildmaterial vielleicht hinein in die
Sprache von Bauanleitungen für Erfahrungsstationen.

Sehr kurze Zitate im Vorspann zu den Kapiteln sind nur
mit Quellenangaben versehen, wenn sie ausdrücklich zum
dort Weiterlesen einladen sollen.

Die einzelnen Texte des vorliegenden Buches sind zu
unterschiedlichen Zeiten und Anlässen entstanden.
Zentrale Gedanken werden aus verschiedenen Kontexten
heraus mehrmals angesprochen.

Kein linearer und abgerundeter Text erwartet Sie also,
schon gar nicht aber die Strenge von Wissenschaft-
lichkeit.

Es sind im Laufe der Praxis entwickelte Gedanken,
Arbeitsmaterialien, Anregungen, Wegdokumente, offene
Fenster ...

Das Erkennen ist kein Feststellen, sondern eine Begrüßung,
kein Beinstellen, sondern ein Kuß.

H. Kükelhaus

Als Kind habe ich immer
gedacht, die Füße des
Regenbogens stehen irgendwo
auf der Erde. Da möchte ich hin.
Heute weiß ich: Nichts hat einen
Fleck, nichts eine feste Stelle.
Aber alles ist ein Fleck und eine
Stelle ... für einen Regenbogen.

Von einem Soldaten aus dem
zweiten Weltkrieg.
(Aufgeschrieben von Hugo
Kükelhaus[1])

Nur einfach rotes Licht

Achtundzwanzig 8-10jährige Mädchen und Jungen sitzen
verstreut am Boden ihres kaum wiederzuerkennenden
Klassenzimmers. Alle Bänke und Stühle haben sie
hinausgetragen auf den ohnehin völlig ungenutzten Flur.

Sie sehen angeregt auf eine in einer etwas dunkleren
Ecke aufleuchtende große rote Fläche und rufen
durcheinander: „Tomaten – rote Pullover – Clownsnase –
Paprika – Lippenstift – Ketchup – ...".

Nur wenige Blicke haben sich irgendwo an der Decke
verloren. Sie suchen aber, sich erinnernd, bald wieder den
leuchtenden Plexiglasschirm auf.

Noch ein Augenpaar gibt es. Es sieht nur gelegentlich in
das Rot. Ein Erwachsener sitzt etwas weiter hinten und
schaut nachdenklich auf seine Schützlinge. Er ist heute
mal nicht dran. Etwas ungewohnt, aber doch angenehm.
Er sieht die Kinder an diesem Tag aus anderer
Perspektive und in anderen Situationen.

---

[1] 1981, S.12

– Wenn ich später das Licht ausmache, sagt ihr mir, was
ihr seht –, wird neben dem Wandschirm noch eine
andere Erwachsenenstimme vernehmbar. – Gespanntes
Warten. – Seid ihr bereit? – Das bekannte Klassenjaaaa.
Das rote Licht erlischt. Einfaches Weißlicht bleibt, und
die Kinder rufen durcheinander:

„grüüün, blaugrüüün, das Meer, türkis ..."

„Ich seh' gar nichts!" schimpft jemand vorwurfsvoll,
dessen Aufmerksamkeit sich immer wieder im
Klassenzimmer selbständig gemacht hatte. – Stille. –

– Wo kommt das Grün her? Dieses Meer, dieses Türkis,
von dem ihr gesprochen habt? –, fragt der Mann an den
farbig markierten Lichtschaltern. Die Blicke wandern
hinter die Plexiglasscheibe. Nur ein weißer Scheinwerfer
ist an. Weit und breit kein Grün. „Jetz' isses auch fast
weg.", ruft eine helle Stimme. „Stimmt", wird bestätigt.
„Nochmaaal!" – „Ja, nochmal!" – „Oder mal grünes
Licht!"

Wieder sehen die Kinder, jetzt einer Sache auf der Spur,
in nichts weiter als einen einfarbig von hinten
beleuchteten Wandschirm. Jetzt ist Grün dran. –
„Frösche – Polizeiautos – Bäume – Schnittlauch – slimy
– Robin Hood – Dinos – ...".

Diese Aufzählungen helfen die 1 bis 1 1/2 Minuten zu
überbrücken, die das Sehen zur Gewöhnung an die
Farbe benötigt.

– Seid ihr bereit? –

Wieder ist das leise Klacken des Schalters zu
vernehmen. Wieder bleibt Weißlicht an, und die Kinder
rufen: „Rosa – rot – rötlich – Abendrot" durch's Zimmer.
Oft wünschen die, wie man annehmen darf und wie
später im Gespräch deutlich wird, fernseh- und
videogewohnten Kinder nichts weiter als „nochmal das
Rote!".

Die zuschauende Lehrkraft hat längst den Farbkreis unter dem Wandschirm hängen sehen. Im Gespräch wird deutlich, daß bestimmte Farben „zusammengehören".[2]

Bei genauerer Untersuchung der Lichtanlage und in weiteren Versuchen wird klar, daß es nichts anderes sein kann als das Sehen selbst, das im Betrachten einer dieser Farben die jeweils entsprechende „Gegenfarbe" erzeugt, die wir im Nachbild wahrnehmen.

Die Lehrkraft denkt vielleicht an den Begriff der *Optischen Täuschungen*, und weiß noch nicht recht, was sie davon halten soll, daß dieser überhaupt nicht auftaucht. Es scheint hier eher um eine **Fähigkeit** unserer Wahrnehmung zu gehen als um ein Mißgeschick.

Der Mann beim Wandschirm hält in die Rufe nach dem noch ausstehenden blauen Scheinwerfer plötzlich eine

---

[2] Wenn wir die Technik noch weiter verbessert haben und das Licht mit präziseren Farben ausstatten können, wird es hier Farben geben, die sich gegenseitig zu einfacher farbloser Helligkeit ergänzen: die Komplementärfarben.

sich drehende schwarz-weiße Scheibe hinein und fordert wieder dazu auf, sich genau anzusehen, was geschieht.

Aufmerksames Beobachten.

„Geil! Ich dreh' voll ab."

„Oh, ein Tunnel!"

„Das kommt ja richtig entgegen!"

– Schaut mal eine Zeit lang nirgends anders hin als auf die Scheibe. Ich mache euch dann nach ca. einer Minute noch einen Vorschlag. –

Da inzwischen klar ist, daß es sich bisher immer gelohnt hat, kommen auch Kinder mit dem Du-kriegst-mich-nicht-Blick der Aufforderung nach.

Eine Minute ist lang in dieser Situation.

– Und nun schaut mal auf den Boden. –

Jetzt gibt es für ein paar Augenblicke richtig ernste, fast besorgte Gesichter. Und ein Mädchen sagt fast wie nur zu sich selbst: „Mensch, ich sacke voll weg!".

„Nochmaaal" – Wieder dreht sich die Scheibe. Diesmal entstehen beim Umsehen maskenhafte Verzerrungen auf den Gesichtern der Nachbarkinder. – „Bei Herrn Linke geht's auch!", kreischt eine Stimme.

– Was seht ihr? –

„Es wabert." – „Es dreht sich."

– In welche Richtung dreht es sich? –

„So wie vorhin auf der Scheibe!"

– Tatsächlich? –

„Nein, anders herum!"

– Ja, wie nun? –

„Nochmal". – Viele antworten jetzt: „andersherum!"

– Wer macht das, was wir an der Wand, auf dem Boden und in den Gesichtern sehen? –

Stille.

„Naja, unser Schauen, unsere Augen, so wie vorhin." – „Hm, naja, wer sonst."

Es entsteht hier häufig eine Art Nachdenklichkeit, bei der es vielleicht wirksamer ist, nicht weiter nachzufragen oder mit Erfahrungen aufzuwarten.

Angesichts eines rechtsdrehenden und „entgegenkommenden" Seheindrucks erzeugt unser Organismus ein Antwortgeschehen mit linksdrehender, „sich entfernender" Charakteristik.

Wären es nicht 8-10jährige Kinder gewesen in dieser Vormittagsstunde, sondern z.B. 14jährige Schülerinnen und Schüler, so wäre das ganze Gespräch selbstverständlich ganz anders verlaufen. Der Mann am Wandschirm hätte vielleicht an irgendeiner Stelle unvermittelt etwas provozierend behauptet: „Seht ihr, und deshalb kriegt man irgendwann, früher oder später, Krach mit seinen Eltern. Oder ist das etwas anderes?".

Ein vielgestaltiges Gespräch könnte folgen.

Ein gerade beobachtetes Geschehen, welches die Schule dem Physikunterricht zuordnen würde, könnte z.B. beim Elternabend gleichnishafter Zugang sein zu der unausweichlichen und brennenden Alltagsfrage: Wie durchleben Kinder und ihre Eltern die Zeit der Pubertät, des erwachenden selbständigen Denkens, der trotzigen und häufig trotzdem so konstruktiven Opposition „gegen jeden und alles". Wie bleiben wir in diesen unwegsamen Jahren im Dialog? – Wie machen wir sie zu dem, was sie auch sein können: eine gesellschafts- und kulturimmanente Verjüngungskur?

Ein gerade entdecktes Organgeschehen wird im Sinne seiner inneren Gesetzmäßigkeit je alters- und personengemäß in Situationen des gesellschaftlichen Alltags wiedererkannt. Erfahrungen werden ausgetauscht, Vorschläge erörtert.

Für die Grundschüler ist das Geschehen am Wandschirm selbst bereits die Anregung: Unser Sehen kann selbst Farbigkeit und Bewegungseindrücke erzeugen, und es tut das innerhalb von Gesetzmäßigkeiten, die uns allen eigen sind, die Bestand haben, die das ganze Sehen umfassen, zusammenhalten und be-gründen.

Im Sehen offenbart sich eine Art „Gleichgewichtssinn", ein ständiges Ergänzen von Teileindrücken zum gar nicht bewußt Wahrgenommenen des Ganzen von Licht, bzw. beim Betrachten der Scheibe ein dem ursprünglichen Bewegungscharakter entgegengesetzer organismischer Seheindruck.

Die Lehrkraft kann eventuell in den nächsten Tagen auf solche Vorgänge und Themen eingehen, daran anknüpfen, sie vertiefen.

Noch besser lernen wir dieses Geschehen verstehen, wenn wir uns mit dem Phänomen der „farbigen Schatten" beschäftigen.

Unser Sehen ergänzt, wie schon erwähnt, jeweils im Farbkreis genau gegenüberliegendes farbiges Licht zu farbloser „ganzer" Helligkeit. Daraus ergibt sich in der umseitigen kleinen Versuchsanordnung, daß der „Schatten" der Hand innerhalb des von beiden Lampen (rot und weiß) beleuchteten Feldes sich grün(!) zeigt.

Wie geschieht das?

Das rote Licht bindet aus der weißen (besser und richtiger „ganzen") Helligkeit etwas Grünanteile zu weiterer „ganzer" Helligkeit, die uns kaum weiter auffällt.

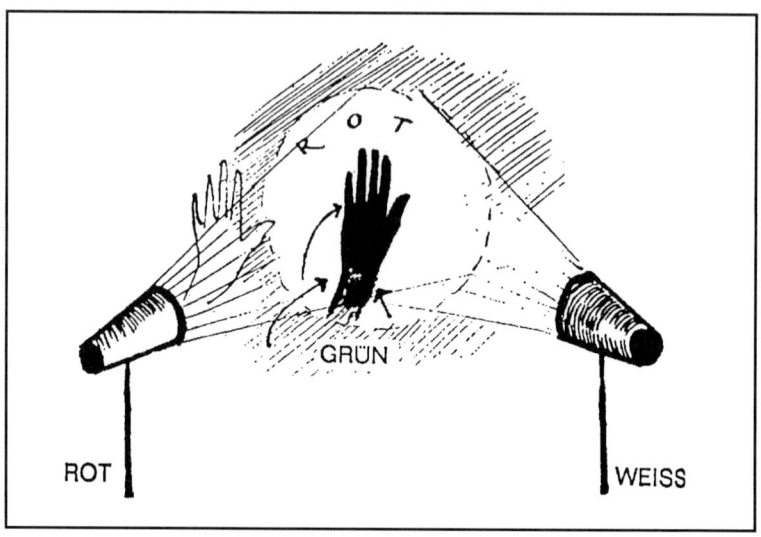

Diese abgegebenen und neu gebundenen Grünanteile
„fehlen" aber nun dem Licht das sich um den „Schatten"
verbreitet. Die Färbungen des Schattenumfeldes bestehen
also einmal aus aufgehelltem Rot (Rot+Weiß), und zum
anderen etwas „entgrünter" Helligkeit aus der neutralen,
weiß scheinenden Lampe. An einer einzigen Stelle hat
jedoch der volle ungehinderte Charakter der weißen
Leuchte Zutritt: im „Schatten".

Dieser Umstand ist es nun, der dem Sehen auffällt: Das
Licht des „Schattens" ist **grüner** als sein etwas
„entgrüntes" Umfeld. Nun wird auch klar, warum das
Wort „Schatten" immer in Anführungszeichen stand.
Wenn hier von *Schatten* die Rede sein kann, so nur in
bezug auf die Farbe des Lichts **außerhalb** der grünen
Hand. Dieses Umfeld ist es, dem im Vergleich zu ganz
farblosem, und auf unserem weißen Untergrund deshalb
weiß erscheinendem Licht etwas „fehlt": es sind die
„geopferten" Grünanteile. Dieses Licht im Umfeld ist eben
rötlich. Rötlich durch Grünverlust und selbstverständlich
– besonders weiter links – durch die rote Leuchte.

Der „Schatten" jedoch weist die von der Lampe ausgestrahlte und den Hintergrund ungehindert erreichende volle oder ganze Helligkeit auf, die **grüner** erscheint, als das „entgrünte" Licht im Umfeld der Hand. Der „Schatten" ist also tatsächlich grüner als sein Umfeld. Wir können in diesem Sinn von einer physikalischen Farbe sprechen. Dieser Tatbestand muß aber nun auch durch das menschliche Sehen **erkannt** werden. Das mehr an Grün muß dem für sich alleine betrachteten **weißen** Schatten aber nun auch von jemandem „angesehen" werden. In diesem anderen Sinn können wir von einer physiologischen Farberscheinung sprechen.[3]

Schrittweise gibt sich das Wesen des Lichtes zu erkennen. Das Wesen dieses Lichtmeeres, welches alles Wachstum auf der Erde erst möglich macht, aber auch jenes kleinen Lichts, das wir mit Lichtschaltern anknipsen oder im Kerzenschein vorfinden. Wir begegnen also dem Gesamten aller Lichterscheinungen, welches die zeugende Ursache ist für die uns alltäglich gewordene Tatsache, daß wir ein Augenlicht besitzen, das uns auf so umfassende Weise die Welt eröffnet, und zusätzlich auch die Grundlage liefert für unsere Vorstellungskraft, unsere Träume, Wahrbilder und Symbole.

In uns aufnehmen können wir die schrittweise durchschaubar werdenden Phänomene des Lichtes jedoch erst, weil unser Sehen genau adäquat auf all dieses

---

[3] Sie können den Versuch unschwer selbst aufbauen und daran Ihre Beobachtungen machen. Sie tauchen damit ein in einen bereits Jahrhunderte währenden Streit, welchen Charakters nun diese Farberscheinung sei. Physikalisch oder physiologisch. Im Sinne der obigen Herleitung hätten beide Sichtweisen Recht behalten.
Literatur zum Neugierigbleiben mit vielen leicht nachvollziehbaren Experimenten:
Ott / Proskauer: Das Rätsel des farbigen Schattens, 1979

Geschehen zu antworten gelernt hat, indem es in seinem organischen Aufbau von diesen Gesetzmäßigkeiten ebenfalls durchdrungen wurde.

Wir besitzen in unseren Augen Organe, die alles Farbige aus sich heraus im Verhältnis zum Ganzen jeglicher Lichterscheinung betrachten. – Lichtorgane einer Lichtwelt.

An der Wand des Klassenzimmers hängt in Bambusverstärkungen eine für diese Schulveranstaltung mitgebrachte handgeschriebene Stofftafel mit der chinesischen Spruchweisheit:

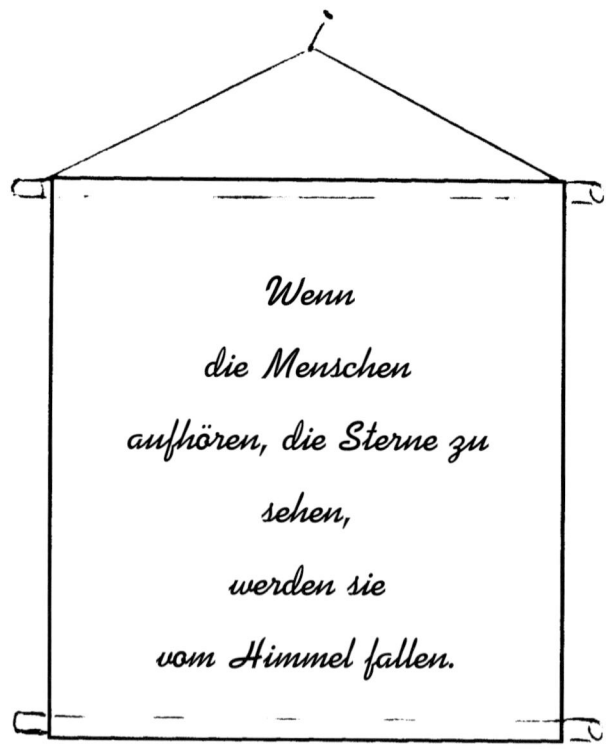

Wenn

die Menschen

aufhören, die Sterne zu

sehen,

werden sie

vom Himmel fallen.

Elementares und Exotisches

Im Erfahrungsfeld gibt es eine Maurerkelle, einen Cellobogen, ein Gefäß mit Sand und ein Stück Harz.

Der Stahl für die Kelle entstand in einer Hitze von 1400 Grad. Ein zusätzlicher Schmiedevorgang bei ca. 800 Grad hat das Material durch Veränderungen des inneren Gefüges so gehärtet, daß es erhöhte Stabilität, aber auch erhöhte Schwingungseigenschaften aufweist.

Den Cellobogen verdanken wir dem Holz einer Pflanze mit dem Namen Fernambuk. Seine Maserung erinnert uns an

Jahre des Wachstums in einer Umgebung, die wir nicht kennen. Wir versetzen den rauhen straffen Pferdehaarstrang an der Stellschraube in die geeignete Spannung und streichen mit dem harzigen Kolophonium einige Male gleichmäßig an ihm entlang. Ein feiner Duft von „Bäumeklettern und klebrigen Händen" verbreitet sich.

Der Quarzsand dient sonst Vögeln, die in Käfigen leben müssen, als Unterlage für ihre wenigen Sprünge. Bei günstiger Sonneneinstrahlung sieht man, daß er ganz fein glitzert.

Wenn wir eine Prise dieses Sandes auf die waagerecht gehaltene Kelle streuen, sehen wir die typische Formation von „einfach Hingestreutem": eine eher chaotische Ansammlung von winzigen Körnchen ähnlicher Größe. Manche sind seitlich zur Erde gefallen und knirschen beim Auftreten hart unter unseren Schuhsohlen.

Nehmen wir in die andere Hand den Cellobogen und streichen mit ihm die Kelle an einer Kante so an, wie es die Musiker auch mit der Saite des Cellos tun, so geschieht etwas Erstaunliches: das Chaos der Sandkörner beginnt zu tanzen. Das heißt zum einen, daß es beginnt, sich zu bewegen, und zum anderen, daß diese Bewegung annähernd symmetrische, organisch anmutende Ordnungen im Sand erzeugt.

An verschiedenen Stellen der Kellenkante entstehen verschiedene Töne. Nicht alle Stellen aber sind gleich „empfänglich". Jeder Ton besitzt offensichtlich ein stets wiederkehrendes harmonisches Schwingungsmuster.

Kinder, mit denen wir diese Muster erzeugen, sind voller Staunen und Bewunderung über diese ornamentalen und symmetrisierenden Wunderwerke. Jede(r) will einmal den Bogen, will einmal solch eine Formation hervorbringen, ihr Erzeuger sein.

Manche Kinder erinnern sich lässig an eine Sendung der Knoff-Hoff-Show, die gegenüber allem, das uns Staunen oder Achtung entlocken könnte, das Showgehabe überlegener Souveränität und des „Nichts-als" ausbreitet.

„Alle hersehen! – Die Welt ist wunderbar, stecken wir sie in die Tasche".
Genauer: In eine abtuende Gehirnschublade.

Die Anordnung auf der Kelle gibt ihr Ergebnis nur dem preis, der bereit ist, verschiedene Hindernisse zu bewältigen. Der Bogen muß während des ganzen Striches an der genau gleichen Stelle bleiben. Die Hand muß am besten einen genau geraden und senkrechten Weg durch den Raum in Richtung zum Boden finden. Da der Bogenweg entsprechend lang ist, muß der ganze Körper bereit sein, der Hand zu folgen. Die Dynamik dieser ganzen Geste muß zudem eine annähernd gleichmäßige sein, dann wird das Bild am prägnantesten und eindrücklichsten. Die Bewegungsqualität überträgt sich also unmittelbar auf die Bildqualität.

Geringe Mengen von Sand, die während des Streichens zugestreut werden, gliedern sich sofort ein in die Gesamtformation, als ob die einzelnen Körner genau „wüßten", wo sie hingehören.

Die Kinder finden schnell Namen für diese Bilder: die Maske, die Sonne, die Schere, die Tänzerin ohne Kopf ...

Während der Sand tanzt, lassen wir jemanden mit aufmerksamen Augen oder auch einer Lupe ganz nah an dieses Geschehen herantreten und uns berichten, was da im Kleinen und Kleinsten geschieht. Die einzelnen Körner sind die ganze Zeit über in scheinbar chaotischer Bewegung begriffen, erzeugen aber ständig die Formation als Ganzes, der sie angehören. – Die ständige Dynamik des Konstanten. Eine komplexe, spielerisch anmutende „Arbeitsteilung" zu einem einenden Formziel.

„Auch wenn wir alle immer wieder die Plätze wechseln würden, hätten wir doch trotzdem immer die gleiche Sitzordnung im Schulzimmer."

„Wir und unsere Lehrerin, wir bleiben auch immer die Gleichen, trotzdem ist jeder Tag anders."

„Und meine Gedanken vertauschen sich ständig, und ich mache es aber immer mit dem gleichen Grips."

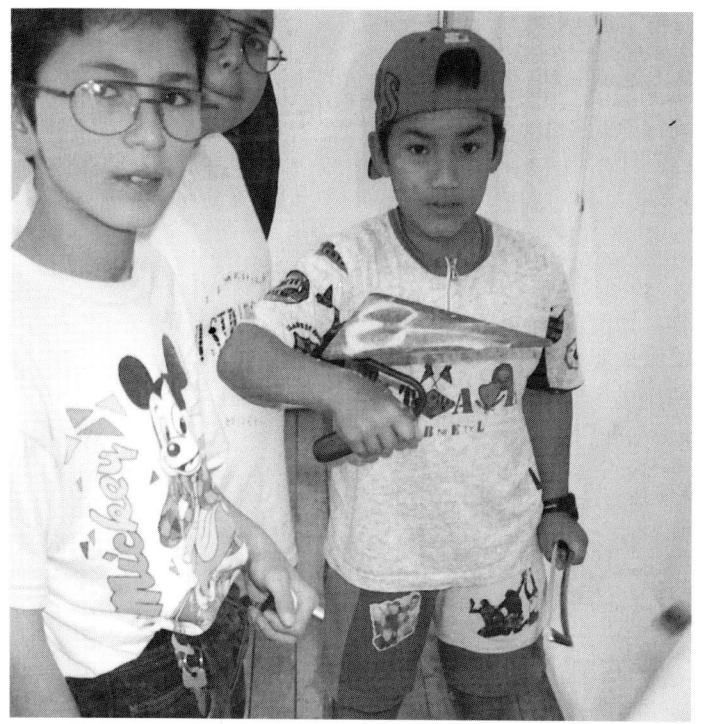

„Und ich habe im Urlaub gesehen, daß das gleiche Wasser gar nicht in der gleichen Wasserwelle bleibt." – Sondern? – „Naja, die Welle geht weiter ins nächste Wasser und die nächste Welle macht's genau so."

Verschieden nah kommen die Kinder in ihren Analogien dem Geschehen auf der Kelle.

Mit jungen Erwachsenen sprechen wir über verschiedene wissenschaftliche Erkenntnisse dieses Jahrhunderts. Über die Bewegungen der atomaren Kleinstteile, die sich bei immer **noch** näherer Betrachtung jeweils in immer noch kleinere dynamische Felder auflösen. Das macht also das aus, was wir Materie nennen.

Zum Beispiel asphaltierter Untergrund, dort auftretende Haut von Fußsohlen, und dazwischen gepreßtes Schuhsohlenleder. Anorganisches und organisches Material, ganz nah beieinander als ein Kosmos von Schwingungen verschiedenster ineinanderwirkender Formen und Größenordnungen. Auch auf unserer Kelle finden wir Ordnungen und Strukturen in „Kleinstteilen" vor. Hier aber in für uns wahrnehmbaren Dimensionen.

Vorstellungsbilder werden möglich dafür, wie all das, was uns umgibt, im Innern beschaffen sein könnte. Auch wir? – Was genau ist bei uns anders als „tanzende Sandkörner" auf modellhaft vorgestellten „Schalen" um einen Atomkern?

Er-lebte Welt-anschau-ung.

Solche Kellen gibt es z.B. in Baumärkten. Nicht alle klingen gleich gut. Es gibt nur **eine** Möglichkeit: mit dem Sand und verschiedenen Geigenbögen ausgestattet in solchen Geschäften anzurücken und auszuprobieren. Die zu Freundlichkeit angewiesenen Verkäufer sehen dann ratlos dem seitlich an ihren klingenden Kellen auf den gepflegten Boden herunterrieselnden Sand zu und wären am liebsten nicht zuständig für das, was hier geschieht. Kundenservice in der Zerreißprobe.

Schließlich können „wir" ja nicht vorschreiben, was einer mit einer Maurerkelle tut, andererseits sind „wir" aber doch ein Baumarkt und kein Musikgeschäft. Aber muß er denn wirklich alle elf Kellen vom Haken nehmen?

„Kann ich noch etwas für Sie tun?"
– Ein kleiner Kehrbesen wäre gut. Ich kehre das dann
auf, damit niemand ausrutscht. Vielen Dank! –
In der Klangfarbe der Selbstverständlichkeit versuche ich
zu verhindern, daß das Elementare und aus meiner Sicht
völlig Naheliegende hier zum Exotischen gemacht werden
könnte.

Es begegnen sich da verschiedene Welten. Das Anregende:
sie scheinen sich etwas „anzufremdeln", aber
offensichtlich auf erstaunliche Weise ineinanderzugreifen.
Deshalb müssen diese Bilder und Töne gerade im
Baumarkt einfach einmal auftauchen, trotzdem sie „Dreck
machen" und der Gewohnheit widersprechen. Die
Klangfiguren und ihre Erzeugung erheischen ja dann
nach einer ersten Irritation auch einen genügend großen
Respekt, um sich gegen die Denkstrukturen des
Normalen durchzusetzen. Fast, als stünde die leise
Erwägung im Raum, daß Handwerk und Musik sich doch
so fremd gar nicht sein dürften. Eine vorbeieilende junge
Verkäuferin aus der Nachbarabteilung bringt es
augenzwinkernd auf den Punkt: „Man sollte wirklich mal
ein anständiges Konzert mit dem ganzen Kram hier
veranstalten."

Ich weiß nicht, wie es Ihnen erginge. Solche Bemerkun-
gen entlocken mir einen Juchzer. Der Verkäufer und ich
räumen die zehn weniger guten Kellen gemeinsam an die
Haken zurück.

Wir verabschieden uns. Sein Blick gleitet etwas
nachdenklich über die Nachbarregale.
Was es alles gibt.

Wer sich mit offenen Sinnen,
vorurteilslos, nüchtern und gesammelt
mit einem Ding beschäftigt, seine
Oberfläche abtastet, sein Material, sein
Gewicht zu spüren sucht, während er es
bewegt, es mit dem ganzen Leibe
mitzufühlen versucht, und dabei
lauscht, was das Ding „will", der findet,
daß verschiedene Dinge verschiedene
Bewegungen verlangen, verschieden
nicht bloß in der äußeren Form, sondern
im inneren Ablauf, im Spannungsgrad,
im Rhythmus, in der Art, wie die
Bewegung
ansetzt, steigt, sinkt, endet.

D. Jacobs[4]

Willst du das Unendliche
beschreiten, geh nur im
Endlichen nach allen Seiten.

J.W.v. Goethe

Ein Auge wie durch ein
Fernrohr, das andere
wie durch eine Lupe.

Pir V. Khan

---

[4] 1983, S. 150

Gegen-stände, Hand-werke und Einstellungen

So haben wir also begonnen, uns mit Stationen des Erfahrungsfeldes nach Hugo Kükelhaus zu beschäftigen. Ehe wir uns nun aber weiter mit dort aus dem Alltag förmlich herausgemeißelten Mahnmalen der Wahrnehmung befassen, sollten wir eine Frage an unsere eigene alltägliche Aufmerksamkeit stellen. Sie lautet: Haben wir den selbstverständlichen und „ganz normalen" Dingen, mit denen wir uns und unsere Kinder umgeben, eigentlich schon einen vorderen Platz in unseren pädagogischen Wahrnehmungen eingeräumt? Diesen angestammten, überall anwesenden und ihren Beitrag leistenden Erfahrungsfeldern des unscheinbar Alltäglichen?

Für die Kindergartenhausschuhe oder das Turnzeug der Schulkinder gibt es z.B. verschiedene Arten von Stoff- oder Wollbeuteln. Oben sind durch einen Saum ein oder zwei Bänder geführt, die es ermöglichen, durch Zug die Öffnung zu verschließen.

Nehmen wir an, der Beutel ist geschlossen und am Band an einem Haken festgebunden, so daß er nicht dort weggeholt und verlegt werden kann.

Will nun die kleine Besitzerin oder der kleine Besitzer an den Inhalt, so geschieht z.B. etwas Bemerkenswertes:

Der Wunsch, die im Beutel befindlichen Hausschuhe anzuziehen, um dann zum Kindergartenraum springen zu dürfen, bahnt ja vorerst eine Gebärde an, deren Absicht in Richtung vom Beutel zum Kind führt: „Ich-will-haben". Mit nur dieser Bewegungsrichtung jedoch geht nicht einmal der Verschluß auf! Dieser Verschluß erfordert im wahrsten Sinn Entgegenkommen, und dies in einer den ganzen Körper erfassenden Weise. Das Kind greift mit den Fingerspitzen beider Hände in die Mitte des oben zusammengezogenen Beutels und eröffnet sich **in einer gleichzeitigen Geste des Auseinanderziehens und dabei Nähertretens** den Zugang zu den Schuhen. Reißt es auch nur leicht oder auch nur etwas zu früh am Beutel oder an den halb herausgefischten Schuhen in seine eigene Richtung ... zieht der Beutel wieder zu.

Dieses kleine Utensil fordert Geduld, Achtsamkeit, Entgegenkommen und Aushalten der Spannung des Haben- und Nehmenwollens. Es erzieht. Dabei kommt es ohne jede Moral aus. Es erzieht ganz sach-lich und absichtslos.

Es ist einfach ein dienender Gegenstand mit einer notwendigen Eigenschaft, wie auch in ein paar einfachen anderen Beispielen deutlich wird:

Der Umgang mit einem Webrahmen. Der kleine Teppich und vor allem seine Ränder wollen nicht recht gelingen, wenn die Schußfäden zu ungeduldig oder unachtsam gestrafft werden.

An der Schaukel verpufft die Kraft, die sich nicht genau mit dem bereits bestehenden Schwung abstimmt.

Der Pinsel spreizt sich bei zuviel Druck über die gewünschte Fläche hinaus. Er fordert, daß wir die Kraft stark zurücknehmen, mit der wir die Farbe aufs Papier bannen wollen.

Ein Nagel wird eben krumm, wenn wir das Zusammenspiel von Schwung und Schwerkraft des in der Hand liegenden Hammers nicht genau in der Achse des Nagels vordenken, und dann entsprechend den Hammer führen.

Stumm erziehende Gelegenheiten. Kleine Wahrnehmungslektionen, die Einstellungen anbahnen und üben helfen. Noch einmal: nicht Moral erzieht hier. Es ist einfach das Sach-gemäße, das Verhalten einfordert. Chance des Hand-werks. Verlust des Knopfdrucks.

Ein Fehler wartet im ersten Beispiel mit dem Stoffbeutel förmlich darauf, von uns gemacht zu werden, besonders nachdem der Beutel schon mehrmals repariert werden mußte, weil er ungeduldig heruntergerissen wurde: das Einnähen eines Reiß(!)-verschlusses.

Wie auch die sozialen und pädagogischen Problemherde sich in tausend kleinen Erscheinungsformen ausdrücken, so erweist sich auch ein lebendiger Alltag gerade in kleinen und kleinsten Unterschieden:

ob wir z.B. wach und aufmerksam ans Werk gehen,

ob ein Werkzeug oder ein Gegenstand, den wir benutzen, gut in der Hand liegt,

ob Kleidungsstücke wohltun oder beengen,

ob das rechte Wort an einer Stelle des Gesprächs gefunden wird oder nicht,

ob ein Spielzeug zur Auseinandersetzung oder zur stereotypen Wiederholung einlädt,

ob eine Mahlzeit bewußt gestaltet ist oder in Eile aus einer Büchse geschüttet und verschlungen,

ob das Äußere eines Arbeitsplatzes oder einer Wohnungseinrichtung anregt oder ermüdet,

ob eine zwischenmenschliche Regung einen entsprechenden Ausdruck findet.

Das Zusammenspiel vieler solcher Qualitätsentscheidungen stellt das Ferment, das Hormon, das Gewürz dar, welches Dasein und Schaffen gesund, lebendig, gehaltvoll und erfüllt sein läßt oder eben nicht.

Wenn wir uns hingegen die Durchsetzung von mehr Lebensqualität etwa ausschließlich mit dem Bild des politischen Kampfes von David gegen Goliath vorstellen, so ist uns erstens kaum gedient, und zweitens trifft dieses Bild nicht den Sachverhalt.

– Wie die Prise Salz das Aroma der Speise entfaltet,

– wie ein erster, kaum wahrnehmbarer lauer Luftzug den Frühling ankündigt,

– wie mit dem Bruchteil eines Wärmegrades bereits das Fieber beginnt,

– wie ein paar ausgewählte Tropfen bunter Farbe im weißen Anstrich Charakteristik und Atmosphäre des Raumes erzeugen,

– wie ein einziger tiefer Blick die Liebenden wachruft,

– wie die beiläufigen Gedanken Prozeß, wie Produkt einer Tätigkeit umprägen,

– wie die Spur eines Hormons den Organismus beschwingt oder beeinträchtigt,

– wie eine wirkliche menschliche Begegnung den ganzen Tag oder eine ganze Woche umstimmen kann,

so geschieht Veränderung.

So geschieht auch lebendiges Wahr-nehmen, indem wir uns gegenüber Aufgaben, Problemstellungen und Lösungsmöglichkeiten aufmerksam und offen halten. Indem wir nicht viel zu früh in die immer aufgestellten Fallen der Bequemlichkeit tappen, des Abwinkens oder des Delegierens an immer erreichbare Fachleute und Maschinen.

Das Erfahrungsfeld ist kein Ersatz für Versäumnisse im Alltag, für Spielplätze, die kaum den Namen verdienen, für die kleinen Hand-werke des Alltags, für ein unserem Lebendigsein entsprechendes Wohnen, für Kulturen des Essens, Feierns und Arbeitens. Es erfüllt andere Aufgaben. Welche das sind, soll nach und nach in diesem Buch transparent werden.

...dadurch, daß er sich auf den Verlust des Schwächsten bezieht, hält der Hirt die Herde zusammen. (...)
Im Geringsten erspielt sich das Vollkommene.   H. Kükelhaus[5]

---

[5]   1953, S. 25

Wie ein sinn-voller Gegenstand entsteht

Nehmen wir an, jemand hat folgenden Gedanken:

Ich mache als Erwachsener überraschende und wichtige Erfahrungen mit Übungen, bei denen ich mich innerhalb des Tagespensums auf mich selbst konzentriere, meine Aufgaben hinten anstelle, und mich ungestört und aufmerksam der entstehenden Stille überlasse.

Gleichzeitig erlebe ich, daß gerade das etwas ist, was den mir eventuell anvertrauten Kindern und Jugendlichen sehr fehlt. Beschaulichkeit kehrt dort nur selten ein: wenn ich Geschichten erzähle, wenn ich in pantomimischen Bildern spreche, manchmal im Abschied und gelegentlich spät abends bei ausklingenden Feierlichkeiten.

Aber jetzt fasziniert mich der Gedanke, es könnte auch andere Wege geben, um die Aufmerksamkeit zu binden und innere Ruhe und Kon-zentration zu erzeugen, etwas, das es ermöglicht, nicht nur auf den immer seltener werdenden Zufall zu warten.

Und noch einmal denke ich an meinen Ausgangspunkt, die so tief wohltuenden Erfahrungen in der Meditation.

Ich kenne den Willensaufwand, den mich diese Übungen anfangs gekostet haben. Ich will die Kinder und Jugendlichen nicht zu etwas anregen, das ihren persönlichen Entwicklungen und Neigungen wohl kaum entsprechen kann.

Was könnte sie dazu bewegen, Stille **selbst** aufzusuchen?

Ich weiß, daß sie im Spiel alle möglichen Wirklichkeiten erzeugen und damit die verschiedensten Erlebnisse produzieren, die ihnen ohne die jeweilige Spielwirklichkeit befremdlich wären.

Wie könnte ein Spiel aussehen, das zur Stille bewegt? – Körperliche und seelische Stille? – Wie könnte die Freude an einem solchen Vorgang gelockt werden?

„Denksport"-Aufgaben vielleicht? – Wenn das der Weg wäre, würde die Schule ständig dazu beitragen, Kinder in die Begegnung mit Stille zu führen. Das scheint mir kaum plausibel.

Eine Aufgabe zur Geschicklichkeit vielleicht? – Geschicklichkeit aber ist doch bereits auch sehr bewegungsbezogen und auf eher äußere Aktivität gerichtet.

Vielleicht müßte etwas Äußeres zur Ruhe gebracht werden. Oder der Körper selbst, so wie bei Seiltänzerinnen in der Balance mit ihrem Schirm... Genau! – Der Schirm könnte ein Geräusch machen, und das Drahtseil müßte durch etwas weniger Labiles ersetzt werden, einen Gleichgewichtsteller z.B. oder einfach einen kleinen Schemel für den Anfang...

Wie könnte das Geräusch entstehen?

Ein Besuch beim Schrotthändler ergibt eine Handvoll Messingringe, die mit Fäden paarweise an den äußeren Enden der Streben eines Regenschirms befestigt werden können. Sie lassen schon bei ganz leichtem Aneinanderstoßen um jeden, der den Schirm über sich aufspannt, einen herrlichen, hell tönenden klingenden Raum um Kopf und Oberkörper entstehen.
Und zwar genau so lang wie sich die körperliche Unruhe dem Schirm noch in leichten Bewegungen mitteilt.

Versuche ergeben eine enge Verbindung im Zusammenspiel von Gleichgewicht und dosiertem

Krafteinsatz einerseits, und der langsam entstehenden
Stille andererseits. Der Stille im Schirm und äußerer wie
innerer Stille der Person, die auf ihn einwirkt.

Es fällt auf, daß diese Stille weder im Zustand der
Unterspannung, noch dem der Überspannung gelingen
kann. Sowohl die **mangelnde** Investition in eine an den
ganzen Vorgang angepaßte Grundaufmerksamkeit, wie
auch das **zu große**, vielleicht ehrgeizige Wollen äußert
sich immer wieder in Unruhe, die kontinuierlich durch
den – allerdings sehr schönen – Klang der Ringe
repräsentiert wird.

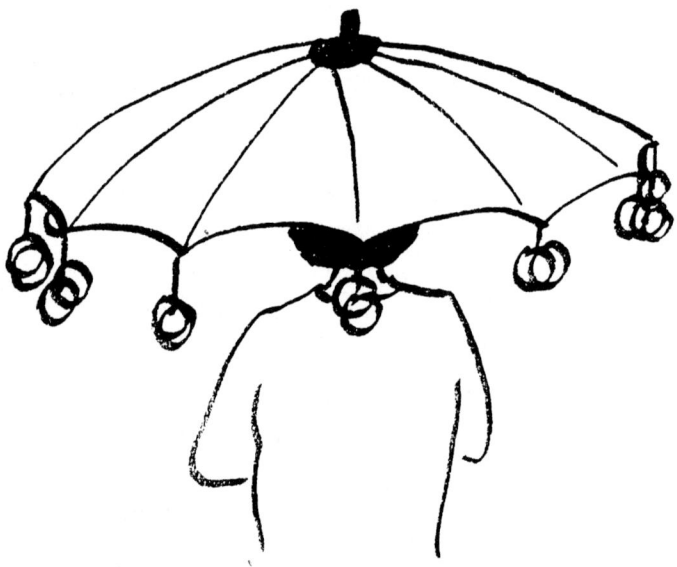

Der Schirm macht spielerisch eine wache, aufmerksame
Form der Stille zur Aufgabe. Er regt genau das an, was
auch bei uns im Westen schon gelegentlich *Mitte* genannt
wird, eine Form der körperlich-geistigen Konzentration,
die andere Kulturen längst als wichtige Voraussetzung
sowohl für gelingende manuelle und geistige Tätigkeiten
pflegen, als auch für eine bewußte Lebensführung
überhaupt.

*Die von uns ersehnte Mitte entsteht niemals durch
krampfhaftes Bemühen, die Mitte zu halten,
sondern immer nur dadurch, daß der Mensch jeden
der beiden Gegensätze zuläßt und auswiegt. Erst
im Prozeß des Auswiegens, in dem die
Lebensenergie fließt, entsteht die Ausgewogenheit,
die Mitte.*[6]

Versuche mit Kindern, Jugendlichen und Erwachsenen
aller Altersstufen zeigen ein hohes Interesse an diesem
Vorgang. Das Aufsuchen der Stille greift auch auf die
über, die das Geschehen von außen begleiten und – auf
den Klangraum lauschend – schlicht wissen wollen, ob
„es" ihr oder ihm gelingt, still zu werden.

Später machen wir diese Versuche auch vierhändig.

Die anwachsende Aufmerksamkeit, die sich im Augenblick
auf den Klangschirm richtet, kann sich dann bei
entsprechender Umsetzung auch auf andere Dinge
richten, die zur Bewältigung anstehen.

Wichtige Sachverhalte werden erkennbar. Die großen
starken Jungs z.B., die „Siegertypen", haben es mit all
ihrer erfolgsgewohnten Kraft und ihren etwas zu breiten
Biker-Jacken kein bißchen leichter als die
„Schwächlinge". Gelegentlich gelingt diese Stille den
Mädchen „sogar" deutlich besser. Das will verdaut sein
bei den Jungen.

– Wenn ihr eine Bande gründen wollt, und ihr sucht eine
Anführerin oder einen Anführer, wen würdet ihr wählen?
Den Stärksten? Die Klügste? Oder jemanden der oder die
sogar im Gehen den Stille-Schirm ruhig halten kann? –

Ein Einstieg, um über allgemeine Lebenstüchtigkeiten
und Führungsqualitäten zu sprechen.

Wer den Weg solch eines Suchens, Ausprobierens und im
glücklichen Fall noch des Findens und Erfindens beschrit-

---

[6]   Prekop / Schweizer 1993, S. 43

ten hat, ist auch am geeignetsten, um mit diesem Schirm auf andere zuzugehen und sie in Experimente zu verwickeln. Wäre der Schirm bei einem Versand bestellbar, es bestünde trotz seines Aufforderungscharakters die Gefahr, daß er sehr bald in irgend einer verstaubten Ecke landet. Nicht er allein ist das aktivierende Moment. Jemand, der ihn mitbringt, der offensichtlich „so etwas" spannend findet, der von der Entstehung berichten kann, ist der zweite tragende Impuls. Dinge und Prozesse können durch eine solche Person förmlich „aufgeladen werden".

Es gibt bereits eine Reihe von Erfahrungsstationen nach den Anregungen, Plänen und Mustern von Hugo Kükelhaus in Spielgerätekatalogen. Nach Jahrzehnten eher geringen oder sehr tastenden Interesses an der Gedankenwelt des Erfahrungsfeldes zur Entfaltung der Sinne entsteht jetzt gelegentlich ein sehr zweifelhaftes Vertrauen in diese Stationen. Als müßte man sie nur kaufen, aufstellen und wohlwollend auf pädagogische Wunder warten.

Ergebnis: Genau wie beim Orffschen Schulwerk kann nur jemand etwas mit diesem Instrumentarium bewirken, der oder die es selbst erfahren und mit Leben gefüllt, Hindernisse daran überwunden, es vielleicht sogar selbst hergestellt hat.

„Wenn du eine Sache verstehen lernen willst, gehe zu allererst zu jemandem, der sie liebt", der sich mit ihr verbunden hat (War das *Der kleine Prinz* von St. Exupéry?).

Wenn wir beginnen, uns überhaupt mit Fragen der menschlichen Wahrnehmung zu beschäftigen und zu verbinden, können überall Situationen zu Erfahrungsfeldern für die Beteiligten werden. Nötig ist allerdings unsere Suche, unser Interesse (inter-esse: wörtlich: darinnen sein) und unsere langsam, aber unausbleiblich entstehende Findigkeit. Diese besteht aber nun nicht aus einer Muse, die einen mal gerade küßt

oder eben wieder nicht. Sie besteht aus Dranbleiben,
Versuche starten, Variationen ausprobieren, Modelle
bauen, Selbstbeobachtung und immer wieder dem
ergänzenden Austausch mit Kindern und Kollegen.

Eben Inter-esse.

Zwei Wege

Wir markieren mit Steinen, Muscheln, Stöcken oder auch Tesa-Krepp auf dem Boden nebeneinander zwei 10 bis 20 Meter lange Wege. Auf dem einen Weg sehen wir durchgehend gleichmäßige Abstände in Schrittlänge vor. Selbstverständlich berücksichtigen wir dabei die Länge mittelgroßer Schritte derjenigen, die über diesen Parcours laufen werden. Auf der anderen Seite werden auf die gleiche Gesamtlänge genauso viele Markierungen in völlig unregelmäßigen Abständen angebracht. Auch ganz enge und gerade noch überbrückbare sind dabei.[7]

---

[7]   Diese Station wurde angeregt von Berichten über Hobos, Männern also, die in Amerika nach der Zeit der Verlegung der ersten großen Eisenbahnlinien oft lange Jahre in der Art von Landstreichern auf den Schienen unterwegs waren. Mal als blinde Passagiere auf oder unter den Waggons, mal auch viele Meilen von Schwelle zu Schwelle zu Fuß. Die Schwellen dieser Eisenbahnlinien hatten nun keineswegs die regelmäßigen Abstände, wie wir sie heute kennen. So soll man bei einiger Beobachtungsgabe einem solchen Hobo die Jahre auf den Gleisen durchaus am Gang angesehen haben.

Wir gehen nun, die Schritte an den Abständen orientierend, abwechselnd über beide Wege. Wie wirkt das Gehen jeweils auf uns? Welchen bekannten und vertrauten Situationen entspricht es? Was erkennen wir darin in unserem Bewegungsgedächtnis wieder? Welcher Weg ist anstrengender, welcher angenehmer?

„Der mit den gleichen .. ähm .. Dingern ist schöner. Da braucht man nicht aufpassen."

„Is' dafür aber auch langweiliger!"

Jemand führt eine Art Hans-guck-in-die-Luft vor und meint: „Schaut, hier brauch' ich überhaupt nicht auf den Boden zu schauen!" Allerdings sehen wir, wie er sich ab und an versichert, ob er noch den Linienabstand einhält.

„Auf Dauer ist es bestimmt anstrengender auf der anderen Seite. Wenn's immer gleich bleibt und sich nie was tut, hör' mal!"

„Aber das Unregelmäßige ist ja kaum zu schaffen", demonstriert etwas zappelig überdreht ein Schüler. „So bestimmt nicht!", weiß ein anderer.

Wir probieren auf dem unregelmäßigen Weg verschiedene Geschwindigkeiten. Es gibt zu langsame, die uns nicht genügend fordern. Sie drohen, uns zu langweilen. Und es gibt zu schnelle, bei denen wir uns verkrampfen oder die Linien nicht mehr treffen. Dazwischen gibt es Geschwindigkeiten, die den Parcours interessant machen, weil sie uns herausfordern, und das Gehen spannend und lebendig wird. Wer diese nicht herausfindet oder erst gar nicht sucht, findet die ganze Versuchsanordnung nicht der Rede wert.

Etwas später ensteht eine Vorführung verschiedener Möglichkeiten, mit regelmäßigem Pflaster auf dem Bürgersteig zu verfahren, also einer Verbindung von Regelmäßigkeit und Herausforderung durch eigene Erfindungen und Regelgefüge.

Einige Kostproben:

.... „Trippeln": Einschließlich Trippeln mit lauter werdenden Schritten, mit leiser werdenden Schritten bei dennoch gleichbleibender Geschwindigkeit, mit zunehmender und wieder abnehmender Geschwindigkeit usw.

Starkes Abstoßen mit einem Fuß ergibt .. .. „Galopp".

Nachgeben mit einem Fuß ergibt . . .. „Hinken".

Zwei große Schritte im Wechsel mit schnellem Auf-der-Stelle-treten ergibt eine Art „Marsch" .. ..

Desweiteren gibt es die verschiedenen Möglichkeiten, Sprünge einzubauen usw. Die Kindern erörtern, was „stark, lasch, geil, babyhaft" oder „Wahnsinn" ist.

– Wer stellt so eine Gehregel auf ? –

„Ich selber. Wer sonst?"

– Hältst du sie auch ein? –

„Na klar!"

– Wie lange? –.

„Bis ich keine Lust mehr hab'."

„Oder bis mir jemand dazwischenkommt!"

– Und wie ist es bei dir sonst so mit dem Einhalten von Regeln? –

„Wie? In der Schule und so? Nicht so toll ..." .

(Viel befreites Lachen. Ich glaube, ein paar finstere Gesichter: ist halt doch ein Pauker.)

Langsam werden wir ruhiger und kehren von den
verschiedenen Möglichkeiten, etwas aus dem
Regelmäßigen zu machen, noch einmal zur Frage der
Empfindungen bei wiederholtem Abschreiten beider Wege
zurück.

– Welcher Weg ist mehr so „wie in der Stadt einkaufen"?
Und welcher mehr so wie ein Spaziergang durch einen
wilden Wald mit Bächen, umgestürzten Bäumen und
sowas? –

Die Kinder zeigen erst auf den regelmäßigen Pfad und
dann auf den anderen. Dann sagt jemand: „Das schwarze
Zeug auf den Straßen und das Kopfsteinpflaster ist für
die Stadt schon besser, weil da konzentriert man sich ja
nicht auf's Laufen, sondern auf Schaufenster, Autos,
Leute und so."

„.. oder auf's Schauen, ob man jemand trifft."

„... oder auf den *walkman*."

„Stell' Dir vor, du müßtest auf dem Schulweg dauernd
über Wurzeln!"

„Da würde ich mich lieber mit Lianen von Baum zu
Baum .. ähm .. dings'n."

„Von Straßenlaterne zu Straßenlaterne!"

– Was ist anstrengender: eine Stunde mit Lianen oder
eine Stunde auf Beton? –

Die Schüler entlarven sofort das Klischee: „Eine Stunde
Beton gibt's doch fast nirgends."

Also: eine Stunde auf glattem hartem Boden.

„Das strengt ganz verschieden an. Die Lianen in den
Muckies und die Straße im Kopf", sagt jemand.

„Stimmt. Man müßte abwechseln. Ein Stück glatt, ein
Stück Wald und ein Stück Oberleitung mit Lianen."

Und die Kinder beginnen, vom Spielerischen wieder zum Realistischen fortschreitend, darüber zu sprechen, wie eine ihnen entsprechende Innenstadt auszusehen hätte.

Es würde an dieser Stelle zu weit führen, die entstehenden Vorschläge wiederzugeben. Die anwesende Lehrkraft verspricht, darauf in den nächsten Tagen noch ausführlich einzugehen.

– Können wir noch einmal über die zwei Wege gehen und bei jedem Schritt klatschen? –

Verschiedene Versuche. Das Gleichmäßige wird zum zufriedenen Marschieren, das Ungleichmäßige erweist sich als richtig schwierig.

– Welches ist Musik? –

„Na, das da!" (zeigt auf den regelmäßigen Weg).

„Das auch!" (zeigt auf den unregelmäßigen), „aber nur wenn's klappt. Das ist so Marionettenmusik."

Er hält den Zeigefinger in die Luft und macht einige sehr differenzierte und rhythmisch stark variierte Bewegungen mit der Vorstellung, eine Handpuppe zu bewegen. Zögern .. Spannung aufbauen .. zwei zackige Bewegungen .. ein Lauern .. ein Wiegen ..

Alle erkennen, was er gemeint hat.

– Ist das regelmäßige Klatschen schon ein Lied? –

„Nein, aber fast." Jemand geht über den Parcours: „Das waaan-dern ist des Müll-lers Lust, das ..".

– Kannst du das auch auf dem anderen Weg? –
Er versucht es.

„Das ist, wie kaputte Dachbodentreppen steigen."
Alles lacht.

– Ist jetzt das Regelmäßige **mit** Lied noch anstren-gender? –

Chor: „Neeein!"

– Aber auch noch singen. Das ist doch zusätzliche Arbeit. –

„Das ist doch keine Arbeit. Das macht Spaß. Und man merkt gar nicht, wie lange der Weg war." (Kurze Erzählung von einer Situation bei einer Fahrt mit einer Jugendgruppe.)

Vorläufiges Ergebnis: Unregelmäßiges ist „lebendiger". Regelmäßiges ist gut, wenn „noch etwas dazukommt": sich unterhalten, singen, nachdenken usw. Zum Entspannen ist das Anregende des Waldbodens geeigneter als das Konstante des Stadtbodens. Leichte Abwechslung macht wach.

„Wenn's geht, dann geh' ich durch den Park, quer durch Baustellen und so. Aber da soll man ja eigentlich auch besser auf dem Weg bleiben."

Mit Erwachsenen entstehen an dieser Station mittels verschiedenster verbaler Zugangsweisen Gespräche über die Grundprinzipien von Ordnung und Chaos, über die Art und Weise, und wie jede(r) damit verfährt, und wo wir eher die Anregung durch das eine bzw. das andere Prinzip benötigen.

Unsere Gesundheit z.B. mit dieser Themenstellung in Verbindung zu bringen, kann wichtige Hinweise ergeben. Manche Haushalte besitzen z.B. einen Blutdruckmesser. Wer häufig mißt und nicht weiß, daß der „normale" Blutdruck sich innerhalb von Varianzen ständig verändert, wird vielleicht beginnen, sich als krank zu erklären.

Oder das Beispiel Fieber. Wir tun unserer Gesundheit keinen Dienst, wenn wir, kaum daß die Temperatur von den 37 Grad Celcius abweicht, diese mit allen Mitteln wieder dort hinzwingen, als ob dieses Fieber selbst die Krankheit wäre. Das Fieber ist eine körpereigene Maßnahme, welche in geeigneter Dosis unseren

Organismus gegen Angriffe verteidigt. Wir sind geneigt, die Abweichung vom Normalen bereits als Krankheit einzustufen. Krankheiten stören zwar unsere gewohnte Zeitordnung, gehören aber zur Dynamik eines gesunden Lebens genauso wie zum Urlaub die Regentage. Regeneration wird möglich, Reinigung, Rückblick, Besinnung und Neuanfang.

Auch im Bereich unserer familiären, beruflichen, freundschaftlichen und Liebesbeziehungen werden wir kaum mit der Gleichförmigkeit einer mittelmäßigen und konstanten Monotonie der Regelmäßigkeiten am besten leben. Trotzdem stellen in allen diesen Begegnungsformen regelmäßig wiederkehrende Ereignisse etwas sehr Kräftigendes dar.

Gleichmäßigkeit und Abwechslung. Beide Prinzipien sind auf je eigene Art einerseits Kraftquellen, stellen uns andererseits aber auch bestimmte Aufgaben. Wir sind in diese Aufgabe, bewußt zum einen oder anderen dieser Prinzipien zu greifen, umso mehr hineingestellt, als äußere Rhythmen im Tages-, Jahres- oder auch Lebenslauf uns merklich immer weniger Struktur vorgeben, und wir immer individueller entscheiden, ob und wann z.B. gegessen, geschlafen, gefeiert usw. wird.

Die Kultur der Entkollektivierung schafft wachsende individuelle Freiräume, mehr Freizeit zum Beispiel. Allerdings benötigt darin auch jeder ein gesteigertes Bewußtsein für die eigenen Bedürfnisse, tragfähige Ideen zu ihrer Verwirklichung, entsprechende Kommunikationsformen usw. Offene Gestaltungsräume kreativ zu nutzen, will geübt und gelernt sein. Wie und wo aber soll das geschehen? – Die Schule z.B. glaubt sich mit anderen Zuständigkeiten ausgelastet. Das Leben als Lehrmeister ?

Nicht zufällig schießen in dieser Situation überall die Angebote kommerzieller Freizeitgestalter aus dem Boden, die versprechen, den entstehenden Freiräumen neue Strukturen, Ordnungen und feste Images zu geben. Sehr viel von der – historisch gesehen – hart erkämpften Freizeit läuft – bereits im Kindergartenalter beginnend – sehr verplant ab.

Daneben wiederum neigen wir kollektiv dazu, die Regelwerke der äußeren Gegebenheiten für generell überwindbar zu halten. Ob Tag- und Nachtrhythmen, natürliche oder wirtschaftliche Wachstums- und Niedergangszyklen oder Trockenheit und Hochwasser. Wir helfen uns mit Coffein oder Stärkerem und mit wirtschaftlichen Daueraufwärtstheorien. Für Überschwemmungen von Flüssen, die gezwungen wurden, ohne „unnötige" Meander gleichmäßig und begradigt zu fließen, haben wir eben entsprechende Katastrophenprogramme.

Das Ebenmäßige und das Herausfordernde, die Zuverlässigkeit des Metrums und die nur bedingt kalkulierbare Lebendigkeit des Rhythmus, die Ordnung und das Chaos, sie alle und ihr unendlich vielfältiges Zusammenspiel prägen die Welt, in der wir leben.

In einer einfachen und auf ein Minimum reduzierten Versuchsanordnung sind wir zur lebendigen Erforschung und zum Vergleich beider Dimensionen eingeladen.

Ein Urbild, in das wir uns, unsere Lebensweise und unsere Entscheidungen, aber auch das Geschehen der gesamten organischen und anorganischen Welt hineingestellt sehen können: das Prinzip des polaren Unterschiedes dieser beiden auf dem Boden markierten Wege.

Gleichmäßigkeit und Ungleichmäßigkeit in Raum und Zeit.

Ordnung und Chaos.

Der Augenblick ist schon vorbei.
Du kannst diesen Moment nie
mehr ins Jetzt bringen.

Samuel Avital[8]

Nichts ist zum Leben
So nötig wie Zeit.
Aber wo soll man sie her=
nehmen?
Man kann sie nirgendwo
abschneiden.
Mit der Zeit ist es wie mit den
Kindern.
Wo kommen sie her?
Man liebt. Dann werden sie
geboren.
Du mußt Dein Ohr in die
Lüfte halten.
hinein. Daraus entsteht die
Zeit. [9]

---

[8]   1985, S. 101

[9]   Kükelhaus 1981, S. 53 (© 1981 by Verlags AG Die Arche, Zürich)

Die Zeitmaschine

Ich sitze mit einer großen Gruppe von 15-17jährigen Besuchern in einem Stuhlkreis. Um uns verbreitet sich das weißliche Licht, welches ein sonnendurchschienenes Zeltdach hervorbringt. Das Erfahrungsfeld empfängt seine Gäste für ein paar Tage auf einer zentrumsnahen Grünfläche an der Pegnitz.

Vor mir habe ich in einem Stativ eine einfache Rotiervorrichtung stehen, die es mir erlaubt, beschriebene oder bemalte Kartons in Augenhöhe so um eine senkrechte Achse in Drehung zu versetzen, daß von einem bestimmten Standort aus abwechselnd einmal die eine und einmal die andere Seite des Kartons sichtbar wird. Auf eine Seite habe ich ein Kreuz gemalt, auf die andere, zu mir weisende Seite einen großen runden Punkt.

Ich frage die mir Gegenübersitzenden:

– Was seht ihr? –

Fast physisch spürbar ist eine etwas lässige Erwägung in der Runde, ob man auf „sowas" antworten soll. Wieder so eine typische Schulfrage oder was! – Jemand bequemt sich und sagt etwas gequält: „Naja, 'n Mercedesstern isses nich'!" Allgemeines Kichern. Irgendwoher das Wort „Treffer!".

– Und was befindet sich auf der Rückseite –, frage ich in die Runde. – „Oh Mann, kann ich das wissen?", stöhnt jemand.

– Sagen wir, du wolltest es wissen. Was müßtest du tun?

„Na, Sie müßten wohl ihre Kurbel in Bewegung setzen."

– Und angenommen, ich hätte gerade Mittagspause? –

„Das wäre schrecklich, dann müßte ich aufstehen."

– Vorausgesetzt, du willst es noch wissen. Willst du? –

Ohne Antwort stemmt er sich kaugummikauend vom
Stuhl hoch, schlurft breit quer durch den Sitzkreis bis zu
mir und sieht offensichtlich gelangweilt auf der Rückseite
den Punkt: „Wußt ich's doch! Auch kein Mercedesstern!",
knüpft er an seinem Mitschüler an.

– Das war dein Leben. –

„Wie?"

– Ich sagte: das war dein Leben. –

Wir sehen uns das erste Mal länger richtig an. Es scheint
um etwas zu gehen. Entweder, ich muß einfach
unverschämt sein oder noch „irgendwie was draufhaben".

Weil ich kein bißchen unverschämt schaue, ernte ich
einen echten Gesprächsbeitrag, nämlich eine Frage:
„Wieso das?"

– Na, der Weg vom Stuhl bis
hierher, das war das Leben. Der
Weg zurück wird es zum
Beispiel auch sein. Darf ich
fragen, was du vom Weg nach
hierher noch weißt? – „Na
nichts, da war ja auch nichts."
Ich sehe ihn nur an. Sein Blick
schweift in die Runde: „Naja,
daß die alle blöd geguckt
haben."

– Aha, war doch was! Jetzt bitte
nicht nachsehen: von welcher
Seite kommt das Licht? –

Er läßt sich auf das Spiel ein
und sieht sich nicht um. Er
beobachtet hinter mir die
Zeltwand.

Seine Augen sind jetzt deutlich
lebendiger. Sie schweifen in

meiner Nähe über den Holzboden. Ich vermute, daß er nach Schatten sucht. Jetzt will er es wirklich wissen. Dann deutet er plötzlich – noch ohne sich nach dorthin umzusehen – in die Richtung, aus der ich die Sonne durchs Zeltdach schimmern sehe.

– Genau! –, bestätige ich, – woher weißt du's? –

„Ich habe mich erinnert. Als wir vorhin an dem riesigen Baum draußen vorbeigingen, da war ja der Schatten. Na und dann ist es easy."

– Ich nehme das jetzt mal ganz ernst. Es sieht zwar selbstverständlich aus, aber irgendwo in dir gibt es jetzt noch das Bild von dem Baumschatten von vorhin. Allerdings, wenn ich nicht danach gefragt hätte, wüßten wir's nicht. Vielleicht wäre diese Erinnerung nie mehr gebraucht worden. Aber sie wäre trotzdem noch eine ganze Zeit in dir drin geblieben. Was schätzt du, wie lange? –

„Schwer zu sagen. Paar Wochen? Jetzt, wo wir drüber reden vielleicht länger."

„Bis zum Abi!", feixt jemand.

„Oder immer!"

– Jedenfalls kam's jetzt sozusagen nochmal ans Licht. Und dadurch für die anderen auch. Du hast das vorhin aufgenommen, und ich habe danach gefragt. Ich mache das oft und nenne das „Suchfragen". Dieses ganze Zelt hier und die Dinge, die um euch herum aufgebaut wurden, sind immer randvoll mit Suchfragen. Magst du noch einen Augenblick mitmachen? –

Achselzucken und aufmerksames Warten.

– Weißt du noch etwas aus der kurzen Zeit, als du den Kreis durchquert hast? –

„Naja, da gibt's viel, aber nichts Wichtiges."

– Was zum Beispiel? –

„Naja, die Mädchen sitzen wieder in einer Ecke beisammen."

Protest: „Ihr doch auch!" – „Na, o.k., ich meine ja nur. Wenn er doch fragt!"

– Gibt es hier irgendwelche Gerüche? –

Er schnuppert, sieht erst noch einmal zu den Mädchen hinüber, und sagt dann: „Die Zeltwand muffelt nach Morgentau." – Alles lacht. „Stimmt aber. Da hat er voll recht!", bestätigt jemand. Alles zieht aufmerksam die Luft durch die Nase ein. Auch ich nehme jetzt wieder diesen typischen Geruch wahr, der mich heute morgen hier empfangen hatte. Schöner könnte man ihn eigentlich nicht benennen, finde ich.

Wir sind weiterhin bei der Ergänzung unserer Wahrnehmungen.

Irgendwo fällt das Wort „Schweißfüße". Ich nehme an, daß es sich dabei nicht um einen Geruch handelt, sondern um den obligatorischen Routinewitz, der ab einem besimmten Alter nahezu in allen Besuchergruppen irgendwann auftaucht, wenn es um Gerüche geht.

– Ich habe einen Vorschlag. Darf ich deinen Namen wissen? –

Er sagt: „Frosch wie sei kein."

Es macht der Runde sichtbar Freude, daß ich erst einen Augenblick benötige, bis der Groschen fällt. Dieser Spitzname gehört zum Inventar. Mein Gegenüber hat eine Karte aller ausgespielt. Ich finde sie wirklich witzig und beschließe, sie als Trumpf anzuerkennen.

– Darf ich **auch** „Frosch" sagen, oder gibt's noch 'nen Namen, der für uns zwei besser ist? –

„Höchstens 'Herr Menzel'. Ja für Sie 'Herr Menzel'", schmunzelt er, selbst sehr erfreut über seinen Einfall.

– Einverstanden, Herr Menzel. Ich sagte, ich hätte einen Vorschlag. Ich möchte Sie bitten, wenn Sie zurück auf ihren Platz gehen, uns alle Wahnehmungen zu nennen, die ihnen begegnen. Alle. Aber bitte nur, bis Sie wieder sitzen. Die anderen helfen mit, und ergänzen das, was Sie vielleicht nicht bemerken. –

Er geht sofort los. Leider sehr zügig. Er wirkt erleichtert aber vergnügt.

– Was haben Sie wahrgenommen? –

„Daß da ganz schön viel Platz um uns ‚rum ist in dem Zelt. Wir sind ja nur da unten." Er macht eine geräumige Bewegung: „Da oben ‚rum ist überhaupt nichts."

„Sein Schlurfen!", kichert ein Mädchen, „das ist total laut auf dem Holz."

„Daß ich schon wieder essen könnte", meint jemand.

– Suchfrage: Wo sind unsere Hände. –

Die meisten verändern die Arm- und Handhaltungen. Ich selbst sitze etwas nach vorne übergebeugt auf den Handrücken. Das verändere ich jetzt auch.

„Am Zeltdach wackeln die Schatten der Blätter", zeigt uns jemand, und ich komme nicht auf die Hände zurück.

„Naja, was heißt ‚Wahrnehmung'? Aber irgendwie habe ich ‚nen Frust gespürt, weil er so schnell wieder da saß, und die Zeit um war."

Mir fällt im Stillen auf, wie selbstverständlich die Antworten aus den verschiedensten Wahrnehmungsbereichen kommen. Wir erleben den kurzen Zeitraum, über den wir uns austauschen, immer angefüllter. Genauer: wir erleben **jetzt** erst, was **vorhin** auch alles geschah.

– Seht ihr, das ist der Zauber der Suchfragen – , sage ich geheimnisvoll.

Und sie lassen es gelten.

Ich wende mich wieder dem Rotor zu.

– Ich will euch etwas verraten: das hier ist eine Zeitmaschine. Kennt ihr Zeitmaschinen? –

„Meine Uhr."

– Nein –, sage ich entschieden, – eine Maschine stellt etwas her. Eine Uhr kann das nicht. Sie läuft nur immer im Kreis. Ihre einzige Stärke ist die Gleichmäßigkeit. Nein, meine Maschine produziert wirklich Zeit. Sie kann die Zeit, die z.B. Herr Menzel vorhin für uns aufgebracht hat, einfach ersetzen. –

Ich drehe leicht an der Kurbel. Die Tafel macht nun das erste Mal eine halbe Drehung und zeigt jetzt allen den großen Punkt.

– So einfach ist das. Wir brauchen gar niemanden, der sich so engagiert wie Herr Menzel, keinen Zeit- und Energieaufwand, keine Investition, keine Suchfragen, keine Gerüche auf dem Weg, keine Schattenblätter auf dem Dach. Das ganze Knistern unserer Gedanken und Empfindungen auf dem Weg hierher und zurück kann wegfallen, denn hier haben wir – und ich ahme den Tonfall der Straßenverkäufer nach – die entscheidendste Erfindung aller Epochen: die Zeitmaschine. Sie hat nur einen einzigen leicht zu vernachlässigenden Nachteil, unterbreche ich mich selbst: wir erleben nichts. –

Ich drehe die Tafel weiter und beschleunige etwas. Erst sehen wir einen stroposkopartigen Wechsel von Punkt und Kreuz, dann erscheinen beide Bilder schwebend einander durchdringend als eine einzige Tatsache. Obwohl grundsätzlich nicht neu, vermag dieses ungewöhnliche Ineinander von zeitlichem Nacheinander die Aufmerksamkeit durchaus noch eine Weile zu binden. Wir sehen ansprechend erzeugte, verdichtete, gedoppelte, vergleichzeitigte Wirklichkeit.

– Das ist Fernsehen –, behaupte ich, – in einem Bilderrahmen geht die Post ab, und ich hänge körperlich völlig passiv im Sessel und sehe das Leben an mir vorbeirauschen. Ich brauche nichts zu erleben. Es erlebt sich selbst. Ich bin gar nicht gefragt. Bei Gelegenheit werden die Bilder ausgetauscht und mit der Zeit immer raffinierter geschichtet. Was wollen wir mehr? Herr Menzel hat etwas Unersetzbares getan, er ist aufgestanden, und wollte sich höchstpersönlich vergewissern, was sich auf der Rückseite dieser Karte befindet. Alles Weitere haben wir diesem Umstand zu verdanken. Es entstand erlebte Zeit. Anfangs schien sie allerdings leer. Der Fern- und Schnellsehblick hatte nicht die gewohnte Menge an Futter bekommen. Dann aber kam der Suchfragenblick und die Wirklichkeit faltete sich förmlich für uns auseinander. Als Kinder hatten wir alle einen sehr lebendigen Suchfragenblick. Das ist wirklich verflixt. Es ist eben ungeheuer praktisch, zwischen 20 Programmen umherzuschalten. Aber wenn die Kamera nur ein einziges Mal zu mir herschwenkt, sieht es traurig aus: eine völlig abgelaschte Type. Nichts los mit mir. Draußen läuft die Frau meines Lebens vorbei und ich komme nicht aus dem Sessel. Verheerend, findet ihr nicht? –

Hier entsteht ein Austausch über Mediengewohnheiten. Eigentlich ähnlich, wie andere solcher Gespräche verlaufen, aber es fußt spürbar auf der Erwägung, daß es noch ein wirklicheres und lohnenswerteres Leben geben könnte als die geliebten nervenkitzelnden und zeitzerhackenden Flimmerstreifen.

– Ich würde euch gerne etwas vorlesen. Es hat mit dem zu tun, was wir hier heute tun.–

Sie lehnen sich etwas aufatmend zurück. Vorlesen hat er gesagt.

– Der Text ist aus einem Buch, das heißt *Cyberspace*.–

Wir verständigen uns kurz über den Begriff, dann lese ich:

Ich sage dir eins, die stärkste Erfahrung einer
virtuellen Welt hat man, wenn man aus ihr
herausgeht. Denn nach dem Aufenthalt in der
Realität, die man selbst gemacht hat, mit allen
Beschränkungen und der darin liegenden
Geheimnislosigkeit, erscheint einem die Natur wie
Aphrodite persönlich ... Das ist eines der größten
Geschenke, die virtuelle Realitäten uns machen, ein
neu gewonnener Sinn für physische Realität.[10]

Ich schildere Aphrodite in den schillerndsten Farben.
Schließlich steht sie hier bei Jaron Laurie, dem Experten
der virtuellen Realität, für nichts geringeres als das
wirkliche Leben.

Es ist in der Tat nicht gerade einfach, jemanden durch
das starke Geflecht von Gewohnheiten und scheinbar
absoluten Größen des Erlebens auf neue Spuren zu
locken. Was diesem Prozeß jedoch zu Hilfe kommt, ist
gerade im Alter dieser Gruppe im Zelt eine gehörige
Portion Sehnsucht nach dem wie auch immer gearteten
„richtigen Leben".

Diese muß sich nun mit den heute gemachten
Erfahrungen verbinden und aktiv nach Elementen
erweiterter und tragfähiger Lebensgestaltung auf den
Weg machen.

Weil mir hauptsächlich die Jungen gezeigt haben, daß sie
gerne Sprüche loslassen, behaupte ich zum Abschied,
demnächst ein Geschäft mit Suchfragen aufzumachen.
Genau neben dem Cyberspaceshop. Ich bräuchte dann
nicht mehr morgens in Zelten zu sitzen, die nach
Morgentau muffeln, und zu versuchen, mit Schülerinnen
und Schülern herauszufinden, aus welcher Richtung das
Sonnenlicht kommt.

---

[10]   Laurei, in Waffender 1991, S. 86f

... mit den Dingen arbeiten,
bis sie Geschichten erzählen,
in denen wir vorkommen.

J. Kiepe (Student)

Vergrößerungen im Maßstab 1:1.

E. Pereire

Wir sind nicht Körper, auch nicht
Körper plus Seele oder Geist, auch nicht
Organismen, sondern Menschen: Wesen,
die leiblich im Wirkungsfeld von Natur/
Welt leben, in der besonderen Fähigkeit,
sinnlich zu erkennen. Trotz aller
Zerteilung und Abrichtung sind wir
noch diese Wesen. Uns hierauf zu
besinnen und uns als solche wieder
erfahren zu lernen, ist ein
Lebenszeichen und könnte andere
Realität schaffen.

J. Fellsches [11]

---

[11]   1995, S. 121

Das Mobile Erfahrungsfeld zur Entfaltung der Sinne

Das Projekt besteht aus einem kleinen Team pädagogischer Mitarbeiterinnen und Mitarbeiter und ca. 20 Installationen und Einzelgegenständen, mit deren Hilfe durch tätiges Ausprobieren und konzentriertes Wahrnehmen Grundphänomene des Hörens, Sehens, Tastens und Riechens, des Gleichgewichtes, der Polarität oder der Pulsation, sowie verschiedene individuelle und gesellschaftliche Rezeptions- und Verarbeitungsprozesse der menschlichen Wahrnehmung am eigenen organismischen Geschehen situativ anschaulich und bewußt werden können.

Das Erfahrungsfeld wird in Zusammenarbeit von engagierten freiberuflichen Einzelpersonen mit dem Kulturamt der Stadt Nürnberg betrieben. Es erreicht die verschiedensten Alters-, wie auch z.B. Berufsgruppen, und stellt sich mit jeweils ausgewählten inhaltlichen Schwerpunkten in Zusammenhang zu verschiedensten Problemkreisen und Bedarfssituationen.

Themenstellungen sind z.B. geworden:

- Die menschliche Wahrnehmung der Realität

- Wahrnehmung der Gesundheit – Gesundheit der Wahrnehmung

- Stress – Unterspannung – Lebenskraft

- Organlogische Architektur

- Bewegungsfreude und Gewaltbereitschaft

- Fremdbestimmung / Abhängigkeit / Sucht und Leben

- Bausteine einer Pädagogik der Wahr-nehmung.

Sowohl mit diesen elementaren Themenkreisen als auch mit seinem grundlegenden Prinzip der Kooperation mit den verschiedensten Arbeitsfeldern von Schule, Sozialpädagogik, Kunst, Gesundheitswesen, Erwachsenenbildung und verschiedenen Fort- und Weiterbildungsebenen, ist es typisch für die in den letzten Jahren entstandenen Projekte, die jenseits traditionell getrennter Arbeits- und Berufsaufgaben den kreativen Dialog mit allen suchen, die von der tiefen Sorge um die Perspektiven von Pädagogik, Kultur und Menschenbildung in der modernen Gesellschaft bewegt sind.

In einer Broschüre des Bundesverbandes Erlebnispädagogik e.V. von 1993 ist zu lesen:

> *Die Welt steht (...) jedem in einer noch nie dagewesenen Greifbarkeit und Erreichbarkeit offen und jeder kann dazu noch selbst bestimmen, wieweit und in welcher Form er sich mit ihr befassen will.(...)*
>
> *Man könnte meinen, daß es unseren Kindern und Jugendlichen angesichts dieser Vielzahl von Möglichkeiten eigentlich nie langweilig werden könnte, daß sie mehr erleben, mehr wissen und begreifen, erfüllter leben „können müßten" als jede Generation von Kindern vor ihnen.*
>
> *Und doch ist es nicht so! Ja, es gibt genug Hinweise dafür, daß ausgerechnet unsere potente Gesellschaft immer mehr Kinder hervorbringt, die erlebnis- und gefühlsarm mit all dem nichts Rechtes anfangen können, die verkümmern und mit immer stärkeren Entwicklungs- und Verhaltensstörungen auffällig werden. Die Jugendämter und pädagogischen Einrichtungen unseres Landes sehen sich einer wachsenden Gruppe von immer früher, tiefer und mehrfach gestörten Kinder, aber auch so tiefgreifend*

verstörten jugendlichen Persönlichkeiten gegenüber,
daß die bisherigen Mittel der Erziehungshilfe nicht
mehr ausreichen.[12]

Auch erfahrene Kinder- und FamilienpsychologInnen
machen einen *krankmachenden Zeitgeist* verantwortlich:

Unsere Kinder sind (...) Blitzableiter geworden für
nicht eingebundene Lebensenergien.[13]

Noch nicht lange kooperieren Schule und Sozialarbeit,
Jugend- und Kulturämter, Künstler und öffentliche wie
private Finanzkräfte, Therapie und Polizei.

Was sie zusammenführt, ist eine nicht zu unter-
schätzende gesellschaftliche Krise.

Diese Krise sei hier ein weiteres Mal stichpunktartig in
ihrer ganzen Tragweite skizziert und als Kulturkrise im
umfassendsten Sinne gesehen, welche die Individuen in
immer jüngerem Alter erreicht.

F. Bitz nennt sieben moderne gesellschaftliche „Un-
möglichkeiten":

Unleibhaftigkeit, Unbehaustheit, Unzeithaftigkeit,
Unübersichtlichkeit, Ungefährlichkeit, Uneigentlichkeit
und Unwirklichkeit.[14]

Das heißt:

• Wir müssen uns immer weniger körperlich betätigen.

• Wir sind überall präsent und nirgends zu Hause.

• Zeit ist Geld. Wir können uns nicht leisten, sie
  verstreichen zu sehen.

• Wer kann von sich schon glaubhaft behaupten, daß sie/
  er wenigstens die für sie oder ihn relevanten
  Ereignisse zu überblicken vermag?

---

[12] Liegel, in: Bundesverband Erlebnispädagogik 1993, S. 5f

[13] Prekop / Schweizer 1993, S. 11

[14] vgl. Bitz: Die neuen Leiden des Tantalos. In: Zeitschrift für Er-
      lebnispädagogik, 3/91, S. 3-27

- Gegen jegliche Gefahren uns immer mehr absichernd, wissen wir neue Gefahren nur vage einzuschätzen oder rechnen überhaupt nicht mit ihrer Gegenwart.

Wir wissen auch kaum, welche Anteile von dem, was wir unsere Wirklichkeit nennen, ihre Bedeutungen lediglich durch die Interpretationen anderer erhalten.

Wir haben kaum eine Übersicht, welchen Anteil an Wirklichkeit wir bereits aus zweiter Hand beziehen, welchen Anteil bereits aus übersetzter, konservierter, synthetisch haltbar gemachter oder überhaupt synthetisch hergestellter Realität besteht.

Das „Verrationalisieren" unseres inneren Lebens und unserer Wahrnehmungsstrukturen hat ein Vakuum geschaffen, das ganz allmählich seine Sogwirkung erkennen läßt: Das Gefühl der psychischen Verarmung läßt den abendländischen Menschen sehnsüchtig nach Zuständen der Geborgenheit und Aufgehobenheit suchen, produziert einen Hunger nach der Wiederherstellung von „Ganzheit". Begriffe wie „Heimat" und „Identität" haben Hochkonjunktur.[15]

Die moderne Lebensweise stellt den menschlichen Organismus in eine Zerreißprobe:

Unsere individuelle wie kollektive Lebensweise ist längst auf selbstverständliche und nur bedingt wahrgenommene Weise geprägt von einer ganzen Reihe von körperlichen, psychischen und geistigen Stressfaktoren. Mit fatalistischer Selbstverständlichkeit kalkulieren wir ein immenses Gefahrenquantum aus Arbeitswelt, Straßenverkehr, Umwelt und psychischer Grundbelastung. Wir überfordern damit systematisch unsere gesamtorganismischen Sicherungs- und Erhaltungssysteme.

---

[15] E.O. Müller: An den Grenzen der Aufklärung. In: Ökorrespondenz Nr. 25, 1996, S. 6

Diffuse oder offensichtliche Ängste sind die Folge und lassen hilflos nach vertrauenserweckenden Sicherungsankern greifen. Wer hat da schon den Mut, wahrzunehmen, daß es gerade diese Ängste sind, die trotz besseren Wissens unsere Bereitschaft fördern, fadenscheinige Fortschrittsideologien anzuerkennen und – zähneknirschend oder nicht – weiter zur ökologischen Katastrophe beizutragen.

Eine noch nie dagewesene akustische wie optische Informationsschwemme vergrößert das entstandene Chaos eher, als daß sie in der Lage wäre, Sinn und Ordnung zu stiften.

Der Psychologe C.G. Jung schreibt schon 1941 (!):

Alle zeitersparenden Mittel, zu denen Verkehrserleichterungen und andere Bequemlichkeiten gehören, sparen paradoxerweise keine Zeit, sondern dienen bloß dazu, die vorhandene Zeit so vollzustopfen, daß man überhaupt keine Zeit mehr hat. Daraus entsteht zwangsläufig atemlose Hast. Oberflächlichkeit und nervöse Ermüdung mit allen dazugehörigen Symtomen wie Reizhunger, Ungeduld, Reizbarkeit, Verflatterung usw. Ein solcher Zustand führt zu mancherlei, aber keinesfalls zu vermehrter Geistes- und Herzensbildung.[16]

Und H.v. Hentig stellt fast 50 Jahre später fest:

Der größte Gegner des öffentlichen Vertrauens ist die Ökonomisierung und Rationalisierung aller Tätigkeiten. Es geht um die unbarmherzige Nutzung jeder Minute, die mörderisch genaue Kalkulierung der Preise, die Ersparnis auch der geringsten physischen und psychischen Mühe durch Tastendruck und Elektronik. Es fehlen Großmut,

---

[16] Jung 1958 ff, S. 622

Spielraum, der Abstand zum Nachdenken, die
Bereitschaft für den Sonderfall.[17]

Konsequentes ungeschriebenes „Bildungsziel" ist nach
Hugo Kükelhaus: ... *das Marktreifmachen der heranwach-*
senden Jugend für Produktion und Konsumtion.[18] Jedoch
wird immer offensichtlicher: *Der Mensch steht bei der*
Warenflut ebenso nackt, arm und frierend da wie bei den
Trümmern.[19]

F.G. Winter 1983: *Der Verlust des Lebenssinnes wird nicht*
durch Geld ersetzt, sowie eine sinnentleerte Arbeit nicht
„humanisiert" werden kann.[20]

Kükelhaus 1946: *...der Riesenausstoß und die Zerstörung*
haben ein und dieselbe Wurzel.[21]

Und der Pädagoge Eduard W. Kleber formuliert 1994:

> *Wir haben eine gewaltige hypertrophierte*
> *Werkzeugintelligenz entwickelt. Auf ihr beruht*
> *unser unablässig propagierter Fortschritt, der sich*
> *für das Individuum in sinnlich erfahrbarer*
> *Bequemlichkeit niederschlägt. Andere mögliche*
> *Bereiche der Intelligenz (soziale, moralische) sind*
> *weit zurückgeblieben. – Kein Wunder, daß wir uns*
> *selbst, unseren Körper zum Objekt, zum*
> *Instrument, zum Nur-Werkzeug machen.*
>
> *Wir leben im Zeitalter des Aktionismus (Action*
> *liefert uns die bedeutendste, oft nur noch die*
> *einzige Erlebnisweise). Aktionismus zerstört,*
> *verändert das Lebenssystem unseres Planeten*
> *rasant. Bereits die Kinder sind von einer Art*
> *Konstruktionswut befallen – (Glauben Sie nicht,*
> *daß Zerstörungswut etwas anderes sein müßte) –*

---

[17]   1993, S. 278
[18]   1983, S. 21
[19]   in: Suhrkamp 1946, S. 131
[20]   vgl.: Winter 1983
[21]   ebd. S. 140

*Konstruktion ist immer auch – ist zuallererst
(vorweg) Zerstörung. Angesichts der sichtbar
werdenden Probleme, die wir mit uns in der Welt
haben, überkompensieren wir Ohnmachtsgefühle
mit Allmachtsphantasien, überdecken unsere
Ängste mit sich jagenden Aktionen. – Wir leben
nach dem Motto: Wir wissen nicht, wo wir hin
wollen / sollen, aber wir werden als erste da sein!*[22]

*Heute erkennt ein junger Mensch schon am Ende
der Schulzeit die Welt nicht wieder (...), doch noch
immer sagen die Anführer, wir müßten untergehen,
wenn wir nicht im internationalen Wettlauf um
schnellere Innovationen an der Spitze lägen! Welch
merkwürdiger Wettlauf ...*[23]

Diese Lebensweise, die alle Bevölkerungsschichten erfaßt,
verlangt eigentlich tiefgreifende gesellschaftliche
Neuorientierungen. Solche werden aber gegenwärtig
lediglich in Ansätzen konsequent ins Auge gefaßt.

Das Potential der entstandenen Krise zeigt sich in
verschiedensten individuellen und gesellschaftlichen,
seelischen, geistigen und körperlichen Symptomen bzw.
Problemherden.

Solche sind:

• Die Verschränkung von Überforderung, Langeweile,
  Hyperaktivität, Konzentrationsschwächen und
  Lethargie.

• Abstumpfung der Sinnes- und Verarbeitungsfunktionen
  in Psyche und Körper.

• Die wachsende Bereitschaft, ja das Bedürfnis nach
  Abhängigkeit und Bevormundung durch
  konsumwirtschaftliche Sachzwänge.

---

[22] Kleber, in: Zacharias 1994, S. 152
[23] Kafka, in: Loccumer Protokoll 13, 1995

- Individuelle wie kollektive Identitätsverunsicherungen. Daraus resultierende Ängste vor Neuem und Fremdem. Der Therapeut T. Hanna bezeichnet gar Ängste als *die ureigenste Währungseinheit der Industriegesellschaft.*[24]

- Immer wirkungslosere Sinngebungsinstanzen. Vertrauen und Hoffnung in Irrationalismen und Fundamentalismen.

- Die individuelle wie kollektive Ahnungslosigkeit gegenüber tragenden Seinswerten und Bewußtseinsgrößen.

- Die große Entfernung und Entfremdung von nahezu sämtlichen relevanten Schaltstellen in Wirtschaft, Politik und Gesellschaft.

- Das daraus resultierende Delegieren von Lebensqualität an materielle Güter, chemische Substanzen, geistige Vorgesetzte, flackernde Medienstimulanz und den ganzen offiziellen und noch mehr den ganzen inoffiziellen Süchtekanon.

- Anwachsende Gewaltbereitschaft, Kriminalität und selbstzerstörerisches Risikoverhalten.

- Das Zunehmen von Allergien und anderen Immunschwächen, eine steigende Anzahl von Herz- und Kreislauferkrankungen, Haltungs- und Rückenschäden und Koordinationsschwächen.

Nur um eine Relation herzustellen, hier eine Definition der Weltgesundheitsorganisation (WHO):

> *Gesundheit ist der Zustand des völligen körperlichen, geistigen und sozialen Wohlbefindens.*

Die Aufgabe, eine solche Aufzählung in all ihrer Tragweite erstens zu erfassen und zweitens zu ertragen, führt uns sehr schnell an die Grenzen unserer Fähigkeit, sie überhaupt **wahr-zu-nehmen.**

---

[24] 1990, S. 72

Die Vorstellungen von einem die kollektiven Belange verantwortlich mittragenden und diese bei Bedarf in entsprechenden Entscheidungsstrukturen umgestaltenden Individuum erscheinen angesichts einer solchen Bestandsaufnahme, einem kaum noch steuerbaren politisch-wirtschaftlichen Bedingungsgefüge und einem immer deutlicheren Rückzug der Bevölkerung aus den relevanten Entscheidungsprozessen, schon fast wie antiquierte utopische Romantizismen.

Die entstandenen Fragestellungen müssen jedoch unbedingt gegen die um sich greifende Lethargie und das Übergehen zu den jeweiligen Tagesordnungen aufrechterhalten werden:

> *Woran liegt es, daß unsere Intelligenz und unsere sonstigen Fähigkeiten derart schnell* (uns und/ Anm. d. Autors) *die Welt ruinieren?*[25]

> *Wir müssen zu ergründen versuchen, wie die wahnhafte Entgleisung unserer Kreativität organisiert ist und ob und wie wir sie vielleicht selbst neu organisieren können*[26],

denn es läßt sich immer weniger leugnen oder bagatellisieren:

Das versäumte Bewußtsein hat einen traurigen, aber treuen Sachwalter am Gefühl des Mangels.[27]

Die Wurzeln der genannten, scheinbar so verschiedenen Problematiken reichen in eine gemeinsame gesellschaftliche Grundstruktur hinein.

Die moderne Lebensweise verlangt:

- optimales Zeitmanagement bei zunehmender Bewegungsarmut
- ständige, die Unmittelbarkeit der Gegenwart tendenziell entwertende und übergehende Planung der nahen und fernen Zukunft

---

[25] Kafka 1994, S. 39
[26] ebd. S. 30
[27] z. Lippe 1987, S. 311

- ständige Bereitschaft zu Distanzierung, Rationalisierung und Affektkontrolle

- Souveränität gegenüber Enttäuschungen bei gleichzeitig aufrechterhaltenen Erfolgsideologien, sowie

- Selbstverständlichkeit gegenüber Orts- und Milieuwechseln mit ihren Entwurzelungstendenzen.

Gemeinsam ist all diesen Anforderungen eine anwachsende Ignoranz gegenüber den Notwendigkeiten und Gesetzen unserer organismisch begründeten Ressourcen und Verarbeitungskapazitäten.

Wo die Belastung des ganzen Lebens-, Gesundheits- und Bildungsgebäudes wächst, wandert die Aufmerksamkeit besorgt zu den Fundamenten, stellt auch die Pädagogik elementarste Fragen.

Solche Fragen bewegten Hugo Kükelhaus, den Begründer der Idee des Erfahrungsfeldes zur Entfaltung der Sinne, schon lange Zeit, als er in Parallele zum Orff'schen Musikschulwerk bei der Weltausstellung in Montreal 1967 sein „Naturkundliches Spielwerk" vorstellte.

> Der Mißbrauch, den der Mensch heute mit seinen Organen betreibt, hat infolge des wechselseitigen Zusammenhanges der subjektiven und der objektiven Ebenen des Seins zu einer Fehlentwicklung des gesamten biologischen Gefüges der Erde geführt.

> Wie aber, wenn der Mensch aus dieser allgültigen Gesetzlichkeit herausgefallen ist? Ist er dann noch Mensch? Kann sein Denken und Handeln dann noch vernünftig sein? Diese Frage ist keine solche, die mit Ja oder Nein, mit Wenn oder Aber abzutun wäre. Es bleibt nur der Weg, die Gesetzlichkeit, diese universale Ordnung, in den Phänomenen

*wieder leiblich-seelisch erfahren und erfassen zu
lernen.*

*Die Fähigkeit des Menschen, seine Welt in
Einklang mit der Gesetzlichkeit universaler
Ordnung zu gestalten, kann nur dadurch vor
Versagen bewahrt und wirksam erhalten werden,
wenn er sich diese Gesetzlichkeit als die seines
eigenen Organismus zu Bewußtsein bringt.*[28]

In dem Buch *Entfaltung der Sinne*, in dem Rudolf zur
Lippe und Hugo Kükelhaus 1982 das Projekt eines
Erfahrungsfeldes das erste Mal der Öffentlichkeit
vorstellten, ist eingangs zu lesen:

*Wir zeigen in dieser Veröffentlichung eines Projektes
praktische Wege zu einem tätigen Lebensbewußtsein,
freudige und freie Zugänge zur Entfaltung von
Vermögen, derer wir jeder für uns selbst, derer wir
im Miteinander mit anderen und für ein
vernünftiges Verhalten zu unserer naturhaften
Mitwelt bedürfen. Besonders unsere Geschichte der
gesellschaftlichen Organisation des Lebens, die sich
exemplarisch in der hochintensiven und extensiven
Industrialisierung zu erkennen gibt, hat solche
Zugänge weitgehend blockiert, in unserer Lebenswelt
wie in uns selbst, in unserer materiellen wie
psychischen Wirklichkeit, im einzelnen wie
systematisch. Aus diesem praktischen Grund ist es
umso wichtiger, den Horizont der zu fördernden
Interessen und der zu verfolgenden Absichten wie
auch die zu überwindenden Hindernisse und
Fehlentwicklungen klar ins Auge zu fassen. Dies gilt
sowohl grundsätzlich wie für einzelne Menschen und
Gruppen, denen wir Wege bereiten. Dies gilt
zunächst für die Menschen unserer
hochindustrialisierten Länder, gelingt aber nur im
vergleichenden und sympathisierenden Hinblick auf
die Bedürfnisse der Völker, die mehr traditionelle*

---

[28] 1982, S. 62

*Zugänge zu Wissen davon haben, wie das Leben lebt,
und zugleich weltwirtschaftlich unter großer Not
sich zur Industrialisierung drängen lassen.*

weiter unten dann: Es ist

*...wichtig, zu erkennen und zu wissen, welches die
Mechanismen des 'Lebensentzugs' von außen und
der eigenen inneren Blockaden sind, wie sie wirken
und woher sie kommen. (...)*

*Dazu gehört wissenschaftliches wie traditionelles
Wissen als Argumentationshilfe gegenüber einer
falschen und hilflosen Verwaltung des
gesellschaftlichen Lebens und der Natur. (...)*

*Wissen über mögliche und notwendige Pflege von
Bedingungen des Lebens und Entfaltungen zu
bedeutender menschlicher Individualität sowie
sicherere Erkenntnis störender Mechanismen,
zerstörerischer Verhältnisse fördern ein eigenes
Entscheidungsvermögen. (...)*

*Ein kundiger Umgang mit den Zusammenhängen
von Psyche, Soma, Geist soll den eigenen
Lebenskräften mehr Wirkungsmöglichkeiten gegen
Schädigung aber auch als Fähigkeit zur positiven
Lebensgestaltung geben.*[29]

Und im Kapitel über den *Bau von Stätten der
Wahrnehmung* heißt es dann:

*Öffentlich benötigt werden Stationen, in denen der
Mensch dadurch zur Wahrnehmung der
universalen Gesetzlichkeit seines leiblichen Seins,
seiner 'inneren Natur' gelangt, daß er alle
Gelegenheit wahrnimmt, sie wiederzuerkennen in
der Gesetzlichkeit der 'äußeren Natur' von Physik,
Mechanik, Erd- und Wettergeschehen und dem
Bios. (...)*

---

[29] ebd. S. 11-15

Es ist eine Illusion, die verfahrene Welt in
Ordnung bringen zu wollen mit der Einstellung,
mit der sich Unfälle der Industrietechnik beheben
lassen. Dazu bedarf der Mensch der Erweckung des
den Bedürnissen seines Leibes eingeborenen
Bewußtseins, das sich der Welt und der Erde
gegenüber ebenso wirksam verhält wie die Organe
und Organsysteme seiner physischen Natur
untereinander.[30]

Soweit das gedankliche und konzeptionelle Erbe, mit dem
die Geschichte des deutlich kleineren, aber sehr flexiblen
Mobilen Erfahrungsfeldes 1991 in Nürnberg begann.
Dieses Erbe soll in dieser hier vorliegenden ersten
Bestandsaufnahme in Form von Zitaten auch immer
wieder nachvollziehbar sein.

Auf Anfrage inszenieren wir eine Art Spaziergangs-
szenario aus den als Grundausstattung in meist kleinerer
Form übernommenen Stationen des einstmaligen
Kükelhaus'schen *Naturkundlichen Spielwerks.* Die sehr
elementar gehaltenen, oberflächlich wenig auf
Erlebnishaftigkeit ausgerichteten Experimentierstationen
ermöglichen es, unter spielerisch-analytischer Anleitung
einzelne Bedeutungsachsen aus dem vielschichtigen
Wahrnehmungsgeschehen experimentell herauszulösen
und in der Ruhe des Ausprobierens zu erforschen. Das
Draußen erscheint im eigenen Organismus, Physik
verwoben mit Sinnbildern, Spielfreude verbunden mit
Erkenntnis, Tiefgründiges neben Beifälligem,
Neuentdeckungen neben Vertrautem, Gekanntem.

Der Besucher erfährt durch forschende Anteilnahme, z.B.
wie sein Auge sieht, sein Ohr hört, Gleichgewicht sich
organisiert, Form sich bildet, Material sich entmischt,
Klang sich in seine Bestandteile entfaltet, wie aus Licht

---

[30] ebd. S. 49

und Schatten Farbe entsteht oder aus Fliehkraft Konzentration. **Individuelles** Stehvermögen kann genauso erfahrbar werden, wie die schwierige Aufgabe **globaler** Gleichgewichte und ihrer Bedingungsgefüge.

Der vieldimensionale Organismus des Individuums in tätiger und erkennender Resonanz zu den auch ihn selbst konstituierenden Urbewegungen und Gesetzmäßigkeiten.

Die Installationen des Erfahrungsfeldes laden dazu ein, der bereits in den Anfängen von R.z. Lippe formulierten, und alles entscheidenden, aber aus dem Zentrum an den Rand des Alltags geschleuderten Frage nachzugehen:

Wie lebt eigentlich das Leben?

Ein Blick auf die persönliche körperlich-psychisch-geistige Ökologie als Ausgangspunkt für eine den Gesetzmäßigkeiten des Lebendigen Rechnung tragenden, globalen kollektiven Lebensweise. Die Stationen

> *...lassen den einzelnen frei, sie verschreiben keine Therapie, sie sprechen keine Programme aus. Sie erinnern an die Selbstheilungskräfte des Organismus, an seine Selbsterzeugungsfähigkeit.*[31]

Damit besitzt das Erfahrungsfeld, in seiner puren Präsenz und Verkörperung von Gesetzen, Fragestellungen, Möglichkeiten und Bedingungen des Lebens, vor allem einen weltoffenen **Forschungscharakter**. Es lädt ein zur Suche, zum Staunen, zur Entdeckung und zur aufmerksamen Wahrnehmung, zur Kontemplation genau so wie zur Diskussion.

Diese Konzeption kann auch **sozialpädagogisch** verstanden werden:

Sie begegnet Defiziten an individueller Lebensführung und sozialer Gestaltungsfähigkeit und versucht präventiv, also bereits im Vorfeld entstehender Problemlagen, konstruktive Beiträge zu leisten.

---

[31] Schenkel 1992, S. 42

Die Konzeption besitzt aber auch **Bildungscharakter**:

Aus der Perspektive der Dimensionen menschlicher Wahrnehmung werden Basisthemen und elementare Lernbausteine für die Aneignung von Wissen und Fähigkeiten vermittelt, als unabdingbare Beiträge zu einer kreativen Lebensgestaltung und Berufsausübung sowie auch einer verantwortlichen Teilnahme am gesamtgesellschaftlichen Prozeß.

Die Mitverantwortung für die Zukunft der Gattung läßt
sich humanistisch rational nicht begründen.

Hans Jonas[32]

So viel Welt als möglich mit sich verbinden ...

A.v. Humboldt

Und nichts, das ist, ist nur um seiner selbst
willen.

J. Gebser

Wer das Tao versteht, konzentriert sich nicht
nur auf sich selbst: er ist der ganzen Welt
verbunden.

chin.

Das freiheitsgestimmte Weltverhältnis
beruht auf dem Synchronismus von
Souveränität und Verbundenheit.

Köhler[33]

[32] 1979, S. 19
[33] 1994, S. 109

Das da draußen sind wir

Zu den Dingen, auf die wir setzen, mit denen wir uns
umgeben, auf die wir auch stolz sind, oder die wir uns
zumindest stillschweigend gefallen lassen, gehört ein sehr
hoher Lebensstandard. Eindeutig hoch ist dieser
Lebensstandard selbstverständlich nur, wenn man ihn,
wie wir das tun, tief materialistisch definiert.

Was den zuständigen „Lebensstandards-Apparat", also die
gesellschaftlich-wirtschaftliche Organisation dieses
Standards nun tragen, steuern und erhalten soll, ist
Information und Rationalität.

Konsequent lehrt man in den Schulen – nicht zuletzt auch
als Antwort auf das vage verarbeitete nationalsozialistische
Trauma – vorwiegend Information und Rationalität.

Damit soll beurteilt werden, was richtig und falsch ist im
ganzen Spektrum des gesellschaftlichen, wie individuellen
Geschehens.

Die Betonung liegt dabei auf dem Kriterium „richtig oder
falsch". Wir stoßen hier jedoch auf ein noch sehr wenig
realisiertes und tiefgreifendes Problem:

N i c h t s weist bei genauerer Betrachtung nämlich
darauf hin, daß z.B. Schutz und Entwicklung des
Lebendigen auf dem Globus etwa r i c h t i g sei.
N i c h t s weist darauf hin, daß der Fortbestand des
ökologischen Wunderwerkes, welches uns umgibt,
r i c h t i g e r sei als seine systematische Störung und
Zerstörung.
N i c h t s weist auch bei genauerer Betrachtung darauf
hin, daß etwa der Erhalt oder Ausbau demokratischer
Strukturen r i c h t i g sei.
N i c h t s weist letztlich auch darauf hin, daß einen
Drogentod oder eine Vergewaltigung zu verhindern, eine
Schulklasse zu lieben, oder auch nur zu versuchen, einen

einzigen Menschen für einen Augenblick glücklich zu machen, r i c h t i g sei.

Ein Impuls in Richtung von Erhaltung, Wertschätzung und Verbundenheit, falls wir ihn wirklich in relevantem Umfang wollen sollten, muß demnach von ganz anderer Seite kommen.

Woher aber?

„Wir müssen Wissen und Rationalität verbreiten", lautet die auch uns vertraute Antwort ehrlich bemühter Aufklärer, „nur eben jetzt human relevantes Wissen." – An welche Instanz aber sollen sich dieses Wissen und diese Rationalität nun genau wenden?

Die bevorzugte Adressatin heißt Vernunft. Was aber haben wir in ihr? Trägt sie denn weiter als Wissen und Rationalität? – Offensichtlich zeigt sie sich alles in allem eher uninteressiert.

„Wir benötigen etwas wie eine ökologische Moral", postulieren ehrlich besorgte Zeitgenossen, wollen dabei aber allerdings nicht offensichtlich ertappt werden, denn Moral steht nicht sehr hoch im Kurs. Niemand mag sie mehr. Schließlich sind wir freie Bürger mit freier Höchstgeschwindigkeit und haben die Moral historisch abgeschüttelt. Kirchengeschichtlich, sexuell, politisch, im Medien- und sonstigen Konsum, im Straßenverkehr, im Wirtschaftsleben, eben überall. Moral scheint historisch zu tun zu haben mit Hierarchien, Bevormundung und nicht zuletzt eben auch mit den säuerlichen Aufrufen der ewig Gestrigen.

Was aber tun, wenn beide – Information und Rationalität auf der einen Seite und moralische Appelle auf der anderen – keine geeigneten Wirkkräfte darstellen. Was bleibt?

Nun es bleibt:

- Das Verschließen der Augen, Ohren, Nasen und Münder, des Gemüts und der Informationskanäle, oder einfach die Hoffnung, daß es nicht so schlimm kommen wird, wie wir es einfädeln.

- Schuldzuweisungen immer an die anderen.
- Die Suche nach den letzten Inseln.
- Das Beten und Hoffen auf eine Macht von außerhalb.
- Projektionen auf die wenigen Überlebenden der großen Katastrophen, die dann ganz neu anfangen und alles besser machen.
- Alles als herrlich und den Möglichkeiten entsprechend zu erklären.

Und so gibt es noch eine Reihe von nicht gerade sehr weit tragenden Bewußtseinsfluchtpunkten, die jedoch ihre sich als sehr ernsthaft verstehenden Vertretergemeinden besitzen.

Doch die Frage bleibt noch unberührt: gibt es eine ethische Kraft neben Informiertheit und Rationalität auf der einen und Moral auf der anderen Seite?

Da kommen hartgesottene Zeitgenossen und versuchen den gegenwärtigen und künftigen Katastrophen eine Art pädagogischen Impuls zur Einsicht hin abzugewinnen. Es ist aber doch entschieden zu bezweifeln, ob Angst und langsam größer werdende individuelle Beeinträchtigungen entscheidende Einflußgrößen für rechtzeitiges konsequentes globales Engagement sein können. Die Geschichte zeigte meist andere Resultate: Verzweiflung, Rufe nach starken Männern, Kopf-in-den-Sand-Strategien, Rückzug auf immer kleinere Anspruchsenklaven, Vandalentum usw. Also auch von einer Art „natürlichen" Bewußtwerdung angesichts der Katastrophe und daraus resultierenden veränderten Lebensstrategien, können unter den gegebenen Umständen nur bedingt entscheidende Impulse erwartet werden.

Die Frage erweist sich als so hartnäckig wie interessant: Gibt es neben Rationalität und tradierter Moral eine dritte Kraft? – Etwas anderes, etwas noch nicht ausreichend Versuchtes? – Eine noch nicht genügend genutzte Chance?

Das Erfahrungsfeld zur Entfaltung der Sinne ist eine der
vielen kleinen Skizzen eines großen dezentralen
Projektes, welches mit seinen kleinen pädagogischen
Kräften auf etwas Drittes setzt: nämlich auf eine Moral,
die nicht mehr hierarchisch entsteht, und lediglich mit
den entsprechenden Androhungen von Nachteilen und
Strafen zur Welt kommt. Eine solche Moralität erwächst
entweder aus eigenem, freiem Erleben und Entscheiden
der Individuen oder – niemals mehr.

Eine gleichsam o r g a n i s c h e M o r a l.

Wie kann das gemeint sein?

Eine zentrale, vielleicht die zentralste Frage der
Gegenwart lautet:
Was kann mich dazu bewegen, etwas außerhalb von mir
Gelegenes meinen momentanen kurzlebigen Bedürfnissen
und Interessen voranzustellen?

Wann wird mir etwas gar **aus eigenem Antrieb** zur
Aufgabe?

Oder etwas umfassender formuliert:
Wodurch kann ich mich als in die Freiheit entlassenes
Individuum veranlaßt sehen, mich mit der Welt zu
verbünden, statt sie etwa nach Kräften meinen Interessen
an Macht, Einfluß und kurzlebiger Lustbefriedigung
gefügig zu machen?

Antwort: Wenn „die Welt" zu mir gehört. Wenn ich ein
Teil davon bin. Wenn das da draußen – ich bin.

Wie und wann entsteht ein solcher Zustand?

Erwin Straus hat 1956 die Sinnesorganisation als das Tor
beschrieben, durch welche der Mensch in die Wirklichkeit
Eingang findet:

> *Das Gegenwärtigsein des sinnlichen Empfindens –*
> *und damit das sinnliche Empfinden überhaupt – ist*
> *das Erleben eines Mit-seins, das sich zum Objekt*
> *und zum Gegenstand hin entfaltet. Der Empfindende*
> *hat nicht Empfindungen, sondern, indem er empfin-*
> *det, hat er erst sich selbst. Im sinnlichen Empfinden*

*entfaltet sich zugleich das Werden des Subjekts und
das Geschehen der Welt. (...) Das Jetzt des Empfin-
dens gehört weder der Objektivität noch der Subjekti-
vität allein, es gehört notwendig stets beiden zusammen. Im Empfinden entfaltet sich für den Erlebenden
zugleich Ich und Welt, im Empfinden erlebt der
Empfindende sich und die Welt, sich in der Welt, sich
mit der Welt.*[34]

Und der Pädagoge H. Köhler schreibt:

*Die menschlichen Sinne dienen nicht nur einfach der
Kenntnisnahme dessen, was der Fall ist. Sie dienen
vor allem auch der (Rück-)Versicherung in Hinsicht
auf Beständigkeit und Verläßlichkeit der Fundamente
unseres Daseins.*[35]

Mit dem Vokabular der 90er-Jahre benennt W. Zacharias
von der Pädagogischen Aktion/SPIELkultur in München
die Rolle der Sinnlichkeit als *sowohl biologische wie
emotionale Membran* und als *Transformationsstation
zwischen 'Ich' und 'Welt'*.[36]

Und der wie kaum ein anderer für Rationalität stehende
Albert Einstein hält gar *die Subjekt/Objekt-Spaltung für
eine optische Täuschung.*

Hugo Kükelhaus wieder ist es, der schlicht das
französische Wort für *Bewußtsein* zum Zeugen aufruft:
con-naissance. Ein eingefügter Bindestrich macht aus
diesem Bewußtseinswort ein „mitgeboren werden".

Er hat die Stationen seines Erfahrungsfeldes zur
Entfaltung der Sinne mit der Absicht entworfen,
Gelegenheiten zu bieten (ganz machtlose Gelegenheiten),
um Weltgesetze im kleinen fast unscheinbaren Detail als

---

[34]   Straus 1956, S. 372
[35]   1994, S. 37. Dieses Buch birgt für alle, die sich mit einer Päd-
       agogik der Sinne beschäftigen, und denen nicht alleine schon
       deshalb diese Sinne zu schwinden drohen, weil jemand aus der
       Tiefe eines anthroposophischen Menschenbildes schöpft, eine
       Fülle von sehr elementaren Klarheiten und Ein-sichten.
[36]   in: Zacharias 1994, S. 15

Gesetze des eigenen Organismus erfahrbar zu machen, Phänomene zum Zeugen und Gleichnis werden zu lassen für entscheidende Prozesse des Lebendigen schlechthin.

Diese Form von Wahrnehmung soll nicht in erster Linie immer differenzierter geschehen. „Entfaltung der Sinne" soll dort vor allem heißen, daß die Wahrnehmung sich selbst beim Wahrnehmen beginnt, über die Schulter zu sehen, sich selbst zu verstehen und transparent zu werden, als wundersames Geschehen, als Feld von Verhalten und Tätigkeit, und – durch uns alle – auch als integrierter und gleichzeitig vermittelnder Teil der Welt. Die Ebene des Rationalen stellt bei diesem Gesamtprozeß des Wahr-nehmens von Anfang an offensichtlich nur eine, wenn auch sehr interessante und gewichtige, ja unabdingbare, so aber doch eine beigeordnete Dimension dar.

Wahrzunehmen wäre unter vielem anderem z.B.:

– daß meine Atmung und meine Ernährung in ständigem gegenseitigen Austausch mit dem Draußen den vielfältigen Stoffwechsel bewirken, der sekündlich mein Hiersein ermöglicht,

– daß mein Sehen lebt und stirbt mit dem Geheimnis des Lichts, das von draußen hereindrängt, und von mir nach Bedeutungen geordnet meine Erfahrungen und meine Einsichten begründet, und in Folge z.B. auch die gesamte Fähigkeit, in Bildern zu denken, visuelle Symbole erleben und verarbeiten zu können,

– daß die Töne, die an mein Ohr dringen, hochdifferenzierte Raummuster von Luftbewegungen darstellen, die ich auch mit anderen Organen aufnehmen kann, z.B. mit der Haut, mit dem Magen oder kaum bemerkbar z.B. mit den Knochen,[37]

– daß die Art und Weise, wie ich selbst mein menschliches, aufrechtes Zweibeinergleichgewicht realisiere, auf Gesetzmäßigkeiten reagiert, die ich mit jedem Ding und mit jedem Lebewesen der Erde teile,

---

[37] vgl.: Tomatis 1990

– daß ich meine ganzen ersten Jahre mit Anregungen durch das Draußen verbringe, mit Nachahmung des draußen Vorgegebenen, mit Erstaunen darüber,

– daß meine inneren Ein-stellungen wiederum mich jeweils situationsbezogen bis ins Physische hinein formen und die Ergebnisse und Erfolge meiner Handlungen in hohem Maß prägen. Daß sie eine ständig wirksame und meinen Leib durchdringende Achse zwischen Selbst und Welt darstellen,

– daß der Prozeß des Erkennens von Farben, Formen und Beschaffenheiten, besonders aber der des Wahrnehmens von Personen durch feinstes „Mittun" bzw. „Auch-so-sein" ausgelöst wird, und daß es Bildung ist, was Architektur, Design, Mode, aber auch die form-, raum- und qualitäthafte Präsenz der Natur mit uns vollziehen,

– daß die Konstatierung von nur 5 Sinnen eine ungeheure Einschränkung darstellt, einen Verzicht, eine Verstümmelung angesichts der vollständigen lebendigen Organisiertheit, welche uns Weite, Tiefe und Integrität unseres ganzen Daseins wahrnehmen läßt,

– daß meine Wahrnehmungs- und Verarbeitungsmöglichkeiten nur in einem Organismus voll erhalten und weiterentwickelt werden, der sich in gesundem Austausch mit allem, was ihn bewegt und umgibt, selbst förmlich immer wieder neu erwirkt,

– daß meine ganze Physiologie durch und durch aus „Draußen" besteht und dorthin auch mit Haut und Haar zurückkehren wird,

– daß es meine eigene von mir mitgestaltete physisch-geistige Sinnestätigkeit ist, welche in großem Maß darüber entscheidet, wie lebendig ich mich fühle, wie befriedigend mir mein Dasein wird, und auf welche Weise ich der Welt begegne,

– daß es vor allem der Tastsinn ist, der uns am frühesten und elementarsten dem Draußen begegnen läßt, daß sich uns hier aber auch am plastischsten das ewige

Getrenntsein von der Welt vermittelt, und gerade im gleichen Erleben aber wiederum auch das beginnt, sich uns mitzuteilen, was wir später mit den Worten *Ich bin* benennen,

– daß hier also ein freies Selbsterleben seinen Anfang nehmen kann, also z.B. alle unsere Entscheidungen, auf die Welt zuzugehen, in sie einzugreifen, oder auch uns von ihr zurückzuziehen,

– daß hier die Kraft wurzelt für die Fähigkeit, uns über ein Geschehen erheben zu können, und – wo nötig – zu widersprechen,

– daß genau hier aber auch – uns das ganze Leben begleitend – die ewige Sehnsucht wurzelt, mit der Welt wieder zu einer Einheit verbunden zu sein und, sei es auch nur vorübergehend, wie z.B. in der liebenden Umarmung,

– daß die Angebote des Warenkonsums in vieler Hinsicht eine Art Fatamorgana darstellen, die nur zu einem geringen Anteil wirklich existentiell zu ernähren vermag, geschweige denn die Illusion einzulösen in der Lage ist, uns durch irgendwelche Warenrequisiten inniger mit uns und der Welt zu verbinden,

– daß sowohl Sinnestätigkeit als auch Rationalität ohne die eigenständige Kompetenz der jeweiligen Gegenseite mit ihren je spezifischen Fähigkeiten im Umgang mit der Mitwelt eher hilflos, ja **sinn-los** agieren,

– daß beide in unendlichem Austausch mit der uns umgebenden Lebenswelt stehen, daß sie sich in uns ergänzen und die Welt zu unserer Wirklichkeit machen,

– daß wir als einzelnes Lebewesen nicht etwa das Produkt unserer Eltern sind oder gar von uns selbst, sondern daß wir ein Produkt der ganzen Welt sind.

Das da draußen – sind wir.

Wer z.B. einmal auf dem Brett der Wellenreiter
gestanden hat, oder mit solchen Menschen spricht, der
erfährt, daß neben dem Beherrschenwollen dieser
Situation auch das Motiv entstehen kann, sich ganz innig
mit diesem naturhaften Geschehen zu verbinden, ja sich
ihm hingebungsvoll zu überlassen. Eine unendlich
interessante Verschränkung von Beherrschung und
Selbstaufgabe entsteht.

Auch wenn wir z.b. Kinder erleben, wie sie schrittweise
Verantwortung für Lebewesen in ihrer Nähe entwickeln,
weil sie sie lieben, erkennen wir darin, wie sehr „das da
draußen" **sie selbst** sind, daß etwa der Verlust eines
geliebten Tieres in große Krisen stürzen kann.

*Zu Beginn der totalen Sonnenfinsternis des
Jahres 1954 schickte sich in Schweden ein
vielgewandter Rundfunksprecher an, das
Ereignis zu schildern. Der Mond schob sich
vor die Sonnenscheibe. Sogleich kam ein
kühler Hauch auf, das Licht wurde fahl. Die
Vögel verstummten, die Blumen schlossen ihre
Kelche, die Hunde verkrochen sich. Der Mann
am Mikrophon wollte sprechen, aber sein*

Mund blieb wie erstarrt offen stehen. Er brach-
te kein Wort hervor. Während die Verfinsterung
fortschritt, rannen ihm die Tränen übers
Gesicht. So blieb es bis zum Schluß, als er
endlich die Sprache wiederfand, um, immer
noch weinend, Entschuldigungen zu stammeln.

Während der totalen Sonnenfinsternis 1961
vermochte ein Astronom, der schon Tausende
von Sonnenaufnahmen gemacht hatte, im
entscheidenden Augenblick nicht, die Appara-
turen zu bedienen. Er fand sich wie gelähmt.
Die Filme blieben unbelichtet. In späteren
Berichten bekundeten beide übereinstimmend,
nicht die Sonnenfinsternis sei das eigentliche
Ereignis gewesen, sondern ihr eigener Zustand.
Jene hätten sie – der eine für den Rundfunk,
der andere für die Wissenschaft – versäumt;
eine Erfahrung aber gewonnen, die sie um ihr
Leben nicht mehr missen möchten: zum ersten
Male bis ins Mark von dem Bewußtsein getrof-
fen zu sein: Du bist.[38]

Wenn wir hören, wie die Astronauten in verschiedenen
Sprachen ihre Erlebnisse beschreiben, die sie hatten, als
sie die Erde das erste Mal vom All aus wahrnahmen, so
haben wir regelrechte zärtliche Liebesgedichte vor uns.

Alle diese Leute da unten sind wie du, sind dir
gleich, und du repräsentierst sie irgendwie. Du
bist hier oben als das Sinnesorgan ganz an der
Spitze. (Russell Schweickart)

Dieses schöne, warme, lebende Objekt sah so
zerbrechlich, so zart aus, als ob man es zerkrü-
meln würde, wenn man es mit dem Finger
anstieße. Ein solcher Anblick muß einen Men-
schen einfach verändern... (James Irwin)

---

[38] Kükelhaus 1977, S. 7

> *Am ersten Tag deutete jeder auf sein Land. Am dritten oder vierten Tag zeigte jeder auf seinen Kontinent. Ab dem 5. Tag achteten wir auch nicht mehr auf die Kontinente. Wir sahen nur noch die Erde als den einen ganzen Planeten. (Sultan Ben Salman Al Sand)*

Und bei der Rückkehr:

> *Ich sog den Geruch der Erde ein – unaussprechlich süß und berauschend. Und der Wind! Welche Erquickung! (Andrijan Nikolajew)*[39]

Der Impuls dieses Sichverbindens ist nun von der Wurzel her keineswegs rational. Wir sprechen deshalb auch im Weiteren nicht von der Durchsetzung einer **Idee**.

Es handelt sich aber wie bereits betont auch nicht um die Durchsetzung einer **Moral** im Sinne einer Erfüllung von ethischen Anweisungen Dritter. Trotzdem geschieht hier W e r t s c h a f f u n g und Moralität im Sinn eines Gegenimpulses zu ebenfalls keineswegs rationalen Regungen, wie Bequemlichkeit, Langeweile, Machtgelüsten usw.

Ein Sensorium beginnt sich zu entpuppen, welches konsequenterweise die gesellschaftlichen Prozesse nach dem Grad ihrer Nähe zu Erhaltungs- und Gesundungsprozessen befragt. Andererseits geschieht eine kompromißlose Aufdeckung aller Anlässe und Bedingungen, die uns eine bewundernde und von Achtung geprägte Perspektive von Wahrnehmung systematisch entwinden.

In engster Verbindung damit steht dann die Suche nach den Möglichkeiten zu einem alltäglichen Einnehmen und wenn nötig Durchsetzen einer solchen Perspektive, einschließlich dem sie begleitenden Lebensgefühl, seiner Sinnstiftung und seines handlungsleitenden Horizonts.

---

[39] Aus: Uelley 1989, S. 95/96

Das Erleben des Verbundenseins ist die Grundlage zu einem **ganz anderen** Gefühl der Stärke, des „Großseins", der Ausbreitung, der Sozietät, des selbst-bewußt Seins.

Das menschliche Bewußtsein, welches den Stolz eines „Ich **denke**, also bin ich" hervorbrachte, könnte sich ebenso stolz öffnen zu einem „Ich **nehme teil**, also bin ich".[40]

Beispielsweise hat selbst die Humanistische Psychologie lange Zeit ihren Schwerpunkt in der Erweiterung von personalen Kompetenzen bestimmt, welche vorrangig immer noch mehr Differenzierung, Autonomie und Trennschärfe beinhalteten. War doch als eines der ersten vorrangigen Ziele die Notwendigkeit erkannt worden, die sich emanzipierenden Individuen aus den Familien- und Autoritätsstrukturen gleichsam „herauszuoperieren".

Die Dimension des Verbundenseins trat aber auch dort aus dem Schatten der Entwicklung wieder hervor und verlangte, aus den Ideologien der Abgrenzung des Ichs ausgegraben, und wieder als zur elementaren humanen Gestalt gehörig erkannt zu werden.

Es wird hier, wie in so vielen Prozessen, das Phänomen des Pendelns beobachtbar, welches in der Bewegung zu einer Seite bereits seine Gegenbewegung erzeugt, die allerdings erst nach dem Umkehrpunkt, nach dem Aufzehren und Umsetzen dieses Impulses, tatsächlich einsetzen kann.

Der Beobachter der **ganzen** Erscheinung solch einer Pendelbewegung kann sehr leicht auf die interessante Fragestellung stoßen, was in diesem Phänomen von Pendelausschlägen denn **insgesamt** angelegt ist.

In unserem Beispiel: Menschen, die beide Pole, sich gegenseitig durchdringend, zu integrieren vermögen. Autonomie und Ich-Stärke auf der einen Seite, die Fähigkeit der Auf-gabe und der Verbundenheit auf der anderen.

---

[40] Vgl. Berendt 1983 und 1985

Woraus anders sollte auch nur eine einzige
Liebesbeziehung ihre Quellen beziehen? – Sei es nun zu
einem Menschen oder zum *Heimatplaneten.*

•

Das Mobile Erfahrungsfeld zur Entfaltung der Sinne reiht
sich als Mosaikbaustein ein in dieses Projekt der
Wiederaneignung von echten Außenbezügen, die weder
auf bloßem Gebrauch und Verbrauch aufbauen, noch auf
„postkonfessioneller Pfaffenmoral" von selbsternannten
Krisenpriestern. Sie meint in- und umweltbezugsfähige
Personen aus eigenem inneren Vollzug. Bezugsfähig im
Hinblick auf menschliche, tierische, organische und
anorganische Welt. Bezugsfähig auch zum eigenen
menschlichen Organismus hin, als merk-würdigem und
achtenswertem, vieldimensionalem Brücken- und
Integrationsgeschehen in den Begegnungen von Selbst
und Welt.

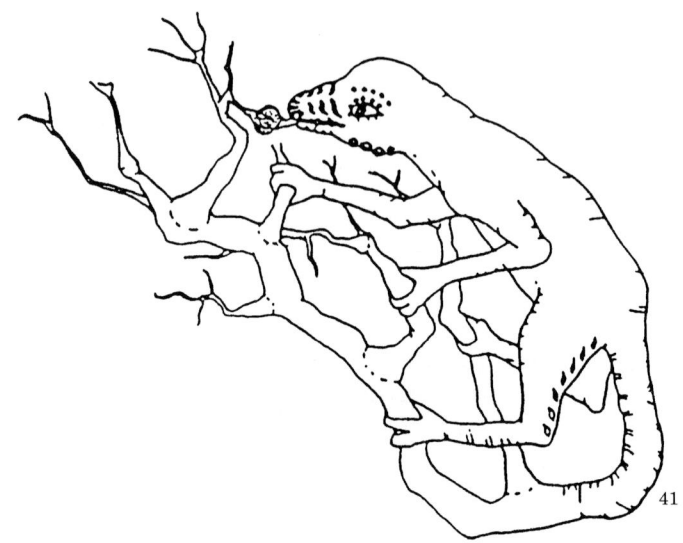

41

Der andere

Und also sprach Abdulla zu mir
Niemand ist außer dir
Er wär denn in dir
Und er sprach
Der andere bist du und du bist er
Nur die Brücke dazwischen ist Leben
Was wär denn Leben sonst
Wenn die Brücke zerbräche
Und er sprach
Sende die Kugel nicht
Zu deines Bruders Brust
Du fielest selbst
In sein Grab

A. Karasholi[42]

---

[41] Zeichnung von M. Maturana in: Maturana / Varela 1984
[42] in: Endriss / Scharf 1994, S. 57
Adel Karasholi ist syrischer Lyriker, Essayist und Übersetzer

Werden die Pforten der Wahrnehmung
gereinigt, erscheint dem Menschen alles,
wie es ist: unendlich.

W. Blake

Robert Kegan benennt in seiner Zusammenschau der
entwicklungspsychologischen Werke von Jean Piaget und
Erik Erikson ... *das Verlangen nach Zugehörigkeit und
das Verlangen nach Verschiedenheit als die beiden
stärksten Bedürfnisse des Menschen.*[43]

Was die systematische und einseitige Kultivierung des
letzteren dieser beiden Bedürfnisse hervorgebracht hat,
ist unschwer an unserer Lebensweise abzulesen. Jedoch,
das dringend nötige Projekt des Wiederauffüllens der
gegenüberliegenden Waagschale hat bereits an Bedeutung
gewonnen.

Wohlgemerkt, es geht hier, obwohl es um ein **Wieder**-
Auffüllen geht, nicht etwa um ein Zurück in der
Geschichte. Es geht vielmehr um das Bewußtsein der
Verbundenheit zusammen mit den Errungenschaften des
aufgeklärten Menschen. Das ist etwas, das die Geschichte
erst jetzt hervorzubringen vermag: eine Alternative zur
Moderne, eine säkularisierte Form der Re-ligio. Es geht
um eine Vernunft, die – wo nötig – das scharfe
Seziermesser der Rationalität anzusetzen weiß, vielmehr
aber noch dazu in der Lage ist, zu heilen, zu „wholen",
ganz zu machen, zu integrieren, zusammenzuschauen und
Verbundenheit zu ermöglichen.

Diese Fähigkeit aber, und vor allem die dazu gehörigen
integrierenden Kräfte sind ohne Zweifel psychischer
Natur. Dies nun läßt C.G. Jung zu der Erkenntnis
kommen:

*Die Welt hängt an einem dünnen Faden, und
dieser Faden ist die menschliche Seele.*[44]

---

[43] 1991, S. 191
[44] in: Evans 1967, S. 27

Nichts weist darauf hin,

daß
Schutz und Entwicklung des Lebendigen
richtiger sei
als seine immer systematischere Störung und Zerstörung.

Wertschätzung ist
vom rationalistischen Zeitalter
nicht erzeugbar.
Sie nährt sich tiefer.

Vorausgesetzt, daß auch moralische Appelle
bewußtseinsgeschichtlich ausgedient haben,
entsteht eine letzte entscheidende Frage:

**Was veranlaßt
den in die Freiheit entlassenen Menschen,
sich mit der Welt zu verbünden ?**

Die Skizze eines Antwortprojektes:

Das Erleben und Erkennen von

	im	
	am	
sich selbst	neben dem	**Draußen**
	mit dem	
	durch das	
	und als das	

Überlassen Sie sich einen Augenblick den verschiedenen
Bedeutungen, die aus diesen unterschiedlichen
Wortkombinationen der letzten Zeile entstehen.
Sie ent-falten sich.

Ein Mann besaß ein Cello mit einer Saite, über
die er den Bogen stundenlang führte, den
Finger immer auf der gleichen Stelle haltend.
Seine Frau ertrug dieses Geräusch sieben
Monate lang in der geduldigen Erwartung, daß
der Mann entweder vor Langeweile sterben oder
das Instrument zerstören würde. Da sich jedoch
weder das eine noch das andere dieser
wünschenswerten Dinge ereignete, sagte sie
eines abends, wie man glauben darf, in sehr
sanftem Ton: „Ich habe bemerkt, daß dieses
wundervolle Instrument, wenn es andere
spielen, vier Saiten hat, über welche der Bogen
geführt wird, und daß die Spieler ihren Finger
ständig hin und her bewegen."

Der Mann hörte einen Augenblick lang auf zu
spielen, warf einen weisen Blick auf seine Frau,
schüttelte das Haupt und sprach:

„...Natürlich bewegen die anderen ihre
Finger beständig hin und her. Sie
suchen die richtige Stelle...."

Armenische Volksfabel [45]

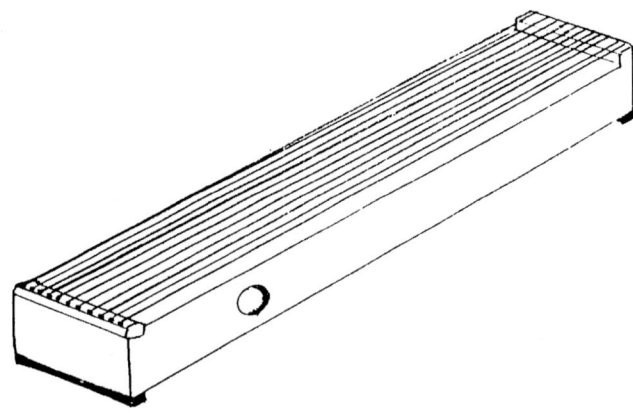

[45]   *Lesestunde* (Zeitschrift der deutschen Buchgemeinschaft)
Heft 2, 1960

Schläft ein Lied in allen Dingen

Ein Erfahrungsraum ist der *Entfaltung der Sinne* gewidmet. Was bedeutet dieses Wort „Entfaltung"?

Eine Grundschulklasse sitzt in einem großen Kreis. Ich hole einen leichten, 1,30 Meter großen, mit 13 Saiten bespannten Holzkasten aus einer Ecke unter einem Tuch hervor und frage mit gedämpfter Stimme und etwas „geheimniskrämerisch":

– Ist euer Hören bereit? –

Aufmerksame Blicke.

– Ist es wach? –

Viel Nicken.

Ich trage den Kasten, als seien es die Reichskleinodien auf einem Samtkissen, und versuche, auch als ich mich hinsetze, keine unnötigen Geräusche zu machen. Nach einem mehrmaligen Blick in die Runde lasse ich eine einzelne Saite erklingen. Dann eine zweite, eine dritte usw. Sie sind alle auf den gleichen Ton gestimmt. Ich bemühe mich, jede der Saiten auf die gleiche Weise anzuzupfen.

– Was habt ihr gehört? –

„Töne." – „Lauter gleiche Töne!" – „Nein, verschiedene!" – „Ja, laut und leise!" – „Und ab und zu kratzt was." – „Und die letzte klingt länger!"

– Ist so etwas eine Melodie? –

„Nein, da fehlt was." – „Naja, man könnte schon so eine Melodie erfinden. Aber dann muß man es auch spielen wie eine Melodie. Sie haben aber einfach Töne gespielt." (!)

– Ich möchte euch etwas zeigen. Die Töne haben ein Geheimnis, und zwar ist dieses Geheimnis eine Melodie. Aber: sie ist ein wenig versteckt und will erst von euch gesucht und gefunden werden. Seid ihr bereit? –

Ich streiche in großen weichen Bewegungen mit beiden Händen abwechselnd so über die Saiten, daß ein gleichmäßiger ununterbrochener Klangteppich entsteht. Ein leises wohltönendes schwebendes Donnern. Ich sehe mir dabei die Runde an. Ein Kind nach dem anderen. Sie verfolgen die Bewegungen meiner Hände.

Nach dem Ausklingen frage ich:

– Was habt ihr gehört? –

Erst ist es still. Ich kenne diese Art der Stille nach dieser Frage auch aus Veranstaltungen mit Erwachsenen. „Es" läßt sich nicht leicht in die Welt der Worte übersetzen. – Dann:

„Irgendwie so, wie wenn's spannend wird." – „Wie bei meinem Papa, der hat so Musik mit Mönchen." – „Ja, und sowas wie Glockenläuten." – „Oder ein Rasierapparat." – „Und irgendwie Wellen." Das Mädchen zeichnet eine fließende Auf-und-Abwärtsbewegung in die Luft.

– Hat jemand die verborgene Melodie erlauscht? –

„Naja, Melodie nicht direkt, aber so ein Schwingen irgendwie – so leise war noch was – so als ob's gar nicht dazugehört. So hm-hm-hm-hm."
Er deutet eine zaghafte, etwas unorientierte Melodie an.

Ich gehe mit dem Instrument in die Mitte des Kreises und bitte alle ganz nah zu mir heran. Kleine Rangeleien entstehen. Ich ärgere mich einen Moment darüber, bis ich wieder weiß, daß das ihre Neu-gierde ist.
Will ich mehr?

– Merkt ihr, wie die Töne alle nebeneinander und ineinander ihren Platz haben? Versucht doch mal rechts und links, und wo ihr gerade an jemanden heranreicht ganz „spürig" Verbindung zu halten. Wir können das machen wie Töne das tun. –

Ich streiche über die Saiten und fange an, mich mit den Kindern rechts und links von mir ganz achtsam zu wiegen. Kein „bierseliges" dumpfes Schunkeln entsteht da. Mehr ein tastendes Tanzen im Sitzen, Hocken und Knien. Zwischen Jungen und Mädchen „sprühen etwas die Funken". Aber sie halten's aus. Es geht ja um die Töne.

„Jetzt hör' ich's!" – Was? – „Die Melodie." – „Ich schon lang!", behauptet jemand. – Ungläubige Mienen. Aber nach und nach klaren die etwas angestrengten Gesichter auf.

– Wollen wir die Melodie mitsummen? – Alle summen. Die ursprüngliche feine Über-Melodie des Instruments verschwindet jetzt aber darin. „Wir müssen so zart sein wie die Melodie!", erwägt ein Kind.

Wir stellen fest, daß wir so zart alle zusammen einfach nicht sein können. Aber alle hören jetzt die Obertöne. Diese erst in der zweiten Hälfte dieses Jahrhunderts wieder ins Licht der Aufmerksamkeit gerückten Urbausteine des Klanglichen und der Musik.

Erstmalig in Europa wurde ein künstlerisches Feld damit eröffnet, daß die Obertonmelodien mit einiger Übung auch durch unsere Stimme erzeugbar sind: Obertongesang. Die Kinder sollen das **jetzt** kennenlernen und mitverfolgen. Das ist zeitgenössische Kunst. Nicht erst nach vielen Jahren, wenn die Musikbücher inhaltlich nachrücken, und einige Musiklehrer ihren Schülern aus eigener Übungserfahrung diese Art des Singens vermitteln können.

Gelegentlich, wenn viel Zeit ist, machen wir kleine Versuche mit diesem Obertongesang, jenem Experimentieren mit der Stimme, das es durch aufmerksames Variieren des Mund-Innenraums möglich macht, während dem Aufrechterhalten eines Grundtones gleichzeitig noch verschiedene feine höhere Töne erklingen zu lassen: eine Obertonmelodie. Zweistimmiges Singen **einer** Person.

Oder ich zeige auf dem Monochord, daß das, was wir harmonisch und schön empfinden, auch die Mathematik „richtig findet". Zu diesem Zweck teilen wir in bestimmten Proportionen Teilstücke von Saiten mit Stegen ab und vergleichen mit dem Metermaß, was unser Hören und Tönemachen in Zusammenklängen angenehm findet oder eben nicht. Die schönen Zusammenklänge gehorchen als Saitenlänge ganz einfachen Rechenvorgängen.

Die Oktave entsteht, wenn wir genau bei der Hälfte (1/2) unterteilen, die Quinte bei 2/3, die Quart bei 3/4, die große Terz bei 4/5, die kleine bei 5/6 und (nicht ganz!) so weiter.

Doch zurück zu der beschriebenen Situation. Manche Kinder wollen jetzt auch ans Instrument. Die gleichmäßige Motorik, die sie meiner Art des Streichens abgucken, macht einigen Mühe, aber das bereits aufgebaute genaue Lauschen stützt jetzt schon den geeigneten Tonus der Arme und Hände. Sie streichen vom Hören geleitet über die Saiten.

Nicht ohne anerkennenden Unterton sagen sie mir, daß „das aber gar nicht so leicht ist". Viele Kinder haben Respekt vor dem „was mit den Händen können".

Auf meine Anregung hin versuchen sie nun dieses Streichen „arbeitsteilig" zu dritt. Erst du, dann du, dann du. Die jeweils folgende Hand beginnt bei der ersten Saite, sofort nachdem die vorhergehende ihre letzte Saite verlassen hat. Bald klappt das Zusammenspiel der Bewegungen und ich sehe bei allen Dreien ein tiefes Durchatmen. Die Klasse klatscht Beifall und: „Darf ich jetzt auch mal?".

Drei andere Kinder machen ihre Erfahrungen miteinander und mit den Klängen des Instruments. Aber nach der langen Konzentration meldet sich nun unaufhaltsam ein Drang nach Bewegung. Wir öffnen die Fenster und machen etwas, das sich als Thema gerade eingestellt hat: „was mit den Händen". Und auch den Füßen. Klatschrhythmen im großen Kreis.

Danach sage ich den Kindern, daß so wie das Monochord auch die anderen Gegenstände des Erfahrungsfeldes sind. Das Instrument ist von Anfang an immer gleich geblieben. Aber wir haben erst nach und nach bemerkt, daß in dem einen tiefen Anfangston noch viele andere, viele Teiltöne verborgen waren. Der Klang der Saiten hat sich **entfaltet**, könnten wir sagen.

– Aber wäre das richtig? Ist es der Klang, der sich entfaltet hat? –

„Nein, der war ja schon entfaltet. Wir haben's nur nicht gemerkt!"

Viel besser könnte ich diesen entscheidenden Moment auch nicht benennen.

– Was muß sich entfalten, damit wir's merken? –

„Na das Horchen!"

Genau.

– Und weil das Horchen und Lauschen sich nur entfalten kann, wenn wir das auch wollen, wenn wir uns z.B. auch gegenseitig so viel Ruhe lassen, wie ihr das gemacht habt, deshalb sage ich sogar: **wir** haben uns entfaltet. Wir haben uns in unserem Hören entfaltet. Kann man das sagen? –

Die Kinder merken, daß jetzt **ich** es schwer habe mit den Worten, und nicken mir Unterstützung zu. Na, jedenfalls haben sie danach Dinge wahrgenommen, die sie anfangs einfach noch nicht wahrnehmen **konnten**, weil ihr Hören sich erst entfalten mußte, nicht etwa das Musikinstrument.

– Kennt ihr andere Dinge, die sich entfalten können? –

„Ja, Blumen z.B." – „Und T-shirts beim aus der Schublade holen." – „Und Liebesbriefe." – „Und Gesichter beim Lachen!" – „Nöö, da **kommen** ja erst die Falten!"

– Kann sich bei Spielzeug auch etwas entfalten? –

Wir vergleichen Spielzeug nach dem Grad der Entfaltungsmöglichkeiten. Baukästen stehen hoch im Kurs. Mit ihnen kann man „immer was Neues machen" und „man wird immer besser". „Der Nachteil ist eben nur, daß man dazwischen immer wieder aufräumen muß."

In ähnlicher Weise sprechen wir über das, was sich in Freundschaften entfaltet oder in der Begegnung mit einem anderen Land oder einer anderen Kultur.

Ich knülle mir eine Plastiktüte in die Hand, bis sie ganz darin verschwindet und drücke sie dann gegen den Schulzimmerboden. Ganz langsam tue ich, als würde sie knisternd ihren Raum gegen meine Hand durchsetzen und mich hochdrücken.

Was ist das? – „Entfaltung!" – Der Begriff ist eingeführt und wird sofort wiedererkannt.

Ich lege zwei Tennisbälle in einen Holzreifen, und indem ich erst zwei, dann drei Bälle hinzufüge, sehe ich fragend in die Runde:

– Ist das auch Entfaltung? – „Neeeeee!" – Warum nicht? – „Das wird ja bloß immer mehr."

– Ist „mehr" keine Entfaltung? – Jetzt sind sie sich nicht ganz sicher. Die Frage klang, als ob man mit „doch" antworten sollte.

In die entstandene Nachdenklichkeit hinein frage ich:

– Bist du mehr so? – ich zeige auf die Tüte – oder mehr so? – ich zeige auf die Bälle. Die meisten sind sich einig. So wie die Tüte. „Weil, ich bin ja auch schon fertig und wachse trotzdem noch." – „Genau, und du bist noch nicht fertig. Bei dir wird der Kopf noch nachgeliefert."

Einer sagt, er sei mehr so wie die Bälle. Auf eine Nachfrage hin sagt er, er spiele so gern Tennis.

Die Kinder erkennen genau die Thematik von Teil und Ganzem, aber auch die benachbarte des Unterschieds von Qualität und Quantität. Selbstverständlich sprechen sie in ihrer eigenen Sprache darüber. Wir tun das ja auch. Aber sie zeigen mir immer wieder, daß sie mit solchen Themen durchaus leben. Wir können mit ihnen darüber ins Gespräch kommen. Wir müssen dabei vor allem zuhören, wenn sie reden, und die verborgenen logischen Zusammenhänge in den kindlichen Assoziationen und Ausdrucksweisen erkennen. Dann bestehen gute Voraussetzungen, wenn wir etwa erwägen, uns an „Philosophie mit Kindern" heranzutasten.

Philosophie kann nur an ureigensten Suchbewegungen und Fragen der Kinder ansetzen. Nicht etwa bei unseren Lieblingsphilosophen. Nur so ist Philosophie auch entstanden. Und nur so behält sie auch ihren „Gebrauchswert".

„Ich habe noch eine Frage", sagt ein 8jähriges Mädchen. Sie sagt „Frage", weil sie gelernt hat, höflich zu Erwachsenen zu sein. Sie meint eigentlich „Überzeugung".

„Ich finde, wenn da nur Bälle **dazukommen**, kann das auch Entfaltung sein." – Sie steht selbstbewußt auf, geht auf die Bälle zu und zeigt mir: „Weil, wenn ich nur zwei Bälle habe, kann ich sie nicht übereinanderbauen." Sie zeigt, daß das nicht hält. „Auch drei geht nicht." Sie zeigt, wie ein Ball auf zwei darunterliegenden „nicht hält". – „Aber wenn ich zum Beispiel vier habe, dann kann ich sogar übereinanderbauen. Und das ist dann auch Entfaltung."

Vor mir steht ein Tetraeder aus Tennisbällen. Ich bin

sprachlos, und kann nur an die anderen Kinder die Frage richten, ob sie das vestanden haben. Sie nicken ernst. Und jetzt bin **ich** an der Reihe, Respekt zu empfinden.

Wenn die Stationen des Erfahrungsfeldes Entfaltung möglich machen, so geschieht das immer in dem am Beispiel des Monochords beschriebenen Sinn. Nicht Abwechslungsreichtum einer Station ist gemeint oder äußere Vielfalt. Die Erfahrung ist es, die sich entfalten kann, die Aufmerksamkeit, das Verstehen, das Gespräch, das Miteinander, die Beteiligung.

Die Konzeption von solchen Stationen sieht Minimierung vor und Elementarisierung. Ihre Prozesse entfalten sich im Einfachsten.

Deshalb haben diese Stationen auch nichts von lustig animierender Buntheit. Keine Comicfiguren mit „Komm her und mach mit – Sprechblasen" etwa.

Alle Saiten des Monochords sind auf den gleichen Ton gestimmt. Wohl aber sind viele Saiten da, die jeweils verschieden behandelt werden können. Mit kleinen Holzstegen sind z.B. eigene Tonskalen herstellbar. Mit entsprechenden kleinen Materialeinlagen zwischen Steg und Saite können die Klangfarben variiert werden.

Nicht der Angebotscharakter lockt hier, sondern eher ein stilles offensichtliches Bereitstehen. Es soll gar nicht der Eindruck entstehen, hier würde „etwas geboten". Von Anfang an geschieht nur etwas für den, der in eine Haltung des Ausprobierens und Forschens kommt. Die Welt will entdeckt werden, nicht angeboten, und schon gar nicht sich als köstliche und konsumierbare Ware aufdrängen.

Es ist alarmierend, wie Kinder immer wieder mit ihrem Verhalten bezeugen, wie sehr sie daran gewöhnt sind, daß ihnen etwas vor die Nase gesetzt und „entfaltet" wird. Immer häufiger steht „Erleben" durch bloßen Knopfdruck bereit.

„Die Welt ist groß und bunt," sagt sich das junge Bewußtsein, „ich bin ihr Zuschauer. Ich bleibe eben einen Augenblick da stehen, wo es am geilsten ist, dann vertrolle ich mich, denn wirklich gebraucht werde ich nie und nirgends."

Bei nicht wenigen Studierenden erlebe ich diese in vielen Jahren auf Schulbänken entwickelte Haltung als teilnahmsloses Zurücklehnen und erwartungsloses Durchhalten von abzusitzender Zeit.

Und wir Kolleginnen und Kollegen stehen vor der Frage, in welcher Weise wir diese zerrüttete Lernkultur mittragen und stimmig ergänzen.

Restvariablen sind dann:

- Leistungsbereitschaft unter dem Druck von Benotungen,
- bestenfalls noch kritische Konsumtion.

Konsequenz: sobald die Spielregeln es zulassen, die scheinbare Offensive der Totalverweigerung – im Cafe um die Ecke...

Ja. Ich habe es in vieler Hinsicht genauso gemacht. Wenn das Bewußtsein der Studierenden nur annähernd so arbeitet – und das ist zu erwarten – wie es das meine nach all meinen Schuljahren tat, dann wird mir jetzt beim Versuch, meine Aufgaben als Dozent zu erkennen, ganz schwindelig.

Ein zeitlicher Überblick sagt mir: Jetzt sind **sie** dran und spielen „Schule". Und ein Spiel – überhaupt wenn man es in- und auswendig kennt und seine Varianten durchgespielt hat – will man und frau wenigstens gelegentlich und in Teilbereichen auch gewinnen.

Und *gewinnen* ist beim Stand der momentanen Gegebenheiten im Kommunikationsprozeß des Lernens an einer Fachhochschule z.B. dadurch möglich, daß ich dem Dozenten mit dem minimalen Aufwand, den Mundwinkel so gut beherrschen, wortlos entgegenhalte:

„Deine Motivierungsversuche kommen bei mir im Augenblick üüüüüüberhaupt nicht an!"

Sieg. Schachmatt. –

Die wahrzunehmende Chance:
Das Schachmatt dieser Situation gilt für beide.

Die ständig betätigte Lusttaste, mit der sich eine Ratte zu Tode vergnügt[46]

oder

Exkurs über ein so zentrales wie zweifelhaftes Phänomen

Etwas hat sich zu einem zentralen Steuerungselement gemausert und erhebt den fadenscheinigen Anspruch auf hochgradige Absolutheit: das, was wir ein „Bedürfnis" nennen.

Kaum jemand wagt es, etwas gegen ein Bedürfnis zu sagen, schließlich ist es doch einfach ... ein Bedürfnis, nicht wahr!

Ihm nicht nachzugehen, es einzuschränken oder es auch nur all zu nachdrücklich nach seiner Herkunft zu befragen, bedeutet, sich eines großen Vergehens schuldig zu machen: der Lebens- und Lustfeindlichkeit.

Wo kämen wir denn da hin. Das wäre ja wie früher, als man noch nicht machen konnte, was man wollte.

Bedürfnisse sind unbedingt zu befriedigen. Was ihnen dient, hat Rechtsanspruch, ja ist Gesetz wie z.B. Gravitation oder Lichtgeschwindigkeit.

Gerade aber auch das, was als ein mit Absolutheitsanspruch verkündetes Bedürfnis auftritt, wird innerhalb einer aufmerksamen Auseinandersetzung mit der menschlichen Wahrnehmung zu einer sehr relativen Größe.

Wird der Wahrnehmung nämlich ein Gegenstand wiederholt in Begleitung anderer lebensnotwendiger oder

---

[46]   Vgl.: z.B. Vester 1978, S. 9

wünschenswerter Dinge, Vorgänge, Bilder usw.
vorgeführt, so geschieht etwas, dem wir höchste
Aufmerksamkeit schenken sollten:
Die Qualität der inszenierten Begleiterscheinungen
überträgt sich im Unterbewußtsein auf den Gegenstand.
Seit Pawlows Hunden heißt das *Konditionierung*.

Qualität wird also umwertbar. Bedarf und Bedürfnis in
hohem Maß manipulierbar.

Ein Flair von lebendiger Fülle verschiedenster Ausprägung
ist es, mit welcher die Produktmanager jeglicher Couleur
ihre Ware umgeben. Langsam aber wird auch für wenig
kritische Gemüter offensichtlich, daß sogar die Fülle des
Wohlstands als Ganzem, also ein generell hoher Grad an
befriedigten Bedürfnissen, durchaus auch den faden
Geschmack des Betrogenseins hinterlassen kann. Wir
gehen auf Biegen und Brechen – auf Überstunden und
Verschuldungen – unseren Bedürfnissen nach, und stellen
doch ratlos fest, im Erleben zentraler Lebensregungen
diffus unbefriedigt zu sein.

Die spätestens hier entstehende Frage nach wirklichen,
wahren, tatsächlichen usw. Bedürfnissen ist dabei gewiß
keine harmlose, denn wenn Wünsche
> *nicht mehr mit biologischen Bedürfnissen*
> *verknüpft sind, werden sie zu*
> *„Wunschkarzinomen": Sie verselbständigen sich,*
> *wachsen und zerstören.*[47]

Entscheidende und parallel verlaufende Suchspuren sind
also einmal die nach unseren wahren und lebens-
spendenden Bedürfnissen, und zum anderen unsere
Fähigkeit, die geeigneten Qualitäten zu ihrer
tatsächlichen lebendigen Sättigung überhaupt
wahrzunehmen.

Eine schlichte, aber aufrichtige Begegnung zwischen zwei
Menschen etwa, kann mehr Lebensäußerung bedeuten als

---

[47]   Frieser, in: Fauser / Madelung 1996, S. 129

das scheinbare, nach allen Regeln der Imagekultur und der öffentlichen Meinung zustandegekommene, aber in Konvention und Selbstdarstellung ertränkte Zusammentreffen des „Traummannes" mit der „Traumfrau".

Bedingung für ein kritisches Neuerleben ist jedoch eine vertiefte – und das heißt im ersten Moment auch **riskierte** – Wahrnehmung. Eine Durchsetzung eigener authentischer Lebensäußerungen gegen verordnete Erlebniszwänge und das Diktat der sich immer wieder scheinbar bewährenden Bewertungs- und Verhaltensgewohnheiten.

Zwei entscheidende Chancen aber stehen auf dem Spiel und vermögen vielleicht die Intensität unserer Suche und die Bereitschaft zum Risiko einer ersten Irritation zu erhöhen:

- erstens die individuelle Chance auf mehr gelebtes Leben,

- zweitens aber auch die gesamtkulturelle Chance der Umwertung und Neubestimmung dessen, was gesellschaftlicher Reichtum eigentlich wirklich zu sein vermag.

Entfaltung der Sinne bedeutet also auch ein nicht gleich plausibel Erfaßbares: **ein Mehr im Gleichen** als Alternative zum **Immer weniger im ständig Wachsenden** und uns aber nicht mehr Erreichenden, das jedoch trotzdem, um produziert zu werden, zu immer mehr und immer offensichtlicheren individuellen, gesellschaftlich und ökologisch schmerzlichen Opfern zwingt.

Die Wirtschaftsgesetze, die auch trotz der Rezession in den hochindustrialisierten Länder für die meisten ein hohes Konsumniveau ermöglichen, prägen in fundamentaler Weise auch die Grundhaltungen von vielen Kindern und Jugendlichen. Sie scheinen in einer Art Supermarkt-mentalität im Innersten davon überzeugt zu sein, daß das Leben nicht hervorgebracht werden muß, nicht erwirkt

sein will, nicht gelebt, nicht ver-antwortet werden muß.
Sie haben gelernt, einfach in die Regale zu greifen und
den Wagen zu füllen. Auch der „Ausgleich" an der Kasse
erfolgt erst relativ spät durch nun von ihnen selbst
hervorgebrachte Werte.

Zwei sich ergänzende Elemente prägen die spätere
gesellschaftliche Gesamtatmosphäre der Erwachsenen:

a. das Recht auf Konsumtion

auf Grund von

b. einem Beitrag in einem von niemandem mehr
überschaubaren oder gar verantwortbaren Apparat zur
Produktion von Dienstleistungen und sogenannten
Gütern.

Für die, die noch nicht in diesen Apparat voll integriert
sind, reduziert sich dieses ohnehin sehr simple
Lebenskonzept auf Teilbereich a.

Wohlgemerkt: hier ist noch rein gar nichts darüber
ausgesagt, ob dieser Konsum wirkliche Bedürfnisse
befriedigt oder gar „glücklich macht". Hier ist nur von der
umfassenden **Möglichkeit** des Warenkonsums die Rede,
vom Kulturbewußtsein einer fadenscheinigen
Konsumentensouveränität und ihren Bedürfnissen
zwischen nun einmal vorhandenen Angeboten, nicht etwa
von ... Lebensqualität.

Nicht lebendig erwirktes, er-fahrenes Leben kann gar
keine Lebensqualität hervorbringen, weil es das Leben gar
nicht stattfinden läßt. Es stellt die entwürdigende
Aufgabe, mit Surrogaten auszukommen. Der so treffende,
aber in der Regel nur für Kinder und Jugendliche benutzte
Begriff der *Wohlstandsverwahrlosung* ist längst geprägt.

Letztlich ist es **nur** die Wahrnehmungsfähigkeit eines
jeden einzelnen, die hier Qualitätsentscheidungen treffen
kann. Die hier in Rede stehenden Wahr-nehmungen
werden jedoch von einer gigantischen Bewußtseins-
maschinerie so korrumpiert und mit Scheinidentitäten

durchsetzt, daß wie selbstverständlich gelingt, was diese ganze Kultur am Leben erhält: der Charakter der Konsumfähigkeit paßt recht genau zu dem des allseitig angepriesenen Angebots.

Der Kunde übt sich auf dem Nachhauseweg bei **einem** Angebot in der Souveränität des lässigen Abwinkens, um an der nächsten Ecke auf etwas hereinzufallen, das geschickter vermarktet wird, und dieser wundersamen, alles steuernden Empfindung entgegenkommt, die wir *Bedürfnis* nennen.

Nach I. Illich stellen

> die „Bedürfnismacher" eine Art von
> internationalem Expertenkartell dar, das
> entscheidender und bestimmender ist, als es je die
> Zünfte, Gewerkschaften, Parteien,
> Industrieunternehmen und der Klerus waren.[48]

Ja, ich weiß auch, daß es ein paar wirkliche humane Grundbedürfnisse gibt, und das Problem nicht etwa darin beschrieben werden kann, überhaupt Bedürfnisse zu haben. – Dumpf unklar bleibt nur, warum wir hinter unseren Einkaufstüten nicht zufriedener dreinschauen, oder anders: welches denn nun solche Grundbedürfnisse sind, und welche uns im allgemeinen Wahrnehmungs- nebel nur als solche erscheinen und unberechtigterweise trotzdem den Hauptteil unserer individuellen und kollektiven Bemühungen steuern.

> Der Fasan, der in einer sumpfigen Gegend lebt, muß
> zehn mühsame Schritte machen, um zu einem einzigen
> Bissen Futter zu kommen; will er trinken, muß er gar
> erst hundert Schritte tun. Trotzdem verlangt er nicht
> nach einem Käfig, in dem er alles haben könnte, was
> ihm gefällt.
>
> Tschuang-Tsu[49]

---

[48] Vgl.: Illich, in: Zeitschrift Scheidewege 1977/4
[49] Quelle unbekannt

Auch deshalb tritt das Erfahrungsfeld nicht als schillerndes Animationsareal auf, das verspricht, die modernen Bedürfnisse nach skurriler Abwechslung zu befriedigen.

Die Stationen stehen nur still da. Absichtslos sich selbst repräsentierend, bis sich jemand nähert und bemerkt, daß hier etwas getan werden kann. Das Erfahrungsfeld beginnt erst, wenn jemand seine Hände aus der Tasche nimmt und den *walkman* abschaltet.

Wenn das Erfahrungsfeld von Betreuern begleitet wird, so stellen diese lediglich eine Frage zur Verfügung oder einen kleinen Hinweis.

Spätenstens dann bist **du** dran:

Auf einer der Stofftafeln ist zu lesen:

Wo ist

der rote Faden?

Der rote Faden

ist man selbst.

Dazu eine Geschichte von Hugo Kükelhaus:

Das Blau, welches Du hier siehst, verlangt (so sei unterstellt) von Gott, daß er ihm noch einiges Blau aus seinem Farbtopf hinzufüge, damit es noch blauer werde. Gott sagt: „Ich habe kein Blau mehr, womit ich dich noch blauer machen könnte. Du hast schon all mein Blau. Dennoch kann ich dein Blau verstärken und leuchtender machen, als es jetzt ist." „Du willst mich vermehren, ohne mir etwas zu geben? Ich soll in Armut verharren?"

„Gerade das mußt du, denn ich habe nichts zu geben. Es ist alles vergeben. Aber ich kann machen, daß jedes sehende Auge dich blauer und strahlender sieht, als du es jetzt bist. Nur mußt du den Wunsch aufgeben, daß ich dir etwas geben möchte. Ich habe nichts."

„Wenn du mir schon nichts zu geben hast, so nimm nur das bißchen Blau, was du mir gewährtest. Dann will ich auch das nicht mehr haben oder sein. Alles oder nichts! Das ist mein Stolz."

Gott dauerte der Kummer des Blauen. Und er tat, was Gottes ist und machte das Blau blauer, ohne ihm etwas hinzuzufügen oder zu nehmen. Alle Augen aber, die's danach sahen, bemerkten, daß es blauer war als zuvor.

Und was damals geschah, das geschieht immer: du kannst es sehen. (...)[50]

Gott hat, als er die Welt machte und das heißt, vieles Verschiedene machte, sich völlig ausgegeben an das viele Verschiedene; er hat alles darangesetzt und jedem alles gegeben, was er hat. Er hat nichts mehr in der Vorratskammer. Er hat keine solche. Dennoch aber, und da eben beginnt seine Gottheit, kann er alles, was ist, noch vermehren, noch verstärken, noch ändern, ohne daß er auch nur das Geringste hinzufügt, abnimmt oder darin eingreift. Und dieses Göttliche liegt darin und in nichts anderem, als daß er auf der unendlichen Fülle und Vielfalt seiner Werke sein Auge ruhen läßt. Indem er es sieht, wird alles mehr und alles (dasselbe bleibend) anders als es ist(...)[51]

Wo auch immer ich ein Ende setze, falle ich aus der Erscheinung, falle ich aus der Wirklichkeit.(...)

[50] 1953, S. 1
[51] ebd. S. 4

Die Erscheinung ist das Überspieltsein dessen, was ist; der Schritt über sich selbst hinaus: das ist die Erscheinung. Auf den Schritt über sich selbst hinaus bezieht sich das Erkennen. Das ist der Sinn des Erkennens: die Sachen dort aufzuspüren, wo sie anders sind als sie sind. (...)

Solange das Blau in der Annahme und in dem Verlangen verharrt, daß es durch Hinzufügung oder durch Minderung, mithin durch Änderung seines Selbstüberdrusses ledig würde, solange ist es in der Verderbnis, ist es im Irrtum. Und da ist niemand, der sein Ohr erreichen könnte, wenn er ihm sagt: du verdirbst auf der Suche nach Änderung. Änderung durch Änderung herbeizuführen: das ist Irrtum; das ist das stete Irren. Was im Selbstüberdruß und in Selbstfertigkeit beharrt, ist ohne Membran, ohne Tausch, ohne Bezug. Ist nicht erkennbar und kann nicht erkennen. Es ist Verzweiflung in Fertigkeit, es ist Flucht auf dem Fleck[52]

(Es ist/W.J.) das Ausschließliche und Ausschließende, Zusammenhanglose. Das vollständige nur ES SELBST. Und das ist das NICHTS.[53]

Wer auf dem Seil geht, schwankt, wenn er das Seil anstarrt. Denn damit stellt er sich außerhalb des Seils. Indem er es zu einem Gegenstand macht, an dem er sich hält, verliert er den Zusammenhang mit dem Seil. Sicher geht auf dem Seil, wer es in sich trägt.[54]

Der Lebendige lebt jenseits, genauer gesagt: im Bezug auf das Jenseits seiner Grenze, im Austausch mit dem Jenseits seiner Grenze: er beginnt in jedem Augenblick dort, wo er endet.[55]

---

[52] ebd. S. 7
[53] ebd. S. 17
[54] ebd. S. 63
[55] ebd. S. 22

Der Lebendige ... beginnt in jedem Augenblick dort, wo er endet.

Da, wo die jüngsten Mitglieder
der Gesellschaft ein gewisses
Einführungsritual in eine
unsichere Welt benötigen,
werfen wir ihnen die Knochen
von den Friedhöfen unserer
Kultur vor.

M. Ferguson[56]

Ich bin Leben, das leben
will, inmitten von
Leben, das leben will.

A. Schweitzer

Fremdbestimmung – Abhängigkeit – Sucht

Wenn bereits viele Versuche gemacht sind, einen
Sachverhalt grundlegend zu verstehen, viele Bemühungen
zur Abwendung dieses Zustandes aufgebracht werden,
und die daran Beteiligten die Ergebnisse aber letztlich
nur als teilgelungen betrachten können, so mag es sein,
daß die Perspektiven und Fragestellungen nicht tief und
umfassend genug ausgreifen.

Abhängigkeit und Sucht aus der Perspektive des
Erfahrungsfeldes und damit aus der der menschlichen
Wahr-nehmung stellt sich vereinfacht, aber durchaus
grund-legend, wie folgt dar:

Der frühe, vorrationale Mensch war geprägt von einer
Bewußtseinsstruktur, die ihm eher ermöglichte zu ahnen
als zu denken. Das Ausgesetztsein in die Natur und die
Erlebensformen seiner Psyche wurden gemildert und

---

[56] Ferguson 1980, S. 329

kulturell eingebunden durch Dämonenglauben und
verschiedene kollektive Rituale, um die Gunst der Götter
zu gewinnen und zu erhalten.

Schritt für Schritt erwarb dieses Bewußtsein rational
fixierbare Punkte und Bereiche, wie z.b. Anbau- oder
Heilmethoden, ein tradierbares Wissen, und später
rechtliche und soziale Setzungen. In der Epoche, die wir
heute Aufklärung nennen, ernennt die bewußtseinsgeschichtlich sehr spät entstandene rationale Überprüfbarkeit sich selbst zum herrschenden Prinzip. Von da
aus treten Kausalität, Utilitarismus, lineares Denken und
unsere heutige moderne Form der Wissenschaft ihren
alles prägenden Siegeszug an. Jedoch:

> *Damit sich dieser Prozeß durch den Menschen*
> *selbst als Eigenleistung, als Befreiungsweg zur*
> *Individualität vollziehen konnte und nicht durch*
> *irgend eine Autorität, mußten alle mythologischen*
> *und spirituellen Kontexte, alle blutmäßigen*
> *Bindungen und Clanvorschriften, sowie die*
> *Offenbarungs- und Inspirationsweisheiten zunächst*
> *radikal abgeschafft werden.* (Joseph Beuys)[57]

Die damit mögliche Verdichtung, ja Explosion von Wissen,

---

[57]   in: Adriani u.a. 1981, S. 77

rationale Verfügbarkeit und immense Machterweiterung gegenüber der Natur verführen nun allerdings den Menschen zu einem Bild von sich und seiner daraus hervorgehenden Lebenspraxis, welches immer ausschließlicher von einem *Ich denke, also bin ich,* geprägt ist, das bereits *Descartes* so nicht gemeint hat.

Dieses Prinzip beinhaltet – und das ist das folgenschwere historische Erbe – eine Negation von allem, was einem durchschnittlichen Denken sich unklar darstellt oder gar entzieht. In der Skizze sehr vereinfacht dargestellt als die beiden Dimensionen des Körperlichen (unterhalb des punktierten Sektors) und des Seelisch-Geistigen im weitesten Sinn (oberhalb des punktierten Sektors).

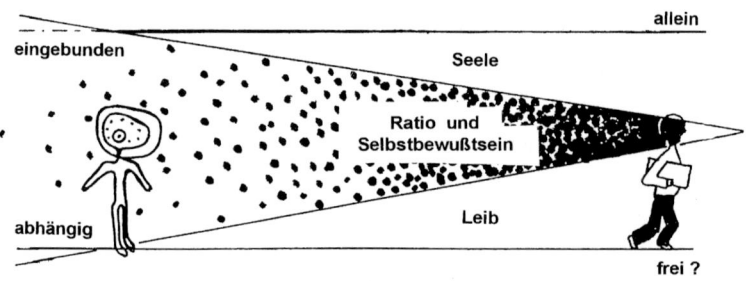

Damit wurden große und entscheidende Teile des Menschlichen in eine Art Unwirklichkeit abgedrängt.

Zugunsten verschiedenster Sachzwänge einer vermeintlich notwendigen Lebensweise leben seitdem in zunehmendem Maß große Bereiche des psycho-physischen Organismus in einer Art Exil des Unbedeutenden, ja Vernachlässigbaren. Sie stellen zwar einen bedeutenden Teil unseres Erlebens und unserer ganzen Lebensweise dar, sind aber von einer in ihren Denkweisen stark eingeengten Rationalität nicht mehr angemessen erfaßbar.

Die ungeheuer verdichtete Möglichkeit des Rationalen
beinhaltet also zwei Dinge **gleichzeitig:**

Eine ungeheure Verfügbarmachung der äußeren und
inneren Natur des Menschen durch rationalen und immer
rationelleren Zugriff, und – immer schwerer wahrnehmbar: eine zunehmende Verengung der Perspektive dessen,
was für die öffentliche wie private menschliche Existenz
überhaupt als lebensrelevant, ja existent eingestuft wird.

Die damit ausgegrenzten Bereiche sind aber lediglich **aus
dem Bewußtsein** verbannt, keineswegs jedoch aus ihrer
Potentialität und Wirksamkeit im täglichen
Lebensvollzug. Sie vagabundieren in der Person, wie auch
in der kollektiven Lebenskultur als „unbetreutes"
Potential, welches wenig oder gar nicht erkannt – bzw.
sehr verkannt – die Gesamtperson und den daraus
resultierenden gesellschaftlichen Vollzug in vielfältiger
Weise irritiert, und dadurch zu ständig neuen
Rationalismen veranlaßt.

Verstärkt wird all dies durch die so selbstverständlich
akzeptierte, wie skrupellose Ausnutzung dieses Zustands
durch ein hoch professionalisiertes Produkt- und
Bewußtseinsmanagement, welches in dieser
Gesamtsituation geradezu gründet.

Der vormals äußerst abhängige Mensch, der in Kult und
Ritus einer meist hierarchisch gegliederten Kultur
eingebettet war, hat sich in langen Kämpfen emanzipiert,
und damit den Abhängigkeiten von Glaubensdogmen,
delegierter Betreuung und Verwaltung des Seelischen
durch die Entwicklung von Rationalität und
Überprüfbarkeit schrittweise und in Teilen entwunden,
und damit begonnen, seine Individualität zu entdecken. –

Wir müssen jedoch z.B. mit C.G. Jung

*... dem aufgeklärten Rationalisten die Frage vorlegen: Hat
seine vernünftige Reduktion zu einer wohltätigen
Beherrschung der Materie und des Geistes geführt? (...)*

Die Vernunft hat bis jetzt kläglich versagt, und gerade das, was alle vermeiden wollen, geschieht in schauerlicher Progression. Gewaltiges an Nützlichem hat sich der Mensch errungen, dafür aber hat er auch den Abgrund aufgerissen, und wo wird er, wo kann er noch haltmachen?[58]

Aus dieser entfalteten Gesamtperspektive wird nun deutlich, welcher Art dieser Graben ist, der hier aufgerissen wurde, und was auch Abhängigkeit und Sucht bedeutet, bzw. fördert:

Personen, Konsumgüter, Substanzen, Situationen verschiedenster Art vermögen uns für begrenzte Zeit – und häufig genug nur scheinbar – in Erlebnisbereiche des Seelischen oder Körperlichen zu katapultieren, in die wir aus eigenem Erleben aus verschiedensten Gründen nicht gelangen können. Stars, Gurus, Tabletten, Alkohol, Konsumgüter, die gute Meinung von Kollegen und Nachbarn, Imageaufbesserungen jeder Art sind zu diesem Akt in der Lage. Also durchaus nicht nur die unseren Denkgewohnheiten entsprechenden *harten Drogen.*

Wenn wir uns zu diesem erweiterten bzw. intensivierten Erleben nun – was nahe liegt – auch trotz vielleicht erheblicher Nebenbelastungen wieder hingezogen fühlen, so sind wir auf eine der genannten „Schleuderinstanzen" angewiesen. Wir wollen wieder hinein in dieses Erleben, haben aber aus eigener Kraft und Erlebenskompetenz nach wie vor keinen Zutritt dazu, weil wir den Weg dorthin nicht alleine gegangen sind, sondern eben **geschleudert** wurden, uns haben **schleudern** lassen.

Unter Nebenwirkungen sind hier durchaus nicht nur jene gemeint, welche die Illustrierten füllenden Drogen-

---

[58] 1971, S. 142

schicksale begleiten. In einer erweiterten Sichtweise von
dem, was Drogen eigentlich sind, gehören auch zu den
„normalen Konsum- und Mediendrogen" immense
Nebenwirkungen:

Durch eine aufwendige und scheinbar gelungene äußere
Inszenierung der Persönlichkeit – z.b. und gerade auch
im demonstrierten Stil der Freizeitgestaltung – werden
nicht selten große Schwächungen des Selbstbewußtseins,
kaum bewältigbare Belastungen des Geldbudjets oder
massive Abhängigkeiten von Personen, Meinungen und
eben gerade auch von Konsumgütern verdeckt.

Wie sehr solche Arten von Sucht und ihre dazugehörige
Abhängigkeit unser gesellschaftliches Leben bestimmen,
läßt sich unschwer plastisch im Detail beobachten, wenn
in bestimmten Situationen Entzugserscheinungen
auftreten. Dies kann nämlich sehr drastisch und eventuell
sehr überraschend geschehen, wenn etwa Jugendliche aus
irgendeinem Grund plötzlich „klamotten- oder frisurmäßig"
nicht mit dem aufwarten können, was gerade „alle haben",
wenn in irgendwelchen Sondersituationen plötzlich die
Ventil- und Ablenkungsfunktion der „Glotze" ausfällt, wenn
in kritischen und unvorhergesehenen Situationen
Improvisationsfähigkeit gefragt wäre. Gerade hier erweist
sich dann häufig, wie wenig befriedigendes Leben ohne
diese Art von Suchtmitteln eigentlich gelebt werden kann,
ja wie leicht und schnell beim Entzug der so gewohnten
Präsenz bestimmter Utensilien etwas wie Lähmung
eintritt.

Und wenn uns nun solches bewußt wird:
sollen wir uns mit Entzugsprogrammen konfrontieren?
Oder sollen wir unsere Abhängigkeit oder die anderer –
z.B. unserer Kinder oder Schüler – akzeptieren lernen?

Hier eröffnet sich eine Perspektive von Abhängigkeit –
und bei stärkerer Einsenkung in Körper und Psyche eben
Sucht –, die bis an die Grundfesten unserer Lebensweisen
reicht.

Eine nicht leicht verdaubare und konsequenzenreiche Behauptung muß hier anschließen:

Wir können nur annähernd sinnvoll über Heroin oder Alkohol sprechen, wenn wir gleichzeitig beginnen, unser ganzes gesellschaftliches Zusammenleben auch aus der oben entwickelten Sicht zu verstehen.

Kinderzimmer, die von klein auf von Knopfdruck- und Bildschirm-Spielzeug bestimmt sind, werden kaum Jugendliche und Erwachsene hervorbringen, die von dem Gedanken beseelt sind, daß es sich lohnt, Schwierigkeiten durchzustehen, Umwege zu gehen und entsprechende Willenskräfte zu entwickeln. Dies zumal, wenn inzwischen ein gewisser Grad an Finanzkräftigkeit erworben ist, und man sich in Zeiten von Unzufriedenheit und Erlebnislosigkeit mit dem relativen Abwechslungsreichtum verschiedener Konsumtionsangebote von grundlegenderen Fragen der Lebensgestaltung sehr lange abhalten kann.

Kinder stellen sich über viele Jahre täglich viele Stunden zusammen mit den Lehrkräften, die meiste Zeit auf Stühlen sitzend, den Sachzwängen von übergroßen Klassen, vorgeschriebenen Stoffquanten und weitgehender Fremdbestimmung überhaupt. Sie werden dabei kaum das Gefühl entwickeln können, **daß dieses ganze Leben unter Einsatz und Eigeninitiative des ganzen Organismus erobert werden will, damit es spürbar, befriedigend und erfüllt sein kann.**

Jemand, der z.B. von Kindesbeinen an große und starke Teile seines Erlebens aus Videokonserven erhält, wird sich nur begrenzt wundern können, wenn ihm irgendwann jemand solches Erleben aus Flaschen, Joints oder der Nadel anbietet. Jemand, der sein Erleben nicht erwirken mußte, hat diesen menschlichen Elementarstvorgang schlichtweg schlecht gelernt, geübt und in seine Persönlichkeit integriert. Er ist auf Fremdbestimmung programmiert und angewiesen, und eventuell nicht einmal dazu in der Lage, einen anderen Zustand zu vermissen.

Auch Dr. U.J. Osterhues, Gründer und Leiter der Sucht-
hilfe-Organisationen DAYTOP, PHÖNIX und SECA, und
erster Vizepräsident des Weltbundes Therapeutischer
Gemeinschaften (WFTC, New York), benennt in einem
Aufsatz mit dem Titel: *Phantasie und Kreativität als
„Gegengift" zum Drogenkonsum* ein ganz klares, fast
schlicht anmutendes Ursachenzentrum für eine ganze
Reihe von Problematiken:

> *Wenn wir uns fragen, an welchen Gründen Men-
> schen unglücklich werden, warum sie keine Zu-
> kunftsperspektive mehr sehen, warum sie süchtig
> werden oder gar ihrem Leben ein Ende setzen,
> dann stellen wir fest, daß sie nicht in der Lage
> sind, Schwierigkeiten zu überwinden.*[59]

Und H. Kükelhaus:

> *Wenn die Jugend ihrer organständigen Erlebnisfä-
> higkeit beraubt ist, (...) wenn ihr Leben und Welt
> grau und sinnlos werden muß, was bleibt ihr
> anderes übrig, als den eigenen Organismus im
> Feuerwerk der Chemie zu verglühen?*[60]

Aus dieser Sicht nun ist Sucht keineswegs ein Unglück,
das schicksalshaft über den einen oder anderen von uns
hereinbricht, obwohl Eltern, Schule und Gesellschaft doch
„alles getan haben", sondern es resultiert organisch aus
Entwicklungen, die wir auf gesamtgesellschaftlicher
Ebene mit mehr oder weniger Einverständnis kalkulieren,
ja akzeptieren und mittragen:

Halbverdaute Fortschrittsideologien, gepaart mit nicht
einmal sehr genußreichen Konsumgewohnheiten erzeugen
eine Form des gesellschaftlichen und individuellen Lebens, die uns und unsere Kinder   s y s t e m a t i s c h

---

[59] In: Wegzeichen 12/1995, Zeitschrift der Rudolf Steiner Schule
Nürnberg, S. 27
[60] Toncassette: Somatische Pädagogik und elementare Architektur, Arbeitskreis Organismus und Technik, Wädenswil (Schweiz)

dieser oben beschriebenen Symptomatik immer ahnungsloser und wehrloser aussetzt.

F.G. Winter bezeichnet den *Konsum* als *den Feind dessen, was wir am dringlichsten bedürfen: schöpferischen Mut.*[61]

Kleine Versuche, diesen Entwicklungen etwas entgegenzusetzen, erzeugen jedoch trotz, gelegentlichem allseitigen Wohlwollen, häufig nur eine Art kraftlosen Wirbels der Aufmerksamkeit im breiten und entgegengesetzten Hauptstrom, solange wir nicht unsere gesellschaftlich-kulturelle Gesamtsituation mit in einen umfassenden und kompromißlosen Veränderungswillen hineinnehmen.

---

[61]   1983, S. 43

Die Aufgabe

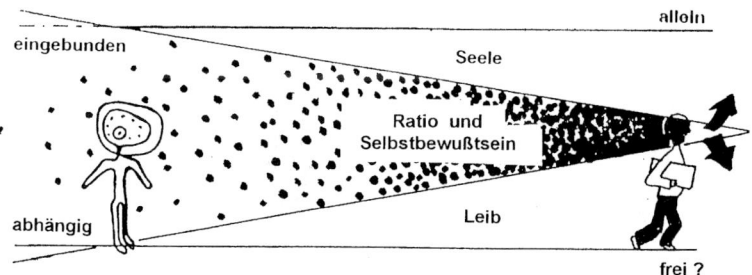

Die Aufgabe, die sich die Pädagogik des Erfahrungsfeldes zusammen mit vielen anderen, ähnlich gelagerten Projekten stellt, ist es, kleine und kleinste Momente (die Pfeile in der Skizze) des bewußten und überschaubaren Eintretens in die dem Leben entzogenen Bereiche zu ermöglichen. Kein **Schleudern** also (wir arbeiten nicht mit weiterer Sinnesüberschwemmung wie es z.b. der *cyber space* tut), sondern ein möglichst beobachtbares und daher auf den Lebensvollzug übertragbares **Eintreten**.

Die Wahrnehmung lernt dabei in kleinen Schritten, sich selbst beim Wahr-nehmen ...wahr-zunehmen. Auf eine solche – stets auch reflektierende – Weise können nur Wege beschritten werden, welche die Schüler auch wiedererkennend und nach- und neugestaltend selbst gehen können.

Neben der beschriebenen Alternative von Unbefriedigtheit und Abhängigkeit entstehen schrittweise - und manchmal vorerst nur ahnungsweise – verändernde Größen von neuer Wahrnehmungs- und Erlebnisfähigkeit und tragfähigere Perspektiven zur individuellen und sozialen Lebensgestaltung.

Das Bewußtsein und die Fähigkeit zu rationaler Forschung und Überprüfbarkeit wurden weiter oben von der Seite der Verengung und des Ausschließens gezeigt. Jetzt werden sie als eine der entscheidenden Instanzen sichtbar, die das Individuum präsent, urteilstüchtig und autonom machen und auch bleiben lassen können, wenn es nun sinnliches und erlebnishaftes Neuland betritt, und den verengten Sektor an einer ganz bestimmten Stelle selbst aktiv aufbricht und erweitert.

Hier zeigt sich nun, daß dieser Gang zu Individuation, Selbst-BewußtSein und Reflektionsfähigkeit auch einen wirklichen historischen Fortschritt beinhaltet. Jetzt erst kommen diese Errungenschaften jedoch in die Lage, in angemessener Weise nützlich zu werden. – Sie können dazu beitragen, ein großes Projekt anzuvisieren:

Das schrittweise eigenverantwortliche Erleben des vollen human möglichen, geistigen, körperlichen und seelischen Spektrums und Potentials ohne Rückgriff auf – immer den Kern von Abhängigkeit beinhaltende – Instanzen und Substanzen von außen.

Dieses Fördern von Grundlagen zur individuellen, wie sozialen Wahr-nehmungs-, Erlebnis- und Entscheidungskompetenz ist Drogenprävention.

So etwa scheint die Meßlatte zu hängen für die Frage, wem es damit ernst ist.

Immer mehr LehrerInnen, SozialarbeiterInnen, verantwortliche Eltern, ÄrztInnen z.B., und eben auch die MitarbeiterInnen im Erfahrungsfeld zur Entfaltung der Sinne sehen hier den Ausgangspunkt ihres Vorgehens. Sie bevorzugen die auf diesem Weg entstehenden Arbeitsweisen nicht in erster Linie, weil sie hoffen dürfen, daß ihre Bemühungen von Erfolg gekrönt sein werden, sondern vielmehr, weil es aus der skizzierten Sicht der Dinge heraus als unabdingbarer Weg ersichtlich ist.

Es gehört nicht viel Prophetie dazu, die nächsten Jahrzehnte in eine Machtfrage gestellt zu sehen, einerseits zwischen den Angeboten zur Abhängigkeit jeder Art, andererseits, und dem Willen zur autonomen, intersubjektiven, das umfassende humane Potential kritisch und anspruchsvoll erschließenden Selbstentfaltung des modernen Individuums.

Der grundgesetzlich garantierte Würdeanspruch muß hier aus eigenem Willen und eigener Kraft g e g e n die ihm von dieser Gesellschafts- und Wirtschaftskultur zugewiesenen Erlebnisformen schrittweise durchgesetzt werden.

Die Einheit kannst du immer erfahren, aber
auch immer zertrümmern.

Sehnsucht bedeutet: schon wissen, daß es
zusammengehört.

F. Weinreb[62]

Pausenclown und realer Hoffnungs-
träger: Ganzheitlichkeit

Endlich! Die Sinne haben als Thema eine gewisse Kraft
erhalten in den pädagogischen Debatten um Spiel- und
Lebensraum, um die Frage der Entstehung von
Meinungen und Bewußtsein, um die gesamte Frage
dessen, was Bildung ist, sein will oder sein könnte.

Kommunen halten auch in Zeiten der Sparprogramme ein
Plätzchen frei für kulturpädagogische Projekte, wie z.b.
Jugendkunstschulen, Spielaktionen, Erlebnispädagogik,
Theater- und Tanzworkshops. In München z.B. wird der
Bildung der Sinne der Rang einer *kommunalen
Querschnittsaufgabe* beigemessen.[63]

Ganz neue Berufssparten entstehen. Entsprechende
Veröffentlichungen begleiten diesen Prozeß.

Ein Kongreß nationalen Ausmaßes wird organisiert:
SINNENREICH sein Name. Viele namhafte oder sonst
verdiente Vertreterinnen und Vertreter ganzheitlicher
Ansätze steuern die Ergebnisse ihrer neuesten
Erkundungen bei. Jemand hat sogar Frau Bürgermeister
gesehen.

Da steht einer auf, tritt vor alle hin ans Mikrophon, und
spricht von *spätachtundsechziger Sinnlichkeitsförderungs-*

---

[62]   1979 Bd.1, S. 97 und 136
[63]   Zacharias, in INFO-DIENST kulturpädagogische Nachrichten
        30/1993, S. 9

Euphorie und davon, daß *da auch absolut harmloser, abstrakter Quatsch gefördert* wird.

Als die Ergebnisse der Tagung in schriftlicher Form vorliegen[64], fragt dieser Mann dort – er heißt K.J. Pazzini – noch deutlich präziser:

> *Die Sensibilität, Feinheit, gezähmte Naturhaftigkeit der Sinne soll die Härte der Vernunft, zumindest der Rationalität, mildern. Die Vernunft sollte aber einmal die Bestialität der Sinne mildern. Wie kommt es zu diesem Rollentausch?*

Weiter hinten macht er sich dann an einen, wenn nicht **den** Lebensnerv der ganzen Thematik und ihrer Protagonisten, wenn er zu bedenken gibt, daß

> *das Fremdwort für Ganzheit (...) Totalität heißt, und daß, wenn die Hoffung auf die Erfahrung von Ganzheitlichkeit, also Totalität enttäuscht wird, (...) Totalitarismus entsteht, die gegenwärtig größte politische Gefahr.*[65]

Das hat gesessen. Für Leute wie uns, die Tastkrüge aufstellen und mit Kindern Gerüche vergleichen ein wichtiger Prüfstein, wenn nötig ein Wachmacher, eine ernstzunehmende Meßlatte.

Die verschiedenen Projekte, die sich einer Kultivierung der Sinne verpflichtet sehen, mögen ihre eigenen Prüfungen vornehmen. Ich möchte hier etwas zum Mobilen Erfahrungsfeld in Nürnberg sagen.

Die Vielseitigkeit, aus der das Erfahrungsfeld für die verschiedenen Besucher zur Verfügung steht, ermöglicht es, daß es aus unterschiedlichsten Perspektiven betrachtet, beschrieben, beurteilt und genutzt wird.

---

[64] Zacharias 1994
[65] Vgl. Pazzini: Die Sinne und die illusionäre Hoffnung auf Ganzheitlichkeit, ebd. S. 221-226

Ein paar solcher Besucherperspektiven seien hier genannt. Bei näherer konzeptioneller Betrachtung wird sich zeigen, daß jeder dieser Gesichtspunkte Gültigkeit hat, aber das Erfahrungsfeld nur aus der sich ergänzenden Summe all dieser Perspektiven erfaßt werden kann. Seine Stärke liegt in der Gleichzeitigkeit von Elementarität und Universalität.

Für viele Eltern z.B. vollzieht sich da eine Variante von Spiel, HeilpädagogInnen schätzen die therapeutisch nutzbaren Stationen, PädagogInnen und Sozial-arbeiterInnen wiederum besonders das Element des Übens der Sinnesorganisation oder erlebnispädagogische Aspekte. Künstler beziehen sich besonders auf verschiedenste Wahrnehmungsfragen, wissenschaftlich interessierte Besucher finden überschaubare kleine Versuchsanlagen vor, die Lehrkräfte der verschiedensten Schultypen betonen die Lehr- und Lernmöglichkeiten an den Stationen. Eher philosophisch-ethische Teilaspekte sind genauso erkennbar, wie biologische, medizinische, ökologische, solche der Mythologie oder auch der Architektur, solche der systematischen Herangehensweise genauso wie solche des Zeitvertreibs und des interessierten Nebenbeis.

Erfreulich ist selbstverständlich der Zuspruch und die Nutzung von so vielen Seiten. Bei genauerer Betrachtung wird erkennbar, daß es sich um eine Fülle von Anregungen handelt, die auf sinnstiftende Ergänzung, Abwandlung und Umsetzung in die verschiedensten Arbeitsfelder wartet. Der direkte Export der Stationen in Schulhöfe, Krankenhäuser, Horte, Stadtteile usw. erweist sich jedoch nur gelegentlich als sinnvoll. Das hat einen zentralen Grund.

Das Ganze des Erfahrungsfeldes lenkt nämlich die Aufmerksamkeit, wie weiter unten noch deutlicher werden wird, immer wieder auf den Vollzug der Wahrnehmung selbst, auf den Organismus des Betrachters, auf seine eigenen Vorgehensweisen und Potentiale. Dieser Fokus der

Aufmerksamkeit kann sich nun mit anderen naheliegenden Motiven in Teilen durchaus widersprechen. Spiel etwa hat als primäres Handlungsziel objektbezogene Vorgänge und kaum die Selbstbetrachtung. Wer beim Ballspiel den Empfindungen in seinem Organismus nachlauscht, wird zwar interessanten Vorgängen begegnen, aber eventuell vorerst kein befriedigendes Spiel haben. Wer beim Klettern z.b. zu sehr auf Vorgänge in seinem Bewegungsvollzug achtet, statt die vor ihm oder ihr liegenden Bedingungen der Wand zu studieren, kann sich sogar in große Gefahr begeben.

Eine Stärke des Erfahrungsfeldes ist es nun aber gerade, daß es keine Spielvorgaben macht und keine Lernziele vorgibt, daß es jedoch durchaus unter solchen eventuell ganz spontan entstehenden Strukturen und Zielen seine Möglichkeiten entfaltet und situativ erweitert.

Ganzheit verwirklicht sich in dem Sinn, daß sich ein ständiges Gleiten nahelegt zwischen Forschung, Spiel, einfachem „Zeitvertreib" und Lernprozessen, zwischen mehr körper-, geist- oder gefühlsbezogenen Eindrücken, zwischen Selbstwahrnehmung und Objektinteresse, zwischen intuitiven Wahrnehmungen und dem sprachlichen Austausch, der Reflektion und der Diskussion.

Was all diese Erfahrungsweisen immer wieder bündelt und zu einem Zentrum zurückführt, ist die Konkretion der jeweiligen Station und die Einmaligkeit der gerade handelnden Person in einem gesonderten Feld, also äußerlich betrachtet, einem der sozialen Wirklichkeit entzogenen Areal.

Diese Eigenschaft hat das Erfahrungsfeld gemein mit Spielplatz, Bibliothek und Forschungslabor, mit Gespräch, Reise oder einem Workshop.

Ganzheit heißt also nicht, daß auf wunderbare Weise Einheit und Harmonie der menschlichen Wesensglieder entsteht, sondern, daß all die genannten Perspektiven und Erlebensweisen ganz nah beieinander bestehen können, daß ein Hinübergleiten in die andere Wahrnehmungsweise selbstverständlich und naheliegend ist, und damit eine umfassende und großzügige Integrität erfahrbar werden kann. Ein Zusammenschauen ohne momentanen Sach- und Erkenntniszwang, ein universales Inter-esse.

Das Wesen des Erfahrungsfeldes kann also nur sehr verkürzt erfaßt werden von dem, der hier glaubt, einen Kursus zum Nachüben der Sinne vorzufinden.

An einer Station kann nun gerade der Vorgang verkürzter Wahrnehmungen und Urteile besonders transparent werden: an der Tastgalerie.

Beim Greifen in die Kannen und dem Erkunden ihres Inhalts geschieht etwas, das wir in der Selbstverständlichkeit des Vollzugs solch einfacher Vorgänge gar nicht gleich wahrzunehmen vermögen. – Wenn wir etwa jemandem, was wir sehr gerne und häufig tun, einen zwei große Hände voll ausfüllenden, kernigen, prallen Pinienzapfen in die Hand drücken, so geschieht eine Reihe von Dingen, die für das Verstehen dessen, was *Be-greifen* bedeutet oder bedeuten kann, sehr richtig und wichtig sind:

Zum einen setzen die Hände diese Frucht sofort in Bewegung, um sie kennenzulernen. Bereits das ist z.B. das Ende des traditionellen Prinzips der Ausstellung, mit der wir nicht selten verwechselt werden.

Dieser Vorgang wiederum setzt aber gleichzeitig die Hände in Bewegung. Beide – Hände und Frucht – in Bewegung scheinen eine praktische Grundbedingung für das Kennenlernen und das Be-greifen zu sein.

Dieses in Bewegung sein, diese Er-fahrung, erzeugt ständig neues Berühren und Berührtwerden. Ständiger Wechsel vollzieht sich zwischen einem Sichlösen von einem gerade empfangenen Eindruck und der neuen

Variante der Berührung, die ja immer auch einen
Perspektivwechsel beinhaltet. Wechsel geschieht auch
zwischen dem „ich tue" mit dem Gegenstand und einem
„ich lasse" ihn z.B. durch die Hand gleitend ein
Stückchen seiner Schwerkraft nachgehen. Hugo
Kükelhaus spricht von einem ständig aufmerksamen
Schweben zwischen Zupacken und Loslassen. Eine
Beschränkung auf nur je einen dieser beiden Pole würde
das Ende der Erkundung bedeuten.

Wenn wir das, was uns die Hände und ihr Verhalten
förmlich vorleben, wie es unsere Sprache übrigens auf
selbst-verständliche Weise längst tut, auch auf das Be-
greifen innerhalb unserer Gedankenvollzüge übertragen,
so erklären uns diese Hände, daß wir auch denkend diese
zwei großen Gesten des Zupackens und Loslassens
besitzen. Das Fixieren in Fest-stellungen und Aussagen
einerseits und das erneute Offensein für die Möglichkeit
weiterer Perspektiven, Denkmöglichkeiten und
Erkenntnisstrukturen.

Allzu bereitwilliger Verzicht auf geistiges „Zupacken" in
Form von Behauptungen, Theorien usw. kann auf die

Dauer in trügerischen gefühlsseligen Harmoniewünschen oder im weiteren gar in einer generellen Haltung von Desinteresse enden. Die Gefahr beim Versäumnis, immer wieder loszulassen, besteht wiederum im Entstehen von Starre, Dogma, der Erlahmung von Phantasie, und damit dem Verlust der Hingabe an das Lebendige, das Überraschende, das Unbekannte, das noch nicht Gewußte, ja nicht einmal Geahnte, den Wandel.

Perspektivisch eingeengtes und vorschnelles Erfassen des Erfahrungsfeldes kann deshalb auch nur in Enge und Eindimensionalität enden. Dies bei Kritikern wie Befürwortern solcher Projekte.

Wer nur die Spieldimension sieht oder nur die Möglichkeit, schulisches Wissen anschaulich zu machen, nimmt lediglich einen kleinen Teil der bestehenden Möglichkeiten wahr. Wir haben nicht eben viel erreicht, wenn Kinder, mehr oder weniger geduldig in der Schlange wartend, über das Tasten zügig den Inhalt verschiedener Kannen erraten.

W. Zacharias von der Pädagogischen Aktion SPIELkultur in München warnt:

> Das „Sinnesmotiv" läuft (...) Gefahr, im routinierten pädagogischen Geschäft und im Alltag des praktischen Machens schnell verbraucht zu werden, Untiefen zu produzieren, seicht zu werden: Die neue gefühlsduselige Sinneseligkeit ist ebenso wie das curricular verordnete Training der Sinnesorgane nach den immer gleichen Rezepten und Organisationsmustern eine gefährliche Vereinfachung im unmittelbaren pädagogischen Zugriff.[66]

Wer also in der Tatsache etwa, daß Kinder Materialien in Tastkannen erfühlen oder optische Erscheinungen betrachten, bereits Indizien für Ganzheit entdecken möchte, meint bei genauerer Betrachtung nicht Ganzheit, sondern das Ausklammern von Verstehen, Reflektion und tieferem

---

[66] INFO-DIENST Kulturpädagogische Nachrichten Nr.30, 1993, S. 4

wahrnehmendem Erkennen. Sie sind aber unabdingbar, und stellen die Voraussetzung dar zur kreativen Umsetzung im Rahmen einer an der einen oder anderen Stelle erweiterten Lebenskompetenz für Alltag, Familie, Schule, Beruf und Beziehung, für eine soziale, politische und ökologische Gestaltungsfähigkeit.

Von weit her und mit großem Recht gestärkt und beladen schwingt das Pendel der Entrüstung über einen zu frühen und zu hohen Anspruch an die kindlichen Potentiale von Kognition, Rationalität und der puren Fähigkeit, Wissen abzuspeichern. Diese Einseitigkeit, besonders der schulischen und sehr vieler beruflicher Ansprüche, läßt „das große Andere" von Gefühl, Phantasie und Humor, von Spiel, Sorglosigkeit und unhinterfragten Bilderwelten und -Geschichten so sehr als die wünschenswerte und „eigentliche" Welt erscheinen, daß darin leicht die als verloren erahnte Ganzheit schlechthin erwartet, erhofft, ja ersehnt und hergeredet wird.

Der Sprachgebrauch, in dem das Wort *Ganzheit* benutzt wird, meint zumeist gar nicht Ganz-heit, sondern Ausgleich und Erlösung aus der Klammer puren begrifflichen und linearen, meist eng zweckgebundenen Denkens.

Genau hier setzt Pazzinis Er-innerung an. Vernunft war einst in der Lage, uns aus der *Bestialität der Sinne* zu befreien. Sollte sie uns so zum Feind geworden sein, daß wir ihre rettende Werkzeuglichkeit gar nicht mehr wahrzunehmen vermögen?

Ganzheit hält heute nicht – und hat es nie getan! – den Weg offen, zurück ins Ungeteilte, Widerspruchsfreie, das „reine" Sein.

Sie fordert vielmehr etwas sehr anderes, nämlich die kreative und sinnstiftende Verbindung von zwei Wahrnehmungsformen, zwei Größen bewußtseinsgeschichtlichen Ausmaßes:

Da wäre einmal der Raum für das Ausgesetztsein, für die rein empfindende Begegnung mit der Welt und zum anderen: der Raum des denkenden, also unterscheidenden und auch sprachlich ausdrückenden Widerspiegelns des ersten Raumes.

Beide dieser Räume durchdringen sich unendlich, sie erzeugen Ungereimtheiten, Unschärfen, Entscheidungszwänge, Gefühle der Spaltung und des Getrenntseins bis über die Schmerzgrenze hinaus. Die zweite Welt vermag die erste – und nur zum Teil – zu durchdringen. Nie kann sie jedoch in die erste übergehen. Eins sein. Ganz sie werden, in ihr aufgehen. Immer ist Ver-mittlung nötig, Übersetzung, Verständigung. Für immer bleibt für den Ganzheit und Einheit Suchenden der Graben, die Sehnsucht nach dem All-ein-igen.

Deshalb stehen uns weder der Weg ins Tierisch-Instinkthafte und Rationalität Verweigernde, noch der Weg in den vollendenden rationalistischen Zugriff offen. Dies schon gar nicht vor dem Horizont einer Suche nach Ganzheit.

Für die Aufgabe, vor der wir hier stehen, sind schon treffende Worte gefunden worden. „Die Aufklärung über die Aufklärung", „das nochmalige Essen vom Baum der Erkenntnis", das Verstehen- und Ertragenlernen der Anatomie der Tatsache, die auch *Vertreibung aus dem Paradies* genannt wurde.

Ein sich vor unseren Augen vollziehendes Wahr-Bild: unsere be-greifenden Hände zwischen Zugreifen und Loslassen, zwischen Durchsetzung und Hingabe.

Forschung also und bewußtes Begleiten von sich dem Bewußtsein teilweise oder ganz entziehenden unbewußten Vorgängen. Dazu gehört z.B. das Reservieren und Erkunden eines Erfahrungsraums für ein wie auch immer geartetes künstlerisches und religiöses Empfinden, auch wenn wir dieses Geschehen kaum restlos werden ergründen können.

Eine andere, er-gänzende Aufgabe besteht in der Einbeziehung der Kraft des Unbewußten in kreative Denkvorgänge.

Zentrale Instanzen dieser Verbindung unserer Verarbeitungswelten sind der lebendige Umgang mit Bildern, Symbolen und Analogien, also mit den verschiedenartigsten Repräsentanzen des Erlebens und Verstehens, aber auch die Fähigkeiten des Lachens und des Spiels.

Eines der großen starken Bilder für diese Kunst der Vermittlung, Übertragung, Analogsetzung und des Vorbereitens und Gestaltens von Wahrnehmungsgrößen zur Selbst- und Fremdkommunikation ist in unserem Sprachraum das bei Herrmann Hesse so an-schaulich gewordene *Glasperlenspiel.*

Wir erreichen damit Bereiche des Verstehens unseres Daseins, die über die hier beabsichtigte Darstellung eines mobilen Erfahrungsprojektes weit hinausweisen, haben aber gerade auch in Stationen des Erfahrungsfeldes Orte der Begegnung und Auseinandersetzung mit solchen unausweichlich sichtbar werdenden Fragestellungen des modernen Bewußtseins.

Gerade in inspirierenden, aber erfahrungsoffenen Räumen können Denkgewohnheiten und festgelegte Wahrnehmungs-strukturen belebt und erneuert werden. Gerade in einem solchen Sinn ist das Erfahrungsfeld auch Ort von Spiel, von experimentellem Umgang mit dem Berühren und Erfassen von Wirklichkeit.

Alle die weiter oben kurz anvisierten Ziele, wie Suchtbekämpfung, Gesundheit, Menschenbildung, organismisch angemessene Verarbeitung des Erlebten, sinnvolle Vorbereitung des Künftigen und freudiges Durchschreiten der Gegenwart berühren in irgendeiner Weise diese knapp skizzierte Aufgabe der Erschließung dessen, was ein ganzer Mensch, was Ganzheit ist, und welche Formen der Sozietät sich in Annäherung und Beantwortung dieser Frage ergeben.

Eines scheint jedoch trotz aller erst in Ansätzen voll erfaßten Betrachtung der uns bevorstehenden Aufgaben festzustehen:
der ganze Mensch wird kaum naiver sein, er wird sich besser und bewußter kennen müssen und dürfen als der jetzige.

Gehört das klare Denken doch *zu den größten Vergnügungen der menschlichen Rasse.*[67]

Trotzdem und gerade deshalb aber geht es, um mit dem Pädagogen D. Benner zu sprechen, darum

> *der neuzeitlichen Wissenschaft* (und wer wollte übersehen, daß ihre Prinzipien längst Grundschule, Vorschulpädagogik und überhaupt unsere Vorstellungen von uns als Menschen prägen / Anm. d. Autors) *der neuzeitlichen Wissenschaft den Rang der höchsten Rationalitätsstufe abzuerkennen.*[68]

> *Der Sinn der Entwicklung des exakten wissenschaftlichen Denkens war, die Materie zu erreichen. „Aber die Materie erreicht man nur, wenn man auch den Tod erreicht."(J. Beuys)*[69]

In aus solchen Grundannahmen wieder offenen oder neu entstehenden Prozessen der Wahr-nehmung ist in erster Linie nicht Meinung gefragt, sondern Aufmerksamkeit, Raum für den schweifenden Blick, das Denkexperiment, das umfassendere Empfinden, die vertiefende Wahr-nehmung. Raum, nicht etwa für eine **Wieder**gewinnung von Ganzheit, sondern Räume für das Ausspähen des Horizontes einer noch zu keinem Zeitpunkt umfassend realisierten Ganz-heit des menschlichen Bewußtseins.

Nur in dem Maß, in dem wir beginnen, uns der Bewältigung der Aufgabe der Integration der beiden Welten gewachsen zu fühlen, dürfen wir hoffen, in gesellschaftliche und pädagogische Problemstellungen hinein angemessene Zielperspektiven zu entwickeln, die weder die Vorzüge der Klugheit, des Wissens und der Informiertheit ignorieren müssen, noch die Kraft der Gefühle, der Bilder und Symbole, der Lebensfreude, der Meditation oder der Feier.

---

[67]   Vgl.: Brecht: Galileo Galilei
[68]   Benner 1991, S. 103
[69]   Stachelhaus 1987, S. 85

*Das Denken ohne das Lachen kam mir verstümmelt
vor, das Lachen ohne das Denken war auf diese
Bedeutungslosigkeit reduziert, die ihm gemeinhin
eingeräumt wird (...).*

George Bataille[70]

Friedrich Schiller schreibt 1795 in seinen ästhetischen
Briefen:

*Angespannt aber nenne ich den Menschen sowohl,
wenn er sich unter dem Zwang von Empfindungen,
als wenn er sich unter dem Zwange von Begriffen
befindet. Jede ausschließende Herrschaft eines
seiner zwei Grundtriebe ist für ihn ein Zustand des
Zwanges und der Gewalt; und Freiheit liegt nur in
der Zusammenwirkung seiner beiden Naturen.*[71]

Und I. Kant später:

*Ohne Sinnlichkeit würde uns kein Gegenstand
gegeben, und ohne Verstand keiner gedacht werden,
Gedanken ohne Inhalt sind leer, Anschauungen
ohne Begriffe sind blind.*[72]

Schiller ergänzt dann, für uns in wohl noch größerem Maß
zeitgemäß, ja geradezu programmatisch, als das 1795 der
Fall gewesen sein mag:

*Nicht genug (...), daß alle Aufklärung des Verstandes
nur insoferne Achtung verdient, als sie auf den
Charakter zurückfließt; sie geht auch gewissermaßen
von dem Charakter aus, weil der Weg zu dem Kopf
durch das Herz muß geöffnet werden. Ausbildung des
Empfindungsvermögens ist also das dringende
Bedürfnis der Zeit, nicht bloß, weil sie ein Mittel
wird, die verbesserte Einsicht für das Leben wirksam
zu machen, sondern selbst darum, weil sie zu Verbes-
serung der Einsicht erweckt.*[73]

---

[70] Quelle unbekannt
[71] Schiller 1973, S. 70
[72] Kritik der reinen Vernunft A 51
[73] ebd. S. 31

Es sind die Sinnendinge,
die wir am
allerwenigsten verstehen.

G.W. v. Leibniz

Was ist das schwerste
von allem?
Was dir das leichteste
dünkt:
Mit den Augen zu sehen,
Was vor den Augen dir
liegt.

J.W. v. Goethe

Gleichwie die Henne das
Ei ausbrütet, so erbrütet
der Erkennende die
Wirklichkeit.

H. Kükelhaus

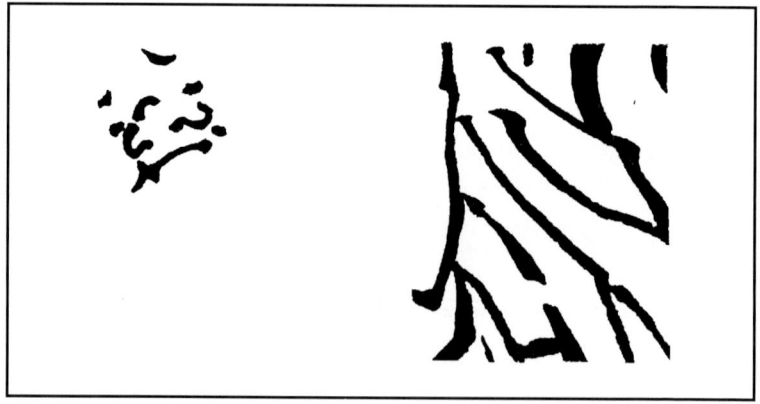

---

[74] Diese beiden kleinen Abbildungen sind leicht vergrößerte Ausschnitte aus dem Bild auf der nächsten Seite.

Wirklichkeiten

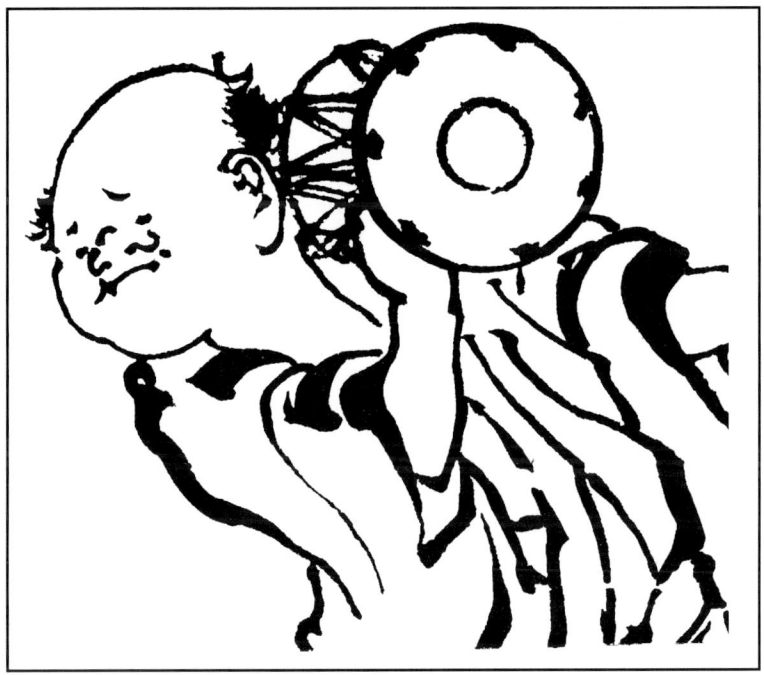

Befestigen wir in einer um eine senkrechte Mittelachse
rotierenden rechteckigen oder runden Rahmenvorrichtung
eine dann von beiden Seiten sichtbare Karte (Sie kennen
diese Vorrichtung bereits als *Zeitmaschine*).

Auf die eine Seite malen wir, sagen wir, einen fetten roten
Querstrich.

Dann setzen wir den Rotor in Augenhöhe mit dem
Querstrich sehr, sehr langsam in Bewegung, und wir
nehmen da verschiedene, auf den ersten Blick eher
unscheinbare Dinge wahr.

Etwa die kontinuierliche Verkürzung bis zum Verschwinden des Striches. Dann die leere Rückseite der Karte. – Wie wissen wir in dieser Phase vom Querstrich? – Naja, wir wissen es eben, weil wir es gerade gesehen haben, sagen wir, wo soll er schon hingekommen sein.

Zauberkünstler und Wissenschaftler lehren uns jedoch, daß dies zu diesem Zeitpunkt streng genommen eine Vermutung ist. – Und in welcher Weise erscheint uns der Strich, wenn wir jetzt an ihn denken? – Ist das „sehen"? – Wir schließen die Augen und können ihn genauso „denken". Ist er ein Gedanke? – Können wir Gedanken sehen? – Kann das Sehen denken?

Nun, ich könnte jetzt versuchen, diese Vorstellungen, die ich mir mache, genauer zu beschreiben. Vielleicht läuft der Strich am einen Ende etwas schmaler aus oder weist im Mittelstück eine ganze leichte Krümmung auf. Entspricht das der Vorstellung, die wir von einem Gedanken haben?

Apropos Vorstellung? – Wenn es sich hier um eine Vorstellung handelt, wie nehmen wir dann die Vorstellung wahr, die wir uns z.B. von Demokratie machen? Oder von Freiheit? Von Verständigung? Oder eben gar von einem Gedanken?

Können wir uns auch Dinge vorstellen, die wir noch nie gesehen haben? Können wir die Farbe des Strichs „umdenken"?

Wie kommt dann der neue Strich in unseren Wahrnehmungsbereich? – Woraus besteht er?

Können wir die Vor-stellungs-kraft nähren? – Wie geschieht das? Kann sie uns jemand mindern? Wie geschieht das?

Wir erinnern uns an den Strich auf der Rückseite der drehbaren Tafel? – Was genau bezeichnet dieses „Er-innern". – Erscheint da ein Foto? Sehen wir genau hin? Ist es noch da? – Könnte uns jemand oder irgendeine Instanz unsere Erinnerung verändern? – Würden wir es bemerken?

Drehen wir den Karton wieder ganz langsam weiter, erscheint erneut der jetzt perspektivisch länger werdende Strich. Ist es derselbe? – Wie können wir das gesichert prüfen? – Ist er so wie der, den wir er-innerten? – Wenn wir jetzt die Erinnerung von vorhin erinnern, ist sie dann die gleiche? – Oder gar dieselbe? – Wo war sie in der Zwischenzeit?

Wir belassen die Anordnung und prägen uns den Strich bewußt bildhaft und plastisch ein. Die Struktur des Kartons, die durch die Farbe sichtbar ist, das Verhältnis von Breite und Höhe usw. Dann schließen wir die Augen und sehen ihn erneut „in Gedanken". Können wir ihn „blind" mit dem Finger auf der Tafel berühren und nachziehen? – Woher nehmen wir mit geschlossenen Augen das Wissen, wo er sich jetzt räumlich befindet, und was der Arm, die Hand und der Finger zu tun haben? – Haben wir den Strich auf Anhieb getroffen? – Was alles geschieht wiederum bei einer kleinen Korrektur zwischen meinem Bemerken der Abweichung und der daraus folgenden Handlung?

Stellen wir uns bei noch weiter geschlossenen Augen unsere Hand vor, wie sie tastet. Könnten wir ihre Konturen auf ein Blatt Papier übertragen? – Wollen wir es versuchen?

Wenn uns nun diese kleinen Forschungsgänge mit der Zeit zu anstrengend werden, wo empfinden wir diese Anstrengung? – Genau?

Wir betrachten unsere eben noch aktive Hand. – Woher kommt eigentlich ihre Gestalt, könnten wir uns plötzlich fragen? – Wieso geschieht es nie, daß ein Finger einer Hand, sagen wir, drei Zentimeter zu lang ist? – Wir öffnen erneut die Augen. – Sind wir etwas erleichtert über die jetzt doch vorgefundene wirkliche Form? – Welcher Art Wirklichkeit war der zu lange Finger? – Was läßt mich die beiden Wirklichkeiten klar unterscheiden? – Was weiß ich darüber?
  Was haben wir für Vermutungen?

Wie kommt aber nun wieder dasjenige in mein Bewußtsein, das wir mit dem eigenartigen Wort *Ver-mutung* benennen?

Genauso wie ein Wunschbild? – Wie wiederum befürchte ich etwas? – Was in mir „tut" dieses Befürchten? – M. wird doch nichts passiert sein, während ich hier vor dem Karton sitze und sinniere. Was alles nehme ich in so einer Be-fürchtung wahr? – Besonders jetzt, da ich mir nur vorstelle, ich **könnte** befürchten, ich aber doch gar keinen M. kenne?

Wir sind mit solchen Beobachtungen, Fragen und Folgefragen – auf's engste örtlich begrenzt und sachlich minimiert – nichts Geringerem auf der Spur als der Fülle der Entstehung unserer Wirklichkeiten. Oder sollten wir, um dabei das aktive Moment zu betonen, sagen: unseren Wirklichungen?

Der Strich steht ruhig in Augenhöhe vor uns.

Wir können fortfahren und folgendes tun: wir öffnen und schließen stroboskopartig die Augenlider und verfahren dann in der Weise, daß wir im weiteren die Öffnungsphasen gleich kurz belassen, während wir die Phase, in der die Augen geschlossen sind, kontinuierlich verlängern, aber dabei versuchen, den Strich weiterhin so plastisch wie möglich zu sehen. Durch die jeweilige kurze Öffnung wird das Bild immer wieder erneuert und aufgefrischt.

Noch einmal: was ist der genaue Unterschied beider Erscheinungsformen von Wirklichkeit? – Wie ergänzen sie sich?

Ein Strich heißt in der Geometrie Gerade. Wir sollen sie uns als ein zweidimensionales Etwas vorstellen. Etwas, das eine Länge besitzt, aber keine Breite. Wir können uns eine Gerade vorstellen. Aber wie tun wir das?

Viele, viele mögliche Fragen. Zu ihrer Bearbeitung müssen wir bewußt wahrnehmen. Wir müssen beginnen, unsere Wahrnehmung wahrzunehmen.

Wir haben bemerkt, daß das ungewöhnlich anstrengend ist. Ob unter anderem darin der Grund verborgen ist, daß wir so wenig Bewußsein von diesen alltäglichen und alles begleitenden, ja steuernden Dingen besitzen?

Aber noch eine andere Frage könnte entstehen.

Ist es denn überhaupt sinnvoll, die Wahrnehmungsprozesse wahrzunehmen, denn dies entspricht doch nun durchaus nicht der Funktionsweise unserer Organe? Ja, es macht sogar die Kunstfertigkeit z.b. des Sehens mit aus, daß sich gerade dasjenige, wodurch wir sehen, nämlich das Auge während des Wahrnehmungsvorganges durchaus unserer Wahrnehmung völlig entzieht. Es würde den Sehvorgang sogar sehr belasten, wenn unsere Wahrnehmung dabei nicht voll auf das Gesehene fokussiert wäre, und das Sehorgan zusätzlich auch noch Aufmerksamkeit beanspruchen würde.

Wie störend wäre es etwa, beim Hören das Trommelfell oder den Gehörgang zu spüren, oder beim Denken etwa ein Knistern von Synapsentätigkeiten zu vernehmen statt nur die ohnehin vielschichtigen und schwer begrenzbaren Gedankengänge.

Etwas anders ist das schon beim Tasten. Schon mit geringer Aufmerksamkeit bemerken wir, daß es gerade Hautempfindungen sind, welche uns den Eindruck z.B. eines Gegen-standes vermitteln. Aber selbst hier wird uns dies nur durch separate Beachtung bewußt. Im spontanen und interessierten Greifen nach einem Gegen-stand vermitteln sich uns direkt die Eigenschaften des Gegenübers. Spitz, weich, rauh usw. Genauer sogar: spitzer Beistift, weicher Pullover, rauhe Katzenzunge usw.

Warum also z.B. das aus der Aufmerksamkeit „sorgsam ausgesonderte" Auge aus der Verborgenheit zerren, könnte jemand fragen, der das Stichwort „Wahrnehmung der Wahrnehmung" hört.

Nun, es liegt gar nicht in unserer Absicht, während dem Wahrnehmen noch den Organvorgang selbst aus seinem Versteck zu locken. Vielmehr interessiert uns von den

Vorgängen der Wahrnehmung – außer dem Wahrgenommenen – noch der **Verhaltensanteil** an dieser Erfahrung, also all die verdeckten Absichten, Entscheidungen und Gewohnheiten, die unsere Wahrnehmungen und dadurch unsere Wirklichkeit mitbeeinflussen, ja konstituieren und das bereits Vorgeprägte ständig ergänzen und weiterentwickeln.

Hundert Personen nehmen das gleiche Stück Fußgängerzone zur gleichen Zeit ganz verschieden wahr. Ein Teil der außerhalb des eigenen Interesses liegenden Tatsachen kann später bei Bedarf noch erinnert werden. Ein Teil wurde wahrgenommen, kann aber **nicht mehr** erinnert werden. Ein anderer Teil wurde nicht wahrgenommen. Wie groß er ist, kann niemand ermessen. Eine eigenartige Tatsache für jemanden, der mit der Vorstellung lebt, die Realität doch gewissermaßen „im Griff zu haben".

Welche Determinanten spielen in der Vielfalt und Mehrschichtigkeit einer Situation überhaupt eine Rolle bei der Wahrnehmungsauswahl? – Sind sie uns jeweils situationsbezogen angemessen? – Wo und wann wäre es sinnvoll, anders und anderes wahrzunehmen?

Was geschieht eigentlich mit allem, was im Augenblick der Fokussierung, der Konzentration des Blickes oder der Nennung eines Begriffes mit seinen Bedeutungskonturen „ausgeblendet" wird?

Wir können eine Form, wie z.B. die nebenstehende, nur erkennen und benennen, wenn wir das Umfeld in diesen Vorgang mit einfließen lassen. Ohne das umliegende und begrenzende Weiß auf dieser Seite ist kein schwarzer Fleck denkbar. Er hätte keine Kontur, seine Haupteigenschaft würde fehlen.

Er könnte nicht enden. Er könnte nicht zu einem Punkt werden.

Eine der entscheidenden Einflußgrößen von Wahrnehmung sind auch z.b. die kaum merklichen Kriterien zur Beendung einer Wahrnehmung. Wann wird eine Wahrnehmung beendet? – Wann „übernimmt" die neue Wahrnehmung? – Ist es überhaupt ein Nacheinander, das da stattfindet? – Wenn ja, was ist zwischen zwei Wahrnehmungen? – Wäre dies wiederum wahrnehmbar?

Was gehört eigentlich alles zu einer Wahrnehmung, wenn wir das Erlebnis als Ganzes nicht mit einer neurophysiologischen Auflistung verkürzen wollen?

Wie genau kann man eigentlich wahrnehmen? – Wie intensiv?

Inwieweit entspricht es überhaupt meinen Absichten und meinem ganzen Lebenszusammenhang, **was** und **wie** ich wahrnehme?

Wie erhält in der ganzen unbegrenzten Vielfalt des Wahrnehmbaren überhaupt etwas den Rang des Bedeutungsvollen?

All diese Fragen könnten eventuell getrost unbeantwortet bleiben und dem spontanen Geschehen überlassen werden, wäre da nicht diese einschneidende Tatsache, daß Wahrnehmung in hohem Maß fremdbestimmbar ist.

Die Sage, daß die Mächtigen auch die Guten sein könnten, wird ja offensichtlich auch nur noch von sehr wenigen Leuten so recht geglaubt. Die Steuerung von Wahrnehmung ist einer der größten Machtfaktoren in der Welt geworden. Bewußtsein gerät immer tiefer in die Mühlen des großen Geschäfts.

Spätestens seit alldem gehört die bewußte Wahrnehmung der eigenen Wahrnehmung – und ebenso sehr diejenige von gesellschaftlichen und globalen Prozessen – zum komplexen Vorgang des Herausschälens des selbstverantwortlichen Individuums aus Bevormundung und Fremdbestimmtheit durch Personen, Instanzen und Mächte jeder Art. Dieser Prozeß beinhaltet sowohl individuelle, wie politische Dimensionen, sowohl emanzipatorische, wie aber z.b. auch solche der Vereinsamung.

Wir sind dabei, etwas zu ent-decken, das **Recht auf Wirklichkeit** genannt werden muß. Wir wollen mit einem solchen Begriff die Möglichkeit schaffen, ein Vergehen faßbar zu machen und zu ahnden, welches noch gar nicht präzise benannt ist. Im Bereich des Physischen erfüllt es jedoch den Tatbestand der Körperverletzung.

Deshalb diese Art von Aufmerksamkeit, diese Genauigkeit und das Erheben einer lebendigen und sich kennenden Wahrnehmung zum Bildungsgut für den zum Weltbürger gewordenen Menschen der Gegenwart.

> *Der Idealismus hat auf eine infame Weise gegen den Materialismus rechtbekommen.(...) Das „Wirkliche" kann nicht mehr vom „Vorgestellten" unterschieden werden, seitdem die „Bilder" sich als das Sinnliche ausgeben können.*[75]

> *Die Einbildungskraft ist der wunderbare Sinn, der uns alle Sinne ersetzen kann. (Novalis)*[76]

> *Nicht mehr das Bild der Katastrophe, sondern die wackelnde Kamera transportiert* (jetzt nur noch/ Anm. d. Autors) *das Entsetzen.*[77]

---

[75]   Kamper 1990, S. 32
[76]   vgl. ebd. S. 23
[77]   Seitz, in: Zacharias: 1994, S. 177

Wirklich betroffen sind wir von der
(...) Zerstörung nur dort, wo sie
schneller voranschreitet als die
gleichzeitige Degeneration unserer
Wahrnehmungsfähigkeit.[78]

---

[78]   Meyer-Abich, in: *poiesis* 5/1989, S. 20

Stühle zum Beispiel

Gehen wir noch einen spielerischen Schritt weiter mit unseren Fragen zu Vorgängen der Wirklichung.

Im weiteren erscheinen verschiedene *„Zustands- und Wirklichkeitsformen"* von *Stuhl*. Können wir diese Dinge nach dem Grad ihrer Wirklichkeit, ihrer „Stuhligkeit" unterscheiden?

Die bildhafte Darstellung der Tatsache, daß aus einem Radio in irgendeinem Zusammenhang das Wort „Stuhl" ertönt, weist bereits auf einen ungeheuer komplexen Wahrnehmungsvorgang hin:

– daß wir z.b. die Strichkombinationen aus Druckerschwärze als zusammenhängendes Bild eines Radios akzeptieren,

– daß wir die Sprechblasen als vereinbarten Hinweis auf irgendwo erklungene Rede aus Atem, Stimmbändern und komplizierten Zahn-, Lippen- und Zungenbewegungen „lesen",

– daß wir auf selbstverständliche Weise wiedererkannte Buchstaben zu einem Wort kombinieren und diesem eine entsprechende Bedeutung entnehmen,

– daß wir mittels zweier zittriger Pfeile unsere Erfahrung
wiedererkennen, daß auf geheimnisvolle Weise in großer
räumlicher und vielleicht auch zeitlicher Entfernung Worte
„in den Äther geschickt" werden und unsere Radio-
lautsprechermembran in eine Schwingungsstruktur
versetzen können, die unser Hören als eben dieses Wort
Stuhl erkennt.

Die Hersteller synthetischer Sprache (also ohne Mikrophon
und menschliche Stimme) wissen, wie komplex allein
dieses Schwingungsprofil ist. –
Kommunikationswissenschaftler und empfindsame Zuhörer
wissen, in welch vielfacher Hinsicht ein in solcher Weise
hergestelltes „Wort" nur eine Art akustisches Skelett
wirklichen menschlichen Sprachausdrucks darstellen kann.
Ein Hinweis auf weitere Teilwirklichkeiten lebendig
mitgeteilter Sprache.

Die Neurophysiologie ist in durchaus noch nicht
souveräner Weise bemüht, einigermaßen transparent
werden zu lassen, was in einem Organismus geschieht,
wenn die Person ein Wort hört und „umsetzt", d.h. in
einem Zusammenhang *denkt*, daran *Vorstellungen bildet*
usw.

Foto

Bereits ein großer
Unterschied: das
Foto eines Stuhles
(hier wieder
repräsentiert durch
eine bildhafte
Skizze). Haben wir
hier „mehr" oder
„weniger" *Stuhl* vor
uns als im Beispiel
der Radiosendung?

Und wenn uns
nun tatsächlich
jemand
gegenübersteht
und das Wort
ausspricht:
wieviel mehr
Wirklichkeit
beinhaltet dies?
– Wieviel mehr
oder weniger
Mitteilung
haben wir
damit?

Wieviel „Stuhl"
beinhaltet wiederum
diese Zeichenspielerei
mit dem Löwen?

Aber noch viele andere
Erscheinungsformen
von *Stuhl* gibt es:

Unten z.B. der
Definitionsversuch
eines Lexikons[79]:

Einzelsitz, dessen Sitzfläche auf einem Rahmen
auf vier Stützen ruht, das hintere Stützenpaar ist
zur Lehne verlängert, teilweise sind Armstützen
angebacht.

[79] Meyer, Mannheim 1980

Weiter gibt es verschiedenste Formen der Verschlüsselung des Wortes. Wieviel Wirklichkeit *Stuhl* ist darin jeweils enthalten?

$$h = 8$$
$$L = 12$$
$$s = 19$$
$$t = 20$$
$$u = 21$$

$$1920210812$$

Wieviel *Stuhl* ist wiederum in diesem falsch geschriebenen Wort noch enthalten?

S T U U L

Würde ohne die vorausgegangen Seiten der nebenstehende Schriftzug *Stuhl* bedeuten können?

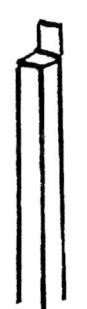

Wie lange akzeptieren wir Abweichungen von der typischen Stuhlform? Anders ausgedrückt: Wann verläßt ein Gebilde Bereich und Kontext dessen, was wir „Stuhl" nennen?

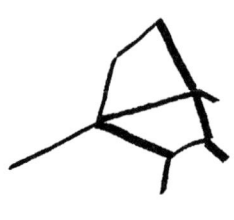

Was genau geschieht, bis für ein Kind aus Stühlen ein „Traktor" wird? Was genau bleibt auch hierbei eben *Stuhl*?

Wieviel *Stuhl* beinhaltet die Skizze eines zu bauenden Stuhles?
Wieviel das dafür vorgesehene Rohmaterial?

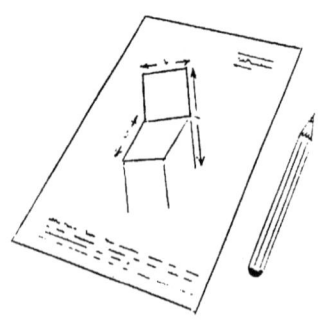

Wieviel das zugeschnittene Material?

Welcher Anteil von dem, was wir *Stuhl* nennen, befindet sich noch in der Asche des verbrannten Stuhles?

Welcher Art ist die Entstehung von Vorstellung und bildhafter Ergänzung des auf dem Bild fehlenden *Stuhles?*

Würden wir nicht seit geraumer Zeit über das immer gleiche Möbelstück sprechen, es würde Ihnen sicher schwer fallen, es in den hier markierten 9 Punkten zu erkennen.

Aber nun gelingt auch dies, wenn dieses Gelingen auch leicht irritierbar ist. Z.B. durch das Hinzukommen eines einzigen weiteren Punktes.

Sicher ahnen sie nun auch, was das nebenstehende chinesische Schriftzeichen bedeutet.

Nein. Es bedeutet leider etwas anderes, nämlich „Mensch".

Selbstverständlich erscheint dieses Beispiel hier nicht etwa, um Leserinnen und Leser zu ärgern, sondern um auf einen weiteren Indikator von Wahrnehmung hinzuweisen: die jeweils bestehenden Vorerwartungen.

Die Anstrengung des Begriffs **und** die
der Phantasie aufbringen.

H. Glaser

Improvisierte Phantasien und Traditionals

Vielleicht wollen wir uns mit dem Gedanken trösten, daß
Querstriche auf drehbaren Scheiben oder *Stühle* jedweder
Art so viel Aufmerksamkeit nun auch wieder nicht
benötigen. Aber die Fähigkeit, bewußte und klare
Unterscheidungen innerhalb des Kosmos unserer
Wahrnehmungen vornehmen zu können, fordert doch
spätestens dann in folgenschwerer Weise unser Interesse,
wenn wir die Aufmerksamkeit auf die öffentlichen Ebenen
der Wirklichkeitenbewältigung richten.

Es ist wohl offensichtlich, daß eine verwischte
Unterscheidung oder gar die Verwechslung von
Wirklichkeitsquellen dort eine entscheidende Schwächung
der Realitätstüchtigkeit mit all ihren Folgen darstellt.

Einige stellvertretende Beispiele aus sehr verschiedenen Wirklichkeitsbereichen:

1.

Wenn z.B. in einer Fernsehserie wie der „Lindenstraße"
eine Wohnung frei wird, so kann es offensichtlich durchaus
geschehen, daß der Sender Anrufe bekommt von
Menschen, die eine Wohnung suchen.

So wurden auch Schauspieler auf der Straße beschimpft wegen ihres „unmöglichen Verhaltens", das sie in einem Film gegenüber einer Frau gezeigt hatten. Als wäre dieses Verhalten tatsächlich geschehen, und die engagierten Kinobesucher hätten dieses tatsächlich miterlebt.

2.

Ein weiterer und sicherlich schwerwiegenderer Fall von Realitätsbewältigung: (Siehe nächste Seite)

Wer weiß eigentlich, wie viele der jüngeren und sicher auch älteren Zuschauer solcher und ähnlicher Filme sich nur ganz knapp von ähnlichen Handlungen zurückhalten, und sich gerade noch in die „andere" Realität zurückzuholen vermögen?

3.

Sollte es gelingen, solche Entwicklungen noch als zu vernachlässigende Einzelfälle herunterzuspielen, hier ein Sachverhalt von höchster politischer Brisanz:

Man mußte sich in der Bundesrepublik Deutschland an allerhöchster Stelle dazu durchringen, es zu einem strafrechtlich verfolgbaren Tatbestand zu machen, von einer „Auschwitzlüge" zu sprechen, also politische Geschichtsfälschung zu betreiben. So stark waren und sind die Kräfte, die schlicht nicht wahrhaben wollen oder können, was – zugegeben – eine mit menschlichem Maß kaum faßbare Realität darstellt.

Vom Personen-, Umwelt- oder Artenschutz also zum Wirklichkeitsschutz. Eine Form des Schutzes, die sich in Zusammenhang mit der Bewältigung der deutschen Geschichte des 20. Jahrhunderts für alle Beteiligten, Betroffenen und Gemeinten wohl weiterhin in makaberen arithmetischen Beweisführungen verlieren wird.

Verhängnisvolles Vorbild

Ein 14jähriger Junge steht in Passau vor Gericht, weil er nach einem Horrorfilm beinahe seine Cousine mit einer Axt erschlagen hätte

FILME ALS ANSTIFTER

Einige Streifen stehen im Verdacht, Verbrechen provoziert zu haben – der Nachweis ist jedoch schwer.

▓ CHILDS PLAY III

FILM: Eine von einem mörderischen Geist besessene Puppe tötet wahllos Erwachsene und Kinder.

FALL: Drei Verbrechen werden mit diesem Streifen in Zusammenhang gebracht, darunter 1993 die spektakuläre Ermordung des zweijährigen James Bulger durch zwei zehnjährige Jungen aus Liverpool.

Chucky: dreimal Verdacht

▓ UHRWERK ORANGE

FILM: Stanley Kubricks Science-fiction-Film von 1971 schildert die brutalen Taten einer Gang in einem totalitären Staat und die Umerziehung ihres Chefs Alex durch Gehirnwäsche.

FALL: Nach mehreren vermeintlichen Nachahmungstaten, darunter der Ermordung eines Tramps, ließ Regisseur Kubrick seinen Film aus den britischen Kinos nehmen.

Alex schockte Großbritannien

DER FILM FREITAG, DER 13. – EIN NEUER ANFANG

▪ **DER HORRORSCHINKEN** ist Teil einer Reihe aus US-Produktion (Regisseur Danny Steinmann). Sieben Teile mit dem Protagonisten „Jason" stehen auf dem Index der Jugendschützer.

▪ **ÄXTE, MACHETEN,** Kettensägen und Gartenscheren – nur eine Auswahl der Mordinstrumente in dem Film.

▪ **21 GRAUSAME MORDE** in rund 90 Minuten zählte das Kreisjugendamt Schwandorf. „Jason" ersticht, erschlägt, köpft und erwürgt seine Opfer.

▪ **BIS INS DETAIL** zeigt der Film, wie das Blut spritzt, Augen durchbohrt werden und Köpfe rollen.

▪ **„MUSTERBEISPIEL** selbstzweckhafter Gewaltdarstellungen", urteilen Kritiker einhellig.

ALLMACHTSPHANTASIEN: Brutale Helden faszinieren pubertierende Jungen

80

4.

Seit jeher wußte man, daß es Dinge geben könnte, die man nicht kennt, noch nicht gesehen hat, oder die einfach unsichtbar sind, die aber trotzdem irgendwie zur Wirklichkeit gehören. Spätestens seit der Reaktorkatastrophe in Tschernobyl stehen wir bereits beim Versuch, möglichst wenig verstrahlte Lebensmittel auszuwählen, vor einer in dieser Reichweite ganz neuen Aufgabe. Wir müssen uns innerhalb unserer alltäglichen Gesundheitsstrategien mit der Gegenwart potentiell zerstörerischer und in entsprechender Dosierung tödlicher, aber nicht unmittelbar wahrnehmbarer (!) Substanzen konfrontieren.

Wer wie ich kurz nach 1986 z.b. auch nur Sand zum Einrichten eines privaten Sandkastens beschaffen wollte, konnte aufschlußreiche Erfahrungen damit machen, wie Verwandte, Nachbarn oder auch z.b. ständig einschlägig befaßte Angestellte einer Sandfirma auf die Wirklichkeit verstrahlten Bodens und die Forderung, wenigstens Material aus großer Tiefe zu erhalten, zu reagieren in der Lage waren. Worte, Blicke, Gedanken, Vorstellungen, Ahnungen ..., hilflose Auseinandersetzung von uns allen mit einer Wirklichkeit, die in keiner Weise direkt spürbar ist – nur „wißbar", weil mit Hilfe von Instrumenten meßbar.

5.

Aber wieder etwas verdaubarer und konkreter faßbar: Führen wir uns die Kinder vor Augen, die z.B. der Beerdigung ihres Großvaters beiwohnen, oder einfach beim ohnehin selten genug stattfindenden Schulausflug vor einem monumentalen Wasserfall stehen, oder sich sogar in einem Räuber- und Gendarmenspiel befinden. In all diesen Situationen kann es geschehen, daß sich einzelne nur mühsam dazu bewegen lassen, den Gameboy wegzupacken.

Immer normaler werdender „Wirklichkeitensalat" als Grundlage dessen, was später Erinnerungen, Erfahrungen oder gar Welt-Bilder repräsentieren soll.[81]

Vielfalt und – sicher noch stärker werdende – gegenseitige Überlagerung und Durchdringung verschiedener äußerer Quellen der Realitätsbildung und -bewältigung stellen einer Entfaltung der Wahrnehmungskräfte die keineswegs einfache Aufgabe, immer bewußterer Unterscheidung und immer kundigerer Überprüfung von Realitätsgehalten.

Eine Pädagogik der Wahr-nehmung kann hier keinesfalls bei bloßer Anregung der Hör-, Riech- und Tastvorgänge verharren. Sie muß die Verschränkung von Wirklichkeiten übend, experimentierend und analysierend im Alltag aufsuchen und diese, ohne sie aber wiederum in der Reflektion dem direkten Erleben allzu sehr zu entwinden, in gemeinsame Erfahrungen und Lernprozesse einbinden.

Die ganze Organisiertheit, die uns jeweils situations-bezogen darüber unterrichtet, woraus die gerade wahrgenommene Wirklichkeit eigentlich genau entsteht, welchen Ursprungs sie ist, und welche tatsächliche Relevanz und Wirklichkeitsstufe[82] sie kennzeichnet, will ich **Wirklichkeitssinn** nennen, da die Vorgänge, die hier stattfinden, sicher komplexer sind, als etwa bloße gedankliche Unterscheidung dies begrifflich machen würde.

Die Frage nach der Fähigkeit von Bewußtsein und Unterbewußtsein, mit diesem Instrumentarium klarsichtig wahr-zunehmen, ist von gar nicht voll auslotbarer

---

[81] Ja! Hier stehen keine Beispiele, in denen durch den Einsatz moderner Medien Leben gerettet wurde. Dies nicht, um ihre Leistungen zu schmälern. Sie stehen hier nicht, da sie regel-mäßig dazu mißbraucht werden, die Diskussionen, die auch die-ses Buch bewirken will, auch nur als relevant anzuerkennen, geschweige denn sie wirklich verantwortlich und praktisch kon-sequent zu führen.

[82] Das Wort Wahrheit soll hier noch gar nicht bemüht werden.

Tragweite. Dies im Hinblick auf eine sinnvolle Lenkung unserer individuellen wie auch unserer kollektiven Geschicke.

Sicherlich einer der großen, wenn nicht der größte Aufgabenkomplex der Gegenwart wie des beginnenden 21. Jahrhunderts: eine Leben und Würde des modernen Menschen dienende Fähigkeit der Unterscheidung und Bewertung von Wirklichkeiten in der Epoche der jetzt bereits entsprechend bezeichneten *Informationsgesellschaft*.

Die Aufmerksamkeit scheint eine Brücke zu sein
zwischen dem aufmerksamen Subjekt und dem
Objekt der Aufmerksamkeit ...
Bewußtseinsschulung hat zunächst die primäre
Aufgabe, die Autonomie und Ungeteiltheit der
Aufmerksamkeit wieder herzustellen.

G. Kühlewind[83]

Concerto Opus 1

Mögliche zu unterscheidende und zu verarbeitende menschliche Quellen äußerer Wirklichkeit

- Gegenwärtiges, unmittelbar sinnlich wahrnehmbares äußeres Ereignis

- Vergangenes, von mir selbst erinnertes Ereignis

- Vergangenes Ereignis, das durch andere Menschen, die sich erinnern, repräsentiert ist

- Vorgedachte Zukunft (von mir und anderen erhofft, befürchtet, berechnet, erahnt usw.)

- Irrtümer (meine / die anderer / unsere gemeinsamen)

- Lügen, erkannte und nicht erkannte (meine / die anderer / unsere gemeinsamen)

- Erfundene Geschichten, Träume, Märchen und Mythen (meine / die anderer / unsere gemeinsamen)

- Bereits von einzelnen wahrgenommene, aber nicht weiter mitgeteilte Wirklichkeit

---

[83]   1990, S. 35f

- Übersetzte, bedeutungstragende Inhalte in Wort, Schrift, Bild, Symbol, Klang, Farbe usw. Sprachen, *codes*, verschlüsselte Inhalte

- Über Medien präsente synthetisierte Wirklichkeit

- Über Medien erzeugte voll synthetische Wirklichkeit

- Von niemandem wahrgenommene Wirklichkeit

- Nicht wahrnehmbare Wirklichkeit

- Sämtliche Misch-, Kombinations- und Überlagerungsvarianten

Wie sicher sind wir uns aber jeweils situationsbezogen, welche „Stimme" des *concerto* wir gerade vernehmen? Woraus besteht der Wahrnehmungsinhalt, auf den wir gerade am meisten „hören"? – Ist er unser Vertrauen wert? – Wollen wir das andererseits überhaupt so genau wissen?

In der Tat ist es viel weniger mühevoll, sich darüber keine genaue Rechenschaft abzulegen. Bewußtseinsarbeit ist sehr anstrengend. Unbewußtes Umherschweifen kann dagegen etwas geradezu Erholsames sein.

Was solche Bewußtseinsarbeit jedoch immer wieder förmlich in den Zeugenstand ruft, formuliert z.B. der Ethnologe Michael Carnap. Es ist die Tatsache, daß

der Verlust an Wirklichkeitssinn das Bewußtsein der persönlichen, gesellschaftlichen und gattungsmäßigen Abhängigkeit von der natürlichen Umwelt ausgelöscht hat.[84]

---

[84] Carnap / Moenig: 1988, S. 33

*Danach erscheint in den Industrienationen die
natürliche, belebte und unbelebte Um-welt nur noch
als private Mythologie zu existieren, während die
Maschinen und Apparate selbst zur „wirklichen"
Wirklichkeit, zur konkreten Umwelt, geworden
sind.*[85]

*Zum einen führt die „Echtheit" der elektronisch
vermittelten Sinnesqualitäten zu einem illusionären
Abbild der Wirklichkeit. Zum anderen macht der
bildhafte Charakter der High-Tech-Medien den
schnellen Wechsel und die nicht mehr zu
überblickende Vielfalt der Informationen möglich.
Der Informationsfluß liefert zu jeder Theorie ihre
Widerlegung – nichts steht fest, im Alltagsleben wie
im wissenschaftlichen Bereich.*

*Eine einigermaßen kohärente, verbindende und
verbindliche Ansicht der Welt wird dadurch
verunmöglicht. Stattdessen bestehen zahlreiche
voneinander unabhängige, untereinander
austauschbare und damit letztlich bedeutungslose
Auffassungen nebeneinander, die wohl irgendwie
miteinander verflochten sind, aber in ihrer
Gesamtheit ein vieldimensionales
undurchschaubares Netzwerk bilden. Das
Individuum kann sich darin nicht zurechtfinden,
und es bleibt dem Zufall oder der psychischen
Struktur überlassen, wie der einzelne seine Position
in diesem Geflecht definiert. Dabei spielt es keine
Rolle, ob ihm bewußt ist oder nicht, daß er gar
keine Position beziehen kann, da ihm die
Koordinaten des Netzwerks und dessen Struktur
unbekannt sind. Den Individuen geht eine
realistische Auffassung der Wirklichkeit verloren.*[86]

---

[85] ebd. S. 31
[86] ebd. S. 27

Bei den Vorgängen, die zu diesen Verhältnissen geführt haben, spielen die Medien eine besondere Rolle. Ihr zunehmend „Bild"-hafter Charakter ist nicht nur einer der Gründe für den Überfluß an Informationen, sondern bringt auch jene Austauschbarkeit und Beliebigkeit sprachlicher Bezüge mit sich, welche politischer (wirtschaftlicher und weltanschaulicher/Anm. d. Autors) *Manipulation Tür und Tor öffnet.*[87]

Waren die mechanischen Technologien Ersatz für die mechanisch muskulären Funktionen des menschlichen Körpers, so übernehmen die elektrischen und mehr noch elektronischen Apparaturen cerebrale Funktionen.[88]

> Die Phantasie an die Macht? (...) Die Frage muß gestellt werden, ob die Phantasie nicht längst an der Macht ist.
>
> D. Kamper[89]

---

[87] ebd. S. 33
[88] ebd. S. 25
[89] 1990, S. 21f

Zu einer tragfähigen Kompetenz innerhalb der individuellen und gesellschaftlichen Wahrnehmungs- und Verarbeitungsprozesse gehört deshalb auch bewußte Auseinandersetzung mit Determinanten der **Verarbeitung** menschlicher Wahrnehmung.

Sie sind neben den gesamten Quellen der äußeren Wirklichkeit mindestens ebenso ausschlaggebend für die Art und Weise, in der Ereignisse tatsächlich zu menschlicher Wirklichkeit werden.

Wenn der Mensch sein Wahrnehmen bemerkt, darüber denkt oder spricht, ist neben dem Wahrnehmen, unabhängig von ihm, das Denken tätig. Gleichzeitig kann sich der Mensch *auf sich* als das Subjekt des Wahrnehmens besinnen. Von diesem Subjekt und vom Wahrnehmen selbst hat er kein Bewußtsein, keine Kenntnis, wenn er bloß im Wahrnehmen lebt, in der Hingabe; Bewußtsein entsteht nur, wenn sich Aufmerksamkeit vom Objekt ab- und der Tätigkeit des Wahrnehmens zuwendet.

G. Kühlewind[90]

Concerto Opus 2

Determinanten der Verarbeitung menschlicher Wahrnehmung

- Intensität und Häufigkeit des Auftretens

- Selbstverständlichkeit und Geübtheit der Sinnestätigkeit in einem bestimmten Bereich

---

[90]   1990, S. 34

- Neutralisierende Überlagerungen durch benachbarte, „gleichzeitige" Wahrnehmungen. Momentane Ausformung der Detail-Ganzheit-Dualität

- Bildhaft-begrifflich-sprachliche Faßbarkeit

- Vertrautheit, Vorwissen, Verknüpfbarkeit, Assoziierbarkeit

- Dualität von „angenehm" und „unangenehm", ausgelöste Gefühle, psychische Grundstimmungen

- Brauchbarkeit, Relevanz, Nähe zum Interesse einer Person

- Die Erlaubnis, bewußt wahrgenommen zu werden, Nähe zu Vorurteilen, Weltbildern, Fühl- und Denktabus

- Denkstile, Kooperationen verschiedener Verarbeitungsbereiche und Gehirn-Hemisphären

- Modalitäten des Zusammenspiels von verschiedenen Gedanken- und Denkarten, also von Idee, Assoziation, Hoffnung, Wunsch, Theorie, Symbol, Analogie, logischer Schlußfolgerung, Gefühl, Projektion, Gedächtnisinhalt usw.

- Generelle Denk-, Konzentrations- und Verarbeitungskapazitäten, situative Wachheit

- Die Fähigkeit der Unterscheidung verschiedener Wirklichkeitsquellen (Concerto Opus 1) und Verarbeitungsdeterminanten (Concerto Opus 2)

Selbstverständlich ist diese kommentarlose sprachliche Aneinanderreihung nur ein sehr minimierter und eher hilfloser Versuch, über *Konzerte* zu sprechen. Alle genannten Bedingungen sind in Situationen gleichzeitig anwesend und beeinflussen die Tätigkeiten unserer Wahrnehmung.

Eine kreisförmige Anordnung kommt diesem Umstand etwas näher, jedoch müssen wir uns auch hier die Einzeldeterminanten immer noch situativ gewichtet und geschichtet vorstellen.

Solche Aufzählungen können auch nicht im üblichen Sinn **gelesen** werden. Wir müssen diese Tatsachen vielmehr zusammenschauen und aus der Perspektive solcher Art gewonnener Vorstellungen lebendige Situationen beobachten und weitere Differenzierungen vornehmen.

Freilich stellen solche Unterscheidungen auch unbequeme Fragen an alle, die Pädagogik, Bildung und Informationsvermittlung betreiben. Gleichzeitig eröffnen sie aber auch neue und bewußtere Vorgehensweisen. Auch hier scheinen die internationalen ProduktmanagerInnen gegenüber den um so vieles wohlmeinenderen ErzieherInnen, LehrerInnen und SozialpädagogInnen ein gutes Stück voraus zu sein.

Ein wachsendes Interesse an der Transparenz der verschiedensten Wahrnehmungsprozesse seitens der pädagogischen und sozialen Berufe könnte noch ungeahnte, produktive und direkt umsetzbare Perspektiven für Wirklichkeitsbewältigung und Bildung eröffnen, oder auch schlicht die Unterstützung glückbringenderer Persönlichkeitsstrukturen und Lebenskompetenzen fördern helfen.

Die verengte Vorstellung von lediglich 5 menschlichen Sinnen

Sehen
Hören
Riechen
Schmecken

Tasten

Auf selbstverständliche Weise haben wir mit diesen Erörterungen längst die seit Aristoteles bestehende Tradition der Nennung von meist lediglich 5 Sinnen bei der Untersuchung des Phänomens Wahrnehmung verlassen.

Es kann hier nicht geleistet werden, eine adäquate, vollständige und schlüssige Darstellung unserer Sinnesbereiche vorzunehmen. Jedoch sollen hier, zumindest skizzenhaft, gedankliche und sprachliche Räume geschaffen werden für ihre weitere Erkundung, Entdeckung, Integration und gegenseitige Zuordnung.

In der Skizze sind die Bereiche eingezeichnet, die angeblich unsere Sinneswelt ausmachen sollen. Selbst der Tastsinn, der, da er über die Haut erfahren wird, wenigstens unserer ganzen „Hülle" zugeordnet hätte werden können, wird im alltäglichen Sprachgebrauch in aller Regel nur den Handflächen oder gar nur den Fingerspitzen und gelegentlich noch den Fußsohlen zugedacht.

In der Zeit seit der Antike wurde in den Hauptströmungen der verschiedenen Kulturepochen der „Geist" dem „Körper" aus verschiedensten Gründen so deutlich vorgezogen, und dabei *Ratio* und *Soma* derart konsequent voneinander getrennt gedacht, daß die Aufmerksamkeit für die volle menschliche Sinnesorganisation kaum einen Schritt weiter kam.

Trotz einer gelegentlichen Erweiterung der Fünfzahl der Sinne herrscht doch über die tatsächliche Anzahl unserer Sinnesbereiche bis heute nirgends eine Übereinstimmung. Sie scheint, bis auf wenige Ausnahmen[91], nicht einmal

---

[91] Genannt sei hier vor allem die von verschiedenen Autoren aufge griffene und weiter bearbeitete Sinneslehre von Rudolf Steiner.
Lit.: Lindenberg (Hrsg.) 1981
Soesman 1995
Kühlewind 1990
Goebel 1982

ernsthaft angestrebt zu werden. Es gehört offensichtlich nicht zu den vordringlichen Aufgaben menschlicher Erkenntnis und der entsprechenden Forschungszweige, zu wissen, über welche Sinne der menschliche Organismus nun genau verfügt.

Die *5 Sinne* entstammen einer Zeit, in der unter der Perspektive der Sinneswahrnehmung offensichtlich lediglich die Frage aufgeworfen wurde, auf welche Weise die Welt „draußen" an die „Innenwelt" des Menschen herangetragen wird.

Nur in diesem Sinn bleibt eine gewisse Berechtigung, von **fünf** Sinnen zu sprechen: Sehen, Hören, Riechen, Schmecken, Tasten. Dies aber auch nur, wenn wir so unterschiedliche Dinge wie z.B. Schmerzempfinden durch äußere Einwirkung, die Wahrnehmung von Druck, Reibung, Spannung, Magnetismus, Temperatur und Elektrizität, aber auch Jucken oder Brennen der Haut kurzerhand dem Tastsinn zuordnen wollen.

Uns interessiert heute z.B. auch, auf welchem Weg jeweils situationsbezogen unser **Gleichgewicht** oder ein Schwindelgefühl entsteht. Bereits einfachste Experimente zeigen uns, daß wir uns hier nicht mit der „3-dimensionalen Wasserwaage" im Innenohr zufriedengeben können, daß unser Gleichgewichtssinn eingebettet ist in ein komplexes Druck-, Tonus-, Bewegungs- und auch Sehgeschehen.

Wir wollen z.B. auch wissen, wie die Empfindung der angemessenen Koordination von Bewegung möglich ist, oder was ein körperlicher Raum- oder Lagesinn ist. Hier müssen wir **Bewegungssinne** wahr-nehmen und verstehen lernen. (Siehe Kapitel: *Über die Erdn muaßt barfuaß gehn* und: *Wahrnehmung und Bewegung*).

Wir wollen wissen, was das Sensorium für Hunger und Durst ist, für Sexualität, für Wohlbefinden oder für Krankheit und Gesundheit. Hier müssen wir einen **Lebendigkeitssinn** annehmen und verstehen lernen.

In welchem Verhältnis zu ihm wiederum das Geheimnis des Schmerzes steht, ist noch wenig erforscht. Wir wissen aber, daß z.B. für das Empfinden von Lebendigkeit das Körperwärmesensorium eine wichtige Rolle spielt. Denken wir an Schwitzen, Hitzegefühle, Fieberschwächen und die verschiedenen Arten, zu frieren.

Im Milieu der Ästhetischen Kommunikation, in Kunst und Gestaltung ensteht die Frage, welches Sensorium es möglich macht, daß wir z.b. eine Landschaft durch ein musikalisches Werk repräsentiert sehen können?

Wie sind wir z.b., ohne uns auf Faktenwissen zu stützen, in der Lage, das Lebensgefühl einer Epoche in einem Gemälde, einer Kleidermode oder einer Architektur wiederzuerkennen, also eine Konsonanz herzustellen oder zu erkennen zwischen äußerlich formhaft Atmosphärischem und komplexen menschlichen Empfindungsbereichen. Was ermöglicht uns also auch, ein solches Werk als stimmig oder nicht stimmig zu beurteilen?

Wir benutzen hier auf selbstverständliche Weise ein Sensorium für Raum, Zusammengehörigkeit, Komposition, Harmonie und Disharmonie, Proportionen usw.

Diese Wahrnehmungen benötigen ein Sensorium für das Gleichartige in verschiedenen Zustands- und Ausdrucksformen, für innere Wesenszüge äußerer Gestalthaftigkeit. Ich will es **Gestaltsinn** nennen. (Siehe die Kapitel: *stimmig – passend – schön – angenehm* und: *Maluma und Tekate*)

Noch einen Schritt weitergehend entsteht auch die Frage, **wie** wir im Abstand Gegenstände, Materialien, Formgebungen, aber auch Personen eigentlich genau wahrnehmen. Es spricht viel dafür, daß wir dies in einer Art des Mitvollzugs oder Nachvollzugs von Eigenschaften durch ein Sensorium in unserem Innern tun. Wie aber ist solch einfühlender Mitvollzug genau möglich? Wo genau ist er beheimatet?

Hier eröffnen sich Fragen nach einem Sensorium der Begegnung.

Wenn wir das Erfassen eines Du nicht lediglich als kognitive Verarbeitung von visuellen Eindrücken auffassen wollen, sondern tiefer in die Frage eindringen, worin eine solche Begegnung geschieht[92], so können wir – bei unterschiedlichen Menschen sehr verschieden stark entwickelt – einen **Begegnungssinn** wahrnehmen. Ein Sensorium für Formen des Mitvollzugs sowohl dinglicher Beschaffenheiten und Vorgänge, als auch menschlicher Gefühle, Eigenschaften und Wesenszüge.

In diese kurze, eher andeutende Skizze einer erweiterten Betrachtung unserer Sinnesorganisation gehört auch der weiter oben problematisierte **Wirklichkeitssinn.** (Siehe die Kapitel: *Wirklichkeiten, Stühle zum Beispiel, Improvisierte Phantasien und Traditionals, Concerto Opus 1* und *Concerto Opus 2)*

Jemand sagt: „Ich habe das Gefühl, daß das Gespräch jetzt sehr bedeutungsvoll war.".– Was wird da wahrgenommen? – Ist es das Denken? – Sind es einfach die Gedanken? – Wie nehmen wir wahr, daß etwas ein Gedanke ist, im Unterschied z.B. zu einem Gefühl oder einem Bild. Geht es hier um Intuition? – Ist das intuitive Gespür dafür, daß etwas von großer Bedeutung ist, ohne daß dafür Gründe formuliert werden könnten, *unbewußtes Denken?* – Auch das mag nicht jedermann selbstverständlich sein. Daß „es" auch denkt, wenn wir es gar nicht „tun".

Die Frage entsteht, ob dieses Gespür dafür, ob etwas in einem noch ganz vagen, aber stark spürbaren Sinn Bedeutung für uns hat, unabhängig davon, woraus es sich konstituiert, nicht auch als ein Sensorium aufgefaßt werden muß, als ein **Bedeutungssinn.**

Noch ein letzter Tatbestand sei hier angeführt:

---

[92] In großer Deutlichkeit: Martin Buber 1994

Immer mehr Menschen suchen die Auseinandersetzung mit Übungen der Stille. Die verschiedenen Kulturen wissen, daß es da einen Zustand der Aufmerksamkeit gibt, der davon geprägt ist, daß ... **nichts** mehr wahrgenommen wird. Oder wird da das Nichts wahrgenommen? – Oder das Alles? – Oder Gott? – Oder ...

Wir kennen einen Vorgang, der ganz analog geschieht:

Unser körperliches und auch seelisches Gleichgewicht nehmen wir gerade dadurch wahr, daß wir eben **keine** Störung dieses Gleichgewichts mehr vorfinden. Dieses Sensorium müßte korrekter mit *Ungleichgewichtssinn* benannt sein, denn darin nehmen wir stets die Abweichung wahr, nicht aber eigentlich den Zustand des Im-Gleichgewicht-seins. Er äußert sich durch „Schweigen" in diesem Sensorium.

So können wir auch wahrnehmen, daß nichts mehr diesen See des Bewußtseins kräuselt, daß er still daliegt. Noch sind wir anwesend. Wach und aufmerksam können wir diese Stille wahrnehmen, Womit? – Wodurch? – Es hat wohl keinen Namen in unserer Kultur. Da es seiner Natur entsprechend einem begrifflichen Erfassen entgleitet, soll es hier ⋛⃰ – **Sinn** heißen.

Zu lange haben wir uns mit nur fünf Sinnen beschäftigt.

Aber unsere Aufmerksamkeit ist dabei, weiter zu werden, einen umfassenderen Wahrnehmungshorizont anzunehmen. Einen Horizont für die Innenwahrnehmungen einer zeitgemäßen Lebendigkeit und Zwischenmenschlichkeit.

In einer von unten nach oben zu lesenden Reihung sollen hier zumindest Platzhalter erscheinen, um einem weiteren „gedanklichen Stillegen" ganzer Sinnes- und Verarbeitungsbereiche entgegenzutreten.

Ebenfalls um Wahrnehmungsraum zu schaffen, wird teilweise begrifflich die Mehrzahl gewählt, also z.B. der Bereich der Wirklichkeitssinne oder Denksinne benannt.

Concerto Opus 3

Unterscheidbare menschliche Sinnesbereiche

- ⚡ **Sinn**
  Die Wahrnehmung des Schweigens der Sinne

- **Bedeutungs- und Denksinne:**
  Unterscheidung von Bedeutungen und Gedankenarten
- **Wirklichkeitssinne:**
  Unterscheidung von äußeren Quellen und inneren
  Determinanten der Verarbeitung menschlicher Wirklichkeit
- **Begegnungssinne:**
  Sensorien des Mitvollzugs von dinglichen Formen und
  Beschaffenheiten, sowie menschlichen Eigenschaften,
  Gefühlen und Wesenszügen
- **Gestalt- und Transformationssinne:**
  Wahrnehmung von Wesenheiten innerer und äußerer
  Gestalthaftigkeit

- **Sehsinn:**
  Wahrnehmung von Licht-, Farbe-, Form- und Bildereignissen
- **Hörsinn:**
  Wahrnehmung von Geräusch- und Klanggeschehnissen
- **Geschmackssinn und**
- **Geruchssinn:**
  Wahrnehmung von Aromen

- **Bewegungssinne:**
  Tonus-, Raum-, Lage- und Gleichgewichtssinne
- **Haut- und Hüllensinne:**
  Tastsinne, das ganze Sensorium für Druck, Reibung,
  Spannung, Magnetismus, Temperatur, Jucken, Brennen usw.
  auch im Innern des Körpers
- **Regionaler Erhaltungssinn:**
  Sensorium für Schmerz und für das, was regional wohltut
- **Lebendigkeitssinn:**
  Sensorium für Gesundheit, Nahrungsbedarf, Sexualität,
  physische Gestimmtheit

Lebendigkeitssinn, Regionaler Erhaltungssinn, Haut- und Hüllensinne und Bewegungssinne können dabei als *körperlich selbstwahrnehmende Sinne* zusammengefaßt werden,

Geruchsinn, Geschmacksinn, Hörsinn und Sehsinn mit Vorsicht als *Außensinne*,

Gestaltsinne, Wirklichkeitssinne, Begegnungssinne und Bedeutungs- und Denksinne als *verarbeitende Sinne*,

Der ✳ – Sinn müßte einen eher verborgenen Platz im Zentrum angewiesen bekommen.

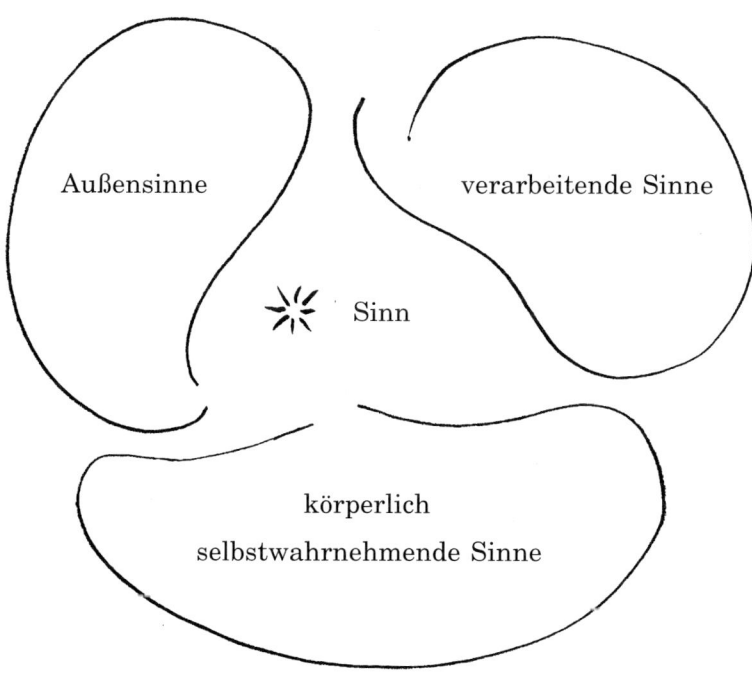

Außensinne

verarbeitende Sinne

✳ Sinn

körperlich
selbstwahrnehmende Sinne

Spätestens jetzt aber müssen wir die Metapher der *Concerti* erweitern, um einen noch größeren bildhaft klanglichen Raum zu schaffen für die Tatsache, daß die *Concerti 1, 2* und *3* selbstverständlich auch erst im gemeinsamen Erklingen u n d einer gleichzeitigen sinnvollen „Ein– und Ausblendungstätigkeit" als die Quellen und Wurzeln unseres „Ausbrütens" von Wirklichkeit gelten können.

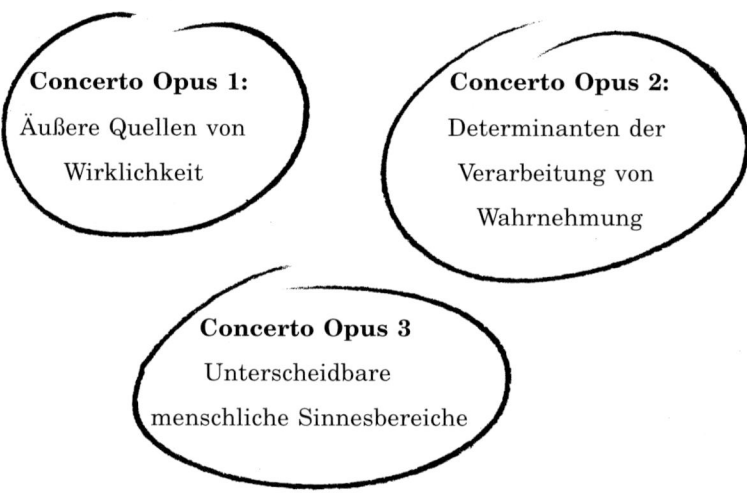

Soweit eine trotz ihrer Vielgestaltigkeit lediglich nur sehr grob geknüpfte Bestandsaufnahme von Vorgängen, die in der Fülle unserer Wahr-nehmungsprozesse eine Rolle spielen.

Behalten wir jedoch im Auge, daß solch eine gereihte Nennung ein sehr untüchtiges Instrument darstellt, wenn es um den sich unendlich vielfältig beeinflussenden, er-gänzenden, auch widersprüchlich auftretenden, und oft genug gar nicht gelingenden Versuch geht, Wirklichkeit angemessen zu bezeugen.

Ist es nicht mehr als erstaunlich, wie wenig all diese Vorgänge von unserer aktiven und kreativen kollektiven Aufmerksamkeit durchdrungen sind? Sie sind die Tore, durch die uns die Welt zu Wirklichkeit wird, und wir lassen diese Tore unbekümmert auf- und zuschlagen wie von der Zufälligkeit jeweils gerade auftretender Winde. Ist es die Psychologie, die uns da im Stich läßt? – Ist es die Erkenntsnistheorie? – Sind es Biologie, Physiologie und Neurologie? Oder alle zusammen?

Oder sind es nur unsere anders gewichteten Interessen, die „solche Dinge" auch zu wenig als dringlich und bedeutend abfragen?

Es muß uns doch zum Beispiel zu denken geben, daß unser Denken zu einem gegebenen Moment immer nur genau 1 (einen) Gedanken fassen kann. Bereits beim Versuch von zwei oder gar drei wirklich gleichzeitigen Gedanken entstünde heillose Verwirrung. Unsere Gedanken bilden also eine – wenn auch gelegentlich sehr virtuose – Reihung in der Zeit, während die äußere und innere Wirklichkeit eine komplexe Gleichzeitigkeit von niemals auch nur annähernd erfaßbarem Ausmaß darstellt.

Wie aber, so muß eine der allernächsten Fragen lauten, verknüpfen wir einzelne Gedankenmomente? – Was genau bildet die Brücke von einer Wahrnehmung zur nächsten, und von einem Gedanken zum nächsten?

Die Antwort: „wiederum Gedanken" verschiebt diese Frage nur auf einen Augenblick später. Was nämlich verbände dann einen Gedanken mit dem zwei Gedanken verbindenden Gedanken?

Und hier, vor diesem ausgebreiteten Hintergrund auch nochmals die Frage, welche Instanz eigentlich die jeweiligen Einflußberechtigungen gewichtet.

Sollte dies wirklich alles die gute alte Logik bewältigen?

Es gibt nur eine einzige Instanz, die sich in langsam wachsenden Maß Überblick verschaffen kann:

Es ist unsere Aufmerksamkeit.

Sie aber ist nicht eben leicht zu haben. Echte Aufmerksamkeit war immer eine Kunst. Wir erleben, wie sie zunehmend ein wirklich schwieriges Unterfangen darstellt. Die Hindernisse türmen sich mit den Kulturen der Ablenkung, Zerstreuung, Bedrängung und Verzerrung.

Andererseits wiederum stellt das Projekt kompetenterer Aufmerksamkeit für unsere gesamte Wahr-nehmung eine durchaus abenteuerliche Unternehmung dar. Wir befinden uns dabei an nichts geringerem als dem Puls der Entstehung von menschlicher Wirklichkeit. „Die wahren Abenteuer sind im Kopf.", singt André Heller, der Circusunternehmungen und Großfeuerwerke inszeniert, „und sind sie nicht im Kopf, dann sind sie nirgendwo."

Was liegt also näher, als die begonnene Reise durch das Erfahrungsfeld zur Entfaltung der Sinne fortzusetzen, und wie auch bisher den Faden in der Überschaubarkeit des Details wieder aufzunehmen.

Wir steigen an der Stelle ein, an der in *Concerto Opus 3* der Begriff *Gestaltsinne* geprägt worden war.

... zu lernen, daß der eigentliche Schlüssel des Be-greifens darin liegt, uns er-greifen zu lassen. Denn in dieser Verfassung bewegen wir uns auf der Grenzscheide, in der Subjekt und Objekt, Ich und Welt — nicht „ineinanderfließen", sondern ein Neues, ein Drittes verwirklichen: eben die Erscheinung!

Kükelhaus 1965

stimmig – passend – schön – angemessen

Wir positionieren einen beliebigen Gegenstand auf einer freien Fläche, nehmen einen beliebigen zweiten Gegenstand zur Hand, und suchen durch Ausprobieren den Ort bzw. die Orte, an denen der zweite Gegenstand bezüglich dem ersten in stimmiger Richtung und Distanz steht, und vor allem auch, wo nicht.

Uns dient für solche Experimente z.B. ein Sortiment von Holzbausteinen verschiedener Form auf einer runden Scheibe.

Versuchen Sie Bedeutungen von Positionen wahrzunehmen. (Jetzt sieht es aus, als wären sie Partner. Jetzt dominiert einer. Jetzt sieht es aus, als wäre der eine längst am Ort, während der zweite erst gerade dazukommt. Jetzt reißt der Kontakt zwischen ihnen ab, usw.)

Versuchen wir dabei, trotzdem es nicht immer leicht ist, momentane Tatsachen von bereits vorgeprägten Vorstellungen und Ansprüchen zu unterscheiden. Tauschen wir unsere Ergebnisse mit jemandem aus. Wo gibt es Übereinkünfte, wo nicht?

Was genau „spürt", daß ein Gegenstand „noch ganz wenig nach rechts" muß. „Nein, nicht so viel. – Etwas zurück. Stop! – Noch ein kleines Stück. – So.– Genau. So paßt es!"

Oder anders ausgedrückt: Kann nicht fehlende Stimmigkeit einen durchaus bis ins Körperliche gehenden Unmut auslösen? Etwas findet einfach unseren Gefallen nicht. Etwas stört. Nicht immer finden wir heraus, was, bzw. wie Abhilfe geschaffen werden kann, d.h. wie die Alternative aussieht. Meist aber ist in der spontanen Ablehnung einer Lösung, wenn wir dieser Empfindung mit entsprechender Aufmerksamkeit nachgehen, bereits der Impuls für die „bessere" Lösung verborgen.

Betrachten wir Gesichter, die gerade unter dem Eindruck der Unstimmigkeit und des Mißfallens stehen. Das hat etwas von Schmerz. Nicht selten ruft im ersten Moment dieses Eindrucks jemand plötzlich und entschieden ein Nein aus, das sie oder ihn in seiner Intensität selbst überrascht.

Was aber ist nun das Gegenstück beim Empfinden von Stimmigkeit, dieses „Gefallen", dieses Ein-ver-ständ-nis, dieses Nicken, dieses entspannte Ausatmen, das gelassene und zu-frieden-e Zurücktreten?

Wir tun uns bei solchen Fragestellungen keinen Gefallen mit schnellen und souveränen Zuordnungen oder allzu zügig formulierten Theorien. Die Geheimnisse der Sinnestätigkeit wollen auch hier nicht fest-gelegt, sondern belauscht, ent-deckt, ge-lüftet werden.

Nur Behutsamkeit macht es möglich, komplexe Wahrnehmungsvorgänge trotz analysierender Fragen und Unterscheidungen auch immer wieder als Ganzes, als ungeteiltes und offenes Wahrnehmungsgeschehen zu erleben, als welches es uns ja ohne unsere Begriffsbildungen, Unterscheidungen und Verstehensfragen zunächst erreicht.

Hier, ganz nahe an der Frage, ob es ein Organ zur Empfindung von schöner Proportion gibt, soll diese kurze Betrachtung enden, um weiteren alltäglichen Erfahrungen Raum zu geben, die uns in der Wahrnehmung von Farben, Tönen, Formen, Bewegungen usw. begegnen.

Die Form ist alles. Sie ist das Geheimnis des
Lebens. (...)
Beginne mit der Verehrung der Form, und kein
Geheimnis der Kunst wird dir unentschlüsselt
bleiben.

O. Wilde

Wir sprechen überhaupt viel zuviel, wir sollten
weniger sprechen und mehr zeichnen. Ich
meinerseits möchte mir das Reden ganz
abgewöhnen und wie die bildende Natur in
lauter Zeichnungen fortsprechen.

J.W. v. Goethe

Maluma und Tekate

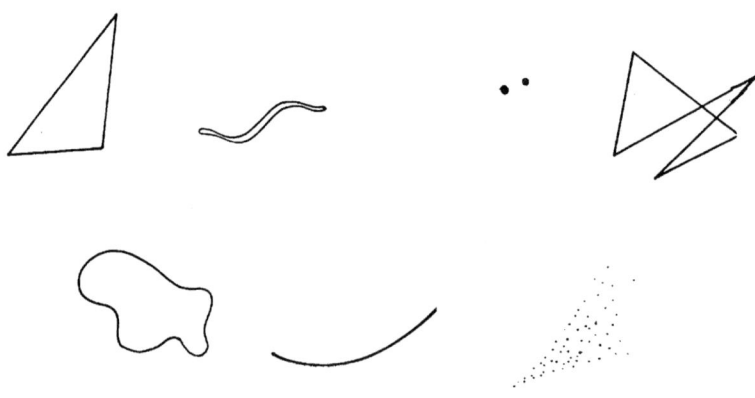

tekate   **brizzl**

bili   **ka**

        elinde

molubus   **baing**

Machen wir den Versuch, je ein Element im einen Feld
genau einem im anderen Feld zuzuordnen.

Wie verfahren wir? – Was macht diese Zuordnung
überhaupt möglich?

Was kann in der Gestaltebene der Liniengefüge
wahrgenommen werden, das in der ganz anderen
Gestaltebene der Silbenkombinationen ebenfalls
vorgefunden werden kann?

Wenn wir wahrnehmen, daß ～ wahrscheinlich kein
Tekate sein wird, so ist die auf Anfrage lieferbare
Begründung für diese Annahme, z.B., daß „t" oder „k" hart
anklingen und die Form ～ eher weichen Charakter hat,
bereits ein Nachtrag. Wir hatten die entscheidende
Empfindung bereits, ehe wir darüber bewußt nachdachten.

Des weiteren kann uns bei manchen Zuordnungen
passieren, daß wir auch nachträglich durchaus nicht
schlüssig und ein-deutig begründen können, wieso genau
sie gerade „stimmen". Wenn wir diesen kleinen Versuch
zusammen mit mehreren Leuten machen, entstehen die
verschiedensten Zuordnungskriterien und Begründungen.

Welches Sensorium aber ist es, das eine Person beim Zuordnen zweier Tafeln leitet, noch ehe bewußtes Denken einsetzt? Vielleicht haben wir nur ein vages Gefühl, daß es „schon paßt", aber „irgendwie" nicht ganz. Wo sitzt dieses Gefühl? – Was überhaupt ist so ein „Gefühl"?

Was ein Kernspintomograph ist, mag uns eventuell klarer sein als dieses Etwas, das wir hier „Gefühl" nennen.

Leitet uns die Gemeinsamkeit dessen, was Platon „Idee" nannte?

Wir brauchen hier zumindest Arbeitsbegriffe, um mit uns selbst und untereinander kommunizieren zu können, denn etwas, das in unserer Sprache keine oder nur eine unklare Repräsentanz besitzt, behält meist den Status des nicht Existenten, bzw. Verschweig- und Vernachlässigbaren, oder aber, es wird unangemessen mystifiziert. Mein Vorschlag im vorliegenden Zusammenhang ist der Begriff **Gestalt- oder Transformationssinn**. Ohne ihn können wir zentrale Wahrnehmungsweisen der ästhetischen Kommunikation schlicht gar nicht benennen.

Unklar müßte z.B. bleiben, warum genau es zumindest als eigenwillig gelten wird, sich zur eigenen Beerdigungsfeier eine Dixieband zu wünschen – dies trotzdem man dem Toten doch sicher gerne jeden Wunsch erfüllen würde –, warum gerade die **weiße** Weste ihre Sprichwörtlichkeit so nachhaltig bewahren kann, und warum z.B. ausgewachsene Schäferhunde nicht Fips heißen und Wellensittiche nicht Cassius Clay.

Ja, nicht einmal unser „Geschmack", der z.B. Tapeten oder einen Stoff für ein Kleidungsstück auswählt oder ablehnt, kann sonst anders erfaßt werden, als mit der psychoanalytischen Begründung, er würde eben an irgend etwas erinnern, und dies wäre eben aus früheren Erlebnissen „besetzt".

Ohne die Empfindungsfähigkeit, die uns hier begegnet, würde es uns überhaupt nicht angemessen möglich sein,

ein Organ für künstlerische Prozesse zu benennen. Dies
weder in Bezug auf die Wahrnehmung fremder, noch
eigener Gestaltungen.

Eine der vielen Definitionen für Kunst lautet schlicht:
Kunst ist es, wenn etwas durch etwas anderes ausgedrückt
wird.
Wie aber ist ein solcher Vorgang aus der Sicht der Wahrnehmung genau möglich? – Wieso wird ein solcher Vorgang
überhaupt sinnvoll? – Wieso wird er gar zum Bestandteil
einer genuin menschlichen Lebensform?

Wenn wir diesen elementaren Vorgang des Übersetzens
von Wesensäußerungen in verschiedenste Gestaltungs- und
Ausdrucksmilieus nicht mitvollziehen, und ihn damit nicht
wahr-nehmen, werden wir aus einem poetischen Gedicht,
das sich jemand z.b. an die Wand pinnt, um es täglich
sehen zu können, kaum mehr als „Geschwätz" oder
„Kitsch" lesen können.

Musik, für die andere eventuell quer durch Europa fahren,
um sie hören zu können, kann uns dann eventuell als
bloßer Lärm erscheinen, die Bilder von Geisteskranken als
Geschmier, der besondere Kleidungsstil, in dem sich
Jugendliche gerade gerne ausdrücken als pure
Provokation, der eigene Geschmack wiederum als purer
Zufall.

Wir können dann auch nicht erkennen, wie uns z.B. über
eine Handschrift eine Person transparent werden kann,
oder wie genau der Schriftzug einer Produktwerbung auf
uns und unsere Kaufkraft wirken soll.

Und nur bedingt könnten wir verstehen, wieso die
Architekturen, die unsere Städte ausmachen, gerade so
aussehen und ein solches Lebensgefühl ausdrücken und
weitervermitteln, wie sie es tun.

Um hier klare Wahr-nehmungen haben zu können, müssen
wir erstens den *wesentlichen inneren Ausdruck* der
Gestaltungsgattung, (hier z.B. der Architektur)

wahrnehmen können, und zweitens eine Empfindung dafür und davon haben, daß und auf welche Weise dieser Wesensausdruck in einem anderen Bereich repräsentiert ist (hier in gesellschaftlichen Normen, Menschenbildern und Lebensgefühlen).

Ich möchte Sie zu einer kleinen spielerischen Übung einladen. Nehmen sie bitte Stift und Papier zur Hand, um einige Fragen zu beantworten. Es handelt sich um Fragen, die Ihre eigene Person betreffen. Sie brauchen mir Ihre intimen Antworten auch nicht zu verraten. Geben sie aber bitte keine Wunschantworten auf die Fragen, sondern lassen sie ihr Gefühl eine spontane Selbsteinschätzung geben. Auch keine durchdachte Analyse ist also gefragt.

Wenn Ihnen zu einer Frage nichts Rechtes einfallen will, gehen Sie einfach weiter zur nächsten.

Hier die Fragen. Sind Sie bereit?

Wenn ich ein Baum wäre, was für ein Baum wäre ich?

Wenn ich ein Werkzeug wäre, ...?

ein Gebäude?	ein Jahrhundert?
Musik?	ein Tier?
eine Landschaft?	eine Pflanze?
ein Gewässer?	ein Fahrzeug?
ein Material?	eine Jahreszeit?

Sie haben jetzt auf Ihrem Blatt Worte stehen, die in dieser Kombination mit größter Wahrscheinlichkeit noch nie zusammen aufgeschrieben wurden. Alle diese Worte haben etwas gemeinsam. Sie be-deuten nämlich etwas, das Sie mit sich selbst verwandt empfinden.

Außer der Möglichkeit, alle Fragen und Antworten noch einmal in Ruhe durchzugehen, oder dieses Spiel auch mit anderen zu machen, ist für unseren Zusammenhang von Bedeutung, daß dieses Spiel ... überhaupt möglich ist. Sie **sind** als Mensch eben kein Gebäude und keine Landschaft. Sie können aber empfinden, so zu sein **wie** ...

Nach der eingangs genannten Definition ist das, was Sie getan haben, ein ästhetisch-künstlerischer Vorgang. Auf jeden Fall aber ist es ein Vorgang, in dem differenzierte innere Empfindungen äußeren Gestalten, Bewegungen und Zuständen zugeordnet werden. Der Eindruck, den Sie in einem ganz allgemeinen Sinn von sich selbst haben, ist offensichtlich in den zentralen Eindruck transformierbar, den sie von einem Gebäude oder einer Landschaft haben.

Auch der Vergleich von Antwortelementen untereinander kann jetzt sinnvoll werden. Welche Musik paßt zu welchem Tier? Welches Jahrhundert zu welcher Jahreszeit usw.?

Was in einer Idee oder in einem Wort geformt ist, darüber verfügt der menschliche Geist in einem nicht-geformten, freien und konfigurierbaren Zustand: im Zustand der Aufmerksamkeit.[13]

Ohne die von uns im obigen Spiel erbrachten Übertragungsleistungen können große Teile nicht nur unseres künstlerischen, sondern z.B. auch unseres körperlichen und sprachlichen Ausdrucks nur sehr skeletthaft ausgeführt oder gar verstanden werden.

Wir sprechen in Zusammenhang mit dem Sensorium, welches diese Umformungen möglich, und das *Nichtgeformte* und *Konfigurierbare* dadurch überhaupt erst kommunizierbar macht, also von einem *Gestalt- und Transformationssinn.*

Dieses Spiel findet übrigens bei Parties genauso Zuspruch, wie in therapeutischen Verfahren. Die Antworten können

---

[93] Kühlewind 1990, S. 40

selbstverständlich auch z.B. gemalt, körperlich ausgedrückt, oder auch aus vorbereitetem Bildmaterial ausgewählt werden.

Wie sehr wir uns in dieser doch spielerischen Ebene von den Antworten persönlich gemeint und berührt fühlen können, wird offensichtlich, wenn wir diese Fragen über uns von anderen Personen beantworten lassen. Wir fühlen uns von den Antworten genau so leicht geschmeichelt, ja geliebt und geachtet, wie gekränkt, mißverstanden und abgelehnt.

Etwa: „Na so was! Mich mit einem Maulwurf zu vergleichen, wo ich doch auf eine Raubkatze getippt hätte." – Oder: „ Oh, sie sieht in mir einen Schmetterling. Da hätte ich Schlimmeres befürchtet."

Die subtile Rache der aus
der Vernunft
ausgeschlossenen Bilder

D. Kamper

Wenn unsere Erfahrung
zerstört wird, wird unser
Verhalten zerstörerisch sein.

R.D. Laing

Erfahrungsarbeit an der
Wirklichkeitsmaschine

O. Negt / A. Kluge

Bündnis mit dem Grauen

Eine Station, die mächtige psychische und physische
Kräfte wachruft, ist der Gong. Er füllt mit seiner
Erscheinung die Stirnseite des großen Raumes. Für die
anwesenden 9-10jährigen Kinder eine ganze Armspanne
breit.

Davor steht ein Junge. Den Schlägel noch in der Hand,
preßt er sich beide Ohren zu. Viele andere, die um das
Instrument versammelt sind, tun das gleiche. Der Gong
gibt nach einem ersten schmerzlichen Aufkreischen jetzt
noch ein abgründiges Grollen von sich.

Erschrockenheit, Staunen, ein leises Grauen vor der Macht
dieses Tons, bei manchen sichtbares Zähneaufeinander-
beißen, manche haben sich – die Hände über den Ohren –
abgewandt und nach vorn übergebeugt. Jemand hat
erschrocken aufgeschrien, einige demonstrieren

Unbeeindruckbarkeit. Erwartungsvolle Augen sind auf die Reaktion des anwesenden Erwachsenen gerichtet.

Den ihm gleich nach dem Schlag entgegengestreckten Arm mit dem Schlägel hat er ignoriert und seinen Blick einfach aufmerksam auf dem Gesicht des Jungen ruhen lassen, worauf dieser sich entschließen mußte, sein Werkzeug weiterhin bei sich zu behalten und zu ihm, zu dem Ton und zu sich selbst zu stehen.

Als der Gong ruhiger wird, bleibt es noch geraume Zeit still im Raum. Die gehörte Lautstärke macht die Stille ganz neu wahrnehmbar. Auf ihre Art fast auch ein Schrei. Eine Spannung liegt in ihr. Als ob feststünde, daß irgend etwas geschehen müsse. Am besten rückwirkend. Jedoch weiß niemand so recht wie. Bis jemand sich Luft macht und in einer eigenartigen Mischung von Protest und Bewunderung hervorstößt: „Mensch, du spinnst doch!".

Niemand kam auf die Idee, den quälend kreischenden Ton abzudämpfen. Irgendetwas hat darauf bestanden, ihn auszuhalten.

– Würdet ihr euch etwas ins Zimmer hängen, vor dem euch graut? –

Tenor der Klasse: Natürlich nicht. Einige jedoch bejahen die Frage mit entschlossenen Mundwinkeln: „Ich schon!" und nennen ihre „Lieblingsbiester", denen sogar Lasergeschosse nichts anzuhaben vermögen.

Es zeigt sich da eine erstaunliche Selbstverständlichkeit im hautnahen Umgang mit Phantasien von übermenschlichen und übernatürlichen Kräften und Mächten.

Ist dies eben als **eine** Variante unter anderen zu betrachten? So wie einst Tarzan oder später King Kong unbewußte und verdrängte Bilder und Lebensgefühle an sich binden konnten? – Ich denke: nein. Es ist da in verschiedener Hinsicht etwas Neues für die kindlichen, jugendlichen, und übrigens auch erwachsenen Gemüter zu verdauen.

Diese Wesen sind kaum mehr in einen Raum der Seltenheit und des Besonderen verbannt, in denen sie in außergewöhnlichen Momenten zur Erscheinung kommen. Sie sind über die Medien, denen sie entsteigen allgegenwärtig, sind Tagesgespräch, sind Poster im Kinderzimmer.

Sie sind in einem virtuellen Realismus produziert, den noch keine Kindergeneration zu verdauen hatte. Sie sind von einer offensichtlichen entgrenzten Mächtigkeit, die in keiner Weise mehr z.B. den Kampf gegen sie nahelegt, den Kampf gegen das Dunkle, Böse etwa, sondern sie fordern Dienerschaft, Unterwerfung oder aber sie fordern zur Nachahmung auf und binden Allmachtsphantasien an sich.

Im Kindergespräch tauchen sie auf zusammen mit Worten der Superlative, wie „Megawahn" und „supergeil". Diese Wesen fressen wie nebenbei Menschen auf, zerstören im Vorbeifliegen Weltraumstationen oder vernichten allein mit ihrem Atem das Leben ganzer Stadtteile auf der Erde.

Wer wollte schon gerne dem spontanen und nahegelegenen Gefühl der Angst folgen. Sie legen etwas nahe, das man einen Pakt nennen könnte. Den Pakt mit dem Grauen, dem Unfaßlichen, dem selbstverständlich und quasi zwangsläufig Zerstörerischen. Mit diesen Eigenschaften verlassen diese Wesen den Bereich gesunder Identifikationsmöglichkeiten im Sinne einer immer bestandenen Psychohygiene. Sie machen „das Böse" normal, das Gigantische und Unfaßbare an Zerstörung naheliegend und „wohnzimmerfähig".

Sie laden ein zum scheinbar ungefährlichen, weil doch auf den Bildschirm verbannten Bündnis mit der Macht der Zerstörung.

Sie fördern das Aussetzen einer mühsam errungenen menschlichen Kultur des Gewaltverzichts.

Ein weiterer Schritt ist längst vollzogen. Das Bündnis mit der Grausamkeit hat eine ungeheuere Plausibilität erhalten, seitdem die Videowirklichkeit nicht nur

phantastische Zerstörer, sondern auch jede Menge **menschliche** in die Kinderzimmer entläßt.

Die Bandbreite, die dem Zuschauer serviert wird, reicht vom bestialischen Quälen von Mensch und Tier über die detailliert anschaulich gemachte Zerstückelung von Leichen bis zum leichtfertigen reihenweisen Morden in den trivialen Kampfstories aller Art, bei denen weitgehend feststeht, wer jeden Kugelhagel überleben wird, weil er in einer Woche wieder die Titelrolle übernehmen soll. Die Filme, die ganz ohne Leiche auskommen, lassen sich für eine Woche leicht abzählen. Vergewaltigung, Todschlag, Krankenhaus-reifprügeln, Schießereien zwischen Sparkasse und Blumengeschäft oder Verfolgungsrasereien durch Menschenansammlungen gehören zum normalen Vorabendmenu.

Das aufgepeitschte Lebensgefühl des normalen Grauens und des „Trivialisiert-Unermeßlichen" nebst der zur Verdauung nötigen Coolheit steigern sich gegenseitig bis zu einer Art Bewußtlosigkeit im Wachzustand. Unsere Wahrnehmung nimmt da Größen in sich auf, die sie unmöglich angemessen verarbeiten kann. Trotz allem relativierenden Wissen, daß „es doch nur ein Film ist", ist es im Unbewußten Wahr-nehmung, die da geschieht. Wir wissen längst, daß die bildhafte Wahrnehmung nur bedingt Negation kennt. Sie nimmt ein Bild auf, das sich in die Seele senkt. Daß nachträglich ein kognitiver Akt gewissermaßen ein „nicht" vor diese Tatsache setzt, ändert sie nicht wirklich. Sie teilt die Persönlichkeit nur in eine dem Bild gemäß weiterempfindende und eine scheinbar bescheidwissende.

Man braucht nicht philosophisch veranlagt zu sein, um sich zu erinnern, daß der Mensch zur Bestie genauso taugt wie zum Menschenfreund.

Einer der ältesten Teilbereiche der Gewaltkultur hat bereits in hohem Maß den Status des Selbstverständlichen und fast Gewohnten, jedenfalls aber Normalen erworben und wird in den Gewalt-Debatten eher am Rande erwähnt. Er kann gleichzeitig für den Menschen zu einem der schönsten, zärtlichsten, gefühlsvollsten, befriedigensten und humansten werden. Trotzdem hat er seinen leider notwendigen festen Platz in der Erörterung von Angst, Gewalt, Brutalität, Verachtung und banalster Grausamkeit: es ist die lustvolle geschlechtliche Begegnung, die Sexualität.

Die pädagogische Annäherung an das Thema „Sinne" ist häufig eigenartig „blind" auf diesem Gebiet. Konsequent wäre diese Zurückhaltung eventuell, falls sie unbewußt wahrnehmen sollte, daß eine Annäherung an das Thema Erotik mit dem allseits noch tradierten Konzept von nur 5 Sinnen lediglich in einer biologisierenden Begrenztheit landen könnte. Aber wir sollten doch fragen, ob nicht gerade auch hier, seit unserem Hervorgehen aus unserer tierischen Ahnenreihe, Entwicklungen stattgefunden haben.

Allerdings zeigt wiederum auch ein Teil der spontanen ersten Reaktionen auf die Stichworte „Entfaltung der Sinne" in der Öffentlichkeit, daß die Allgegenwart sexueller Phantasien jederzeit sofort zur Stelle sein kann, um mehr oder weniger deutlich zu erkennen zu geben, wie unbewältigt diese menschliche Dimension selbst einige Jahre nach der sexuellen Revolution doch ist.

Der Redakteur einer sich fortschrittlich wissenden regionalen Monatszeitung z.B., die uns vor 7 Jahren in Nürnberg als erste zu einem Gespräch eingeladen hat, konnte nur mühsam seine vorab gefaßten Vorstellungen verändern, die sich um nackt tanzende, mit Stierblut bemalte und dampfende Frauenleiber bei irgendwelchen mystizierenden Opferritualen rankten. – Na wenn's doch um „Entfaltung der Sinne" geht ...

Die Nähe zum vertieften Erleben von Gerüchen und Geräuschen, von Sehen und Berühren, von Begegnung schlechthin ist in der Erotik sicher sehr naheliegend, aber durchaus nicht selbstverständlich.

Zwischen herausfordernden oder ausweichenden Blicken und höchst professionell ferngesteuerten Bilder-Phantasien, zwischen oberflächlicher Belanglosigkeit des Spaßhabenwollens und einer hochstilisierten Aura des Lebendigen und der Jugend schlechthin scheint jedoch immer noch nicht so recht der große Befriedigungs- oder gar Glücksraum entstehen zu wollen.

Doch diesem Problem sind die hier niedergeschriebenen Gedanken auch nicht direkt verpflichtet. Was im Rahmen einer Auseinandersetzung mit dem Thema Wahr-nehmung jedoch berührt werden muß, ist die im Privaten wie Öffentlichen bestehende, von Arroganz und Gewalttätigkeit durchsetzte Atmosphäre, welche in Bilderwelten, sogenannten „Witzen" und selbstverständlichem Verhalten zwischen den Geschlechtern ständig präsent ist. Selbst diejenigen, die aufrichtig darum bemüht sind, dieser Atmosphäre auszuweichen, spüren noch ständig dieses Bemühen und können nur bedingt ihrer Mitwelt entweichen.

Die filmischen Mördersuchspiele versäumen es nicht, zwischen aufblitzenden Schußwaffen erotisierende Großaufnahmen der beteiligten Frauen einzublenden. Selbst die Mordopfer liegen appetitlich drapiert wie Ware im Schaufenster. Die Frauen- und Männerrollen geben wenig getrübt, je nach Alter und Genre der Filme etwas differenziert, das wieder, was seit Jahrzehnten diskutiert und nur wenig verändert gesellschaftlicher Alltag ist: aufgeputzte Frauen werden von aufgeblasenen Männern geschützt, geschlagen, entführt, bezahlt, gerettet und vergewaltigt.

Die kesse Kommissarin verläßt diese Welt nicht, sondern führt sie konsequent fort. Das Recht, so zu sein wie die längst ausführlich kritisierte Männerwelt erreicht auch die weiblichen „Tatorte".

Die Durchsetzungsfähigkeit mit der Waffe, das Beherrschen, das Habenwollen, das Benutzen, die Arroganz der Besitzenden, das Sichausstatten mit

Konfektion und der Gesamtgestus des Deals und des Rechts auf Konsum nach entsprechender Leistung sind allesamt direkte Begleiter der Warenstruktur von Sexualität als Teil von Zwischenmenschlichkeit überhaupt. Die kaum kaschierte strukturelle wie offene Gewalt, die hier nistet, ist die gleiche, mit der im großen Maßstab Volksgruppen gegeneinander gehetzt werden und übereinander herfallen.

Weniger der Kampf um die Erweiterungen von Kapital und Macht ist nun damit gemeint, sondern mehr noch die tief verwurzelte geballte Energie des ungelebten und sich in hilflosester Weise selbst einklagenden Lebens und Erlebens, die Identität des Unerfüllten, des nie am Ziel sein Könnens, im auch noch so sehr expandierenden Meer der Warenflut, mit all seinen aus der Luft gegriffenen Verheißungen.

Von einem unorientierten und kaum befriedigenden Schnell- und Billigsex bis zur Vergewaltigung auf offener Straße ohne Ahndung, von der galanten Anmache bis zum Halbtotprügeln auf dem Nachhauseweg, bricht sich ein ebenso kühles wie verzweifeltes Kalkül der allerdings **so** auch unmöglich gelingenden Befriedigung von erotischen Bedürfnissen Bahn.

Der all diese Hilflosigkeit impulsierende Untergrund jedoch besteht aus einer wachsenden Unfähigkeit zur Begegnung und gegenseitigen Wahr-nehmung schlechthin, aus dem Fehlen der Haltungen des Fragens, des Annäherns, des Wartens, der Achtung, der Behutsamkeit, der Resonanzfähigkeit, des Ergründens usw., welche auch den Weg zurück kennen.

Selbst und gerade am Ziel der begehrten Augenblicke, im, wenn nötig auch mit mehr oder auch weniger Gewalt erzwungenen, Akt der „Liebe", kein Wahr-nehmen, eher eine Durchführung, ein Zuendebringen.

Die tiefe Empfindung, das erhoffte Eindringen ins Lebendige und berührend Menschliche verirrt sich allzu leicht in der viel zu großen Wucht des Anlaufs und versickert in zertrampelten oder einfach verpaßten Chancen.

Jedoch das Ansichreißen und die dazu notwendige Verachtung gegenüber denen, die erobert und gefügig gemacht werden sollen, ist nur mobil zu machen zusammen mit einer verzweifelten Strategie der Verachtung gegenüber den Wahr-nehmungen, auch der eigenen Identität.

Die Tauschmärkte und Eroberungskriege der Geschlechter sind bis zur Nettigkeit unkenntlich gemacht. Trotz der jahrelangen Bewußtseinsarbeit der Frauenbewegungen ist es möglich, noch erstaunliche Naivität gegenüber diesem Gesamtzustand an den Tag zu legen. Die Wahrnehmung wird schlicht verweigert, daß es sich mit der televisionär gesteuerten Welt des erotisch Sinnlichen in der Regel um eines handelt: eine ungeheuere, kaum rekonstruierbare und längst selbstverständlich gewordene kollektive Irritation.

Aus der Perspektive einer Entfaltung der Sinne sind die tradierten Rollen- und Verhaltensmuster, die immer noch weite Teile der alltäglichen Realität prägen, für Frauen wie Männer einfach entwürdigend.

Wirkliche Wahr-nehmung findet immer dort gar nicht statt, wo die Konzepte von „Wahrnehmung" in Form längst vorgefertigter Konserven und Konzeptionen jede Begegnung beherrschen, noch längst bevor sie sich überhaupt selbst erahnen könnte.

Es ist schwer zu bestimmen, ob es mehr Ahnungslosigkeit oder Abgestumpftheit ist, ob es eher bewußte oder unbewußte Strategien des Verschweigens sind, die es z.B. möglich machen, zu wieder einmal „aktuellen" Anlässen stundenlange Fernseh-Talkshows über vergewaltigte und ermordete Kinder und den Sexualstrafvollzug zu bestreiten, ohne auch nur ein einziges Wort über die Eigenheiten der herrschenden Sexualkultur aller zu verlieren.

Vielleicht hat ein sich andeutendes Potential der wieder gesuchten Reserviertheit, ja sogar Nüchternheit und Cool-heit gegenüber Sexualität, welche eher die allzu schnelle persönliche Begegnung oder gar Beziehung scheut, als einer womöglich enttäuschenden Lust zu frönen, bereits jetzt ebenso viel mögliches utopisches Potential in sich, wie sie vor 30 Jahren die sexuelle Revolution und die propagierte und ehrlich versuchte *Freie Liebe* besaß.

•

Doch zurück zu der unseligen Verquickung von Langeweile und Empfindungslosigkeit, Gewalt und Grauen, Monströsität und Banalität im Medienkonsum überhaupt.

Längst ist die Identifizierungs- und Identitätsautorität der Medien dabei, der von Vätern, Müttern und Lehrern geschmeidig und allgegenwärtig den Rang abzulaufen.

Heute sind es die Bildschirme und Hochglanzseiten, die zeigen, wie gelebt wird.

H. Glaser spricht von der *Unterordnung der Wahrheit unter den Reiz.*[94]

Das, was Kindern und Jugendlichen im Ganzen des gesellschaftlichen und kulturellen menschlichen Umgangs und besonders über die Bild- und Filmmedien vorgelebt wird, ist im Resultat recht präzise das, was sich in anwachsender Brutalität, Identitätskrisen, Realitätsverlust, psychischen Verarbeitungsgrenzen bei immer jüngeren Kindern oder im sich ständig ausweitenden Drogenkonsum widerspiegelt. All diese aufgepeitschten Lebensgefühle entsprechen in keiner Weise mehr dem Maß des Menschlichen. Sie sind durch Mühe, Investition, Behutsamkeit, Kontinuität und Angemessenheit, die lebendigen körperlichen und psychischen Wachstumsprozessen eigen ist, weder hervorbringbar noch verarbeitbar.

Anders gesagt, wir sind mit diesen Entwicklungen dabei, aktiv und in großen Teilen durchaus überzeugt, ein höchst explosives Gemisch zusammenzubrauen. Es besteht aus der tiefen Empfindung ungelebten Lebens, durchsetzt mit billigst beschaffbaren synthetischen Gemützuckungen und völlig verantwortungslos gepanschten Realitätskonserven,

---

[94] H. Glaser 1992, S. 175

die den Organismus noch weiter entfremden.

Das Ergebnis kann nur etwas sein, das seiner Qualität
nach auch die Atombombe ausmacht, das wir auch dort erst
nicht verstanden, und dann möglichst schnell vergessen
haben. Erst einmal gezündet, wird in beiden Fällen eine
nicht mehr rückbindbare und eigenartig unschuldig ihren
Impulsen folgende Zerstörungsenergie auf den Weg
gebracht.

Wer diese Tatsachen herunterspielt, etwa mit der
Bemerkung, jede Jugend mache eben ihre Dummheiten und
„Phasen" durch, unterschätzt völlig, was hier an Neuem vor
sich geht.

Wir dürfen, nur weil wir keine Patentrezepte zur Abhilfe
haben, keinesfalls zur fatalistischen Tagesordnung
übergehen.

Sicher ist die Auseinandersetzung mit dieser Problematik
nicht leicht. Wir sind dabei ständig mit „heiligen Kühen"
konfrontiert, die nicht angetastet werden dürfen. Man kehrt
unter solchen Bedingungen immer wieder unverrichteter
Dinge zum Ausgangspunkt zurück.

Solche „Kühe" sind:

- die weitgehende Freiheit der Warenanbieter auf dem
  weltweiten Markt der Bewußtseinsmacher,

- er-gänzt durch die Freiheit der Konsumenten jeden
  Alters,

- die Tatsache, daß wir diese ganze Entwicklung als
  Eltern, Pädagogen, „Fernsehleichen" oder einfach
  Zeitgenossen ja mittragen und mit einem allgemeinen
  Lebensstil, und sei das auch ganz unabsichtlich oder gar
  wohlmeinend, mitinspirieren,

- die Tatsache, daß wir alle einfach zu fortschritts-,
  bequemlichkeits- und geschwindigkeitsbesessen sind, und
  deshalb trotz der durchaus vorhandenen Einsichten
  bereit, das seelische Wohlergehen von Generationen auf

dem Altar eines nüchternen, relativierenden und
rationalisierenden, aber trotzdem – nein: wohl gerade
deshalb – unendlich verführbaren digitalen
Commonsense zu opfern.

Wir vertrauen dabei die Inhalte unserer Leit- und
Wahrbilder, die Entstehung von Werten und Normen, die
Art und Weise der Konstruktion unserer Vorstellungen von
Wirklichkeit einem Instrumentarium an, welches
erklärtermaßen keiner anderen Logik verpflichtet ist, als
der von billig konsumierbarem Unterhaltungsspektakel
und moneygeilen Profitinteressen.

Wer seinen Kindern und sich selbst zutraut, doch schon
genügend im Leben verankert zu sein, um dem
großangelegten Verkauf von Billigbewußtsein als kritischer
Konsument zu begegnen und „selbstverständlich" nur zu
nutzen, was „einem auch wirklich gefällt", der
unterschätzt, wie sehr unser „Gefallen" an die Existenz
von Alternativen gebunden ist. „Ein bißchen" Gewalt
könne doch nicht schaden. Wieviele Stunden pro Tag und
Woche das inzwischen ausmacht, ist in vielen
Veröffentlichungen immer wieder benannt worden. Wie
können wir glauben, daß ein Bewußtsein etwas anderes
beinhalten kann, als es in seiner Umgebung über große
Teile des Tages ständig aufnimmt?

Wir spielen da ein sehr hoch dotiertes Poker. Noch sind die
Karten des bald beginnenden 21. Jahrhunderts nicht
aufgedeckt, aber, um im Bild zu bleiben, die Einsätze
steigen stündlich. Bereits jetzt zeigt sich ein Teil der
Energie, die sich mit Gewalttätigkeit und Grausamkeit
genügend identifiziert, um selbst loszuziehen und irgend
etwas „ganz normales Schlimmes" zu tun.

Unsere Diskussionen, auch dieser Beitrag hier, hinken den
globalen Entwicklungen weit hinterher. In der Zeit, in der
wir Wenns und Abers bedenken, wird weltweit Bewußtsein
systematisch und millionenfach auf eine Qualität der
Wahrnehmung eingestimmt, die sich selbst nicht mehr

über den Weg traut, weil sie sich gar nicht auf sich verlassen kann.

Wem dies übertrieben scheint, der möge doch mit Kindern und Jugendlichen ins Gespräch kommen, und sich dort mit dieser bedeutungsvollen Tatsache konfrontieren. Auf die Anregung, eine Alternative zur Glotze suchen zu gehen, benennen viele die erschreckende Tatsache, daß ihnen ja gar nichts eigenes mehr einfällt, das mit der Flimmerwelt mithalten könnte.

Aber damit ist nicht die Endstation dieses Zustands erreicht. Das Problem ist nicht dadurch benannt, daß man Abstumpfung, Langeweile oder verminderte Sozialfähigkeit konstatiert. Es gibt nämlich doch noch eine Alternative zur abermaligen und soundsovielsten Video-Gehirnwäsche: nämlich **die**, irgendetwas von dem Gesehenen in der Realität der Schulen, Hinterhöfe, Parks und Straßen „live" umzusetzen. Dies ist die inzwischen leidlich gefährliche, in manchen Wohnvierteln jetzt schon kaum mehr kalkulierbare Variante von Lebendigkeit, die sich Bahn bricht. Fraglos eine tatsächliche Chance, sich zu spüren, vorübergehend Identität mit sich selbst zu empfinden, Sehnsucht, Gefahr, Bewährungsritual, irgendeine durchaus sehr wahllos gewordene Vibration des „Ich bin".

Was sich in den Straßen und Hinterhöfen entlädt, ist schlicht und verheerend ... *die Explosion des nicht gelebten Lebens* (H. Kükelhaus), ausgestattet mit dem illusionsgetränkten Bewußtsein eines Spektakels der Beliebigkeit.

Wir Pädagogen, Eltern und einfach Erwachsenen, aber auch bereits Jugendliche, werden nicht umhin können, in den Auseinandersetzungen um das Recht und die Macht zur Produktion von Bewußtsein, Bedürfnis und Wirklichkeit Stellung zu beziehen. Es dürfte in dieser Angelegenheit auch kaum mit der begonnenen Diskussion unter besorgten Eltern und PädagogInnen abgehen oder mit didaktischen Kunstgriffen für den schulischen Montag.

Diese Problemstellungen werden, ihrem Umfang und ihren Auswirkungen entsprechend, noch deutlich politischen Charakter erhalten müssen. Es wird dabei viel auf dem Spiel stehen. Im Zentrum wohl unausweichlich unser Grundverständnis von Liberalität. Wird sie in der Lage sein, das weiter vorne angesprochene *Recht auf Wirklichkeit* angemessen zu schützen, und entsprechende Zensuren vorzunehmen, ohne sich selbst den politischen Kräften, die nur darauf warten, zur Disposition zu stellen?

•

Die Auswirkungen der beschriebenen Entwicklungen manifestieren sich letztlich immer auch in Einzelbiographien, in den persönlichen Glücksstrategien der vielen. Diese mehr oder weniger gelingenden Strategien sind auch in den Gruppen anwesend, mit denen wir im Erfahrungsfeld zusammen sind. Nicht weil wir uns die Macht ausrechnen, mit dem Szenario der Bildschirme konkurrieren zu können, sondern um etwas ganz anderes zu tun, stehen wir mit einem Gong im Klassenzimmer:

Wir versuchen, mit den einzelnen Personen (personare: lat. Durchtönen!) an unseren Stationen eine Art Inventur zu machen, eine Bestandsaufnahme. Was können wir, was können wir nicht? Wo stehen wir lebendig und selbstverantwortlich inmitten unserer Wahrnehmung, und wo sind wir ferngesteuert und abhängig?

Wir inszenieren die Frage, was Wahrnehmung eigentlich ist, wie sie vollzogen wird, und was wir an ihr haben, was sie zum großen Fenster zwischen uns und der Welt macht, und auf welchem Weg es geschehen kann, daß dieses Fenster durch einen Bildschirm ersetzbar wird.

Wir werben dabei nicht etwa um das Vertrauen der Kinder und Jugendlichen, sondern um ihr „letztes heiliges Mißtrauen". Das geschieht selten auf spektakuläre Weise, immer aber finden mehr oder weniger spürbare Begegnungen mit der aufwachenden Sehnsucht eines nicht betrügbaren Ich-bin statt.

Tele – visionen

Das Schlimmste
am Fernseh- und Videoflimmern
ist nicht,
daß es perverse Träume, Vorbilder, Lebens- und
Glücksstrategien
implantiert und ernährt,
nicht die Illusion an und für sich,
nicht die Sex & Crime-Walze, die
die persönlichen Utopien aller Altersstufen an sich reißt,
und ihr angleicht,
nicht die Fehlinformation und
die Diktatur der immer falschen Gewichtung von
Geschehnissen,
nicht das ganze dumme Showgeschwätz,
auch nicht einmal
die verheerende Gleichschaltung der Blickrichtungen
nahezu aller zahlungskräftigen Bewohner des Erdballs
nach dem Abendessen.

Das Schlimmste ist,
daß es wirklich schön ist,
daß es anmutig von der Landschaft zum Portrait
umblendet,
daß es wirkliches Herzklopfen macht
mit stimmiger Hintergrundmusik wirkliche Sehnsucht
hervorlockt,
daß es dabei aber preislos ist.

Gratis.

Das Schlimmste ist,
daß es seine Art der Lebendigkeit im Zimmer
ausschüttet,
und wir bleiben aufwandslos, reglos,
lahm.

Unerwirkte Nahrung entmenscht.

Wer will denn so schnell, gezielt, multiperspektivisch,
zeitsprüngig und intensiv leben, wie es in den
ferngesteuerten Bildschirmschnitten über uns kommt?
Wer will denn in der schnöden, normalen, alltäglichen
Restwirklichkeit noch die dritte Dimension aufsuchen,
sich die Hände schmutzig machen, nach Schweiß stin-
ken, durch die Verlegenheit hindurch jemanden persönlich ansprechen, manuell auf Tiefenschärfe einstellen,
eine verzitterte erste Berührung entstehen lassen?

Lebendigkeit ist zum Umweg geworden.

Bevor ich jemanden live in Großaufnahme die Wahrheit
sagen sehe, muß ich ihn suchen, ihn entdecken,
Unzeiten überbrücken, investieren ohne Sicherheiten,
rätseln,
das Recht erwerben, mich ihm oder ihr zu nähern, und
dann
meine gesamte Wahr-nehmung im rechten Augenblick
auf etwas Entscheidendes und Unwiederbringliches
bündeln und es ... aushalten.

Lebendigkeit ist zum Umweg geworden.

Das Restleben ist doch umständlich, drittklassig, banal,
fade, mühsam, alltagsgrau, strotzt von Überlängen,
falschen Bildschnitten, unpassender Hintergrundmusik,
versäumten Einsätzen und abgestürzten Traum- und
Realitätsdaten.

Da weiß ich Besseres, Großzügigeres, Weiträumigeres,
Üppigeres, Zeitgewandteres, Beherrschbareres.

Doch
der entscheidende Augenblick ist das Danach.
Gleich nach dem Abschalten.
Nach dem „Klick" diese Erfahrung: Ich war dabei.
Ich habe gebangt, gehaßt, investiert, geschwitzt, geliebt,
gedacht. –
Irgendwie doch gelebt.

Aber: „Klick" – es war gar nichts. –
„Klick".
Alles verschwindet hinter Wohnzimmerschränken,
Wohnheimwänden und Kinderzimmertapeten.

Fazit: Auch wenn's arg kommt,
nie ist wirklich etwas geschehen.
Nichts hat Gültigkeit.

Nichts lohnt, zu Ende empfunden, zu Ende gedacht zu
werden.
Nichts erzeugt Zuständigkeit und brennend lebendige
Konsequenzen,
fordernde Gegenwart.

„Klick"

Deshalb sind die Kinder, die gestern im Spiel ihren
Freund zutodegetreten haben, nur mittelmäßig verdutzt.

„Wir dachten ..." – – –

„Klick"

Machtfragen

– Wer möchte einen Ton machen? –

Es kommt sehr darauf an, an wen diese Frage gerichtet wird. Vorschulkinder zögern etwas. Ich vermute, ein geheimer Respekt oder eine Art von Ehrfurcht vor dem großen Instrument bringt sie dazu. Auch die meisten Erwachsenen sehen erstmal zur Seite, also weg von mir und dieser „irgendwie" sehr persönlich anmutenden Frage, und lassen den Blick auf der neutralen Sachlichkeit des Gongs ruhen. Irgendwann übertönt aber der Reiz, das Instrument auszuprobieren, das aufdringliche Gefühl, hier womöglich etwas falsch machen zu können. Jemand entschließt sich und nimmt den Schlägel in die Hand.

Heute handelt es sich um 10-12jährige Kinder verschiedenster Nationalitäten.

– Wer möchte einen Ton machen? –

Hier ist die Reaktion klar. Fast jede/r will das. Ich muß jemanden auswählen. Enttäuschtes „Gruppen-Stöhnen". Dieses Stöhnen ist keine gute Ausgangsbasis. Aber es besteht aus zwei zentralen Gegebenheiten. Erstens einfach aus enttäuschter Experimentierfreude. Zweitens kommt es aber so tief und überzeugend, daß es eine Geschichte haben muß. Ich vermute, die schmerzhafte Geschichte des schulischen „Nicht-Drankommens". Wie auch – bei den bestehenden Klassengrößen?

– Wie heißt Du? –, frage ich den Jungen.

„Petar".

Ich verstehe „Peter". Als ich den Namen wiederhole, guckt der Junge etwas widerwillig nickend zu Boden. Die anderen rufen: „Petaaar, heißt er!"

– Oh, das tut mir leid, Petar, da habe ich nicht gut zugehört, das ist natürlich wichtig, daß da ein „a" ist an dieser Stelle deines Namens. Ich heiße Walter. Ich will auch richtig bei meinem Namen genannt werden. Petar, du kannst jetzt einen Ton machen. Aber mache bitte nicht irgendeinen beliebigen Ton, sondern .... einen Petar-Ton. –

Er sieht mich erst etwas nachdenklich an, macht dann zwei wiegende Bewegungen mit dem Schlägel, sieht den Gong an und dann den losen Halbkreis der Mitschülerinnen und Mitschüler.

Dann ertönt ein sehr bemessener voller Ton. Er steht lange im Raum. Nach geraumer Zeit erhebt sich ungeduldiges Gemurmel.

– Pssst. Er klingt noch. ... Hebt ihr bitte die Hand, wenn ihr ihn nicht mehr hört!" –

Stille. – An den Außenflügeln des Halbkreises werden nach geraumer Zeit die ersten Hände sichtbar. Ich frage nach hinten in die Mitte:

– Hört ihr den Ton noch? –

Es ist gerade die Phase, in der man wirklich nicht sicher sein kann, ob der Gong noch klingt. Der Ton besitzt nur noch wenig Kraft. Nebengeräusche. Ich rufe jemand von ganz hinten her zum Instrument, um sich aus der Nähe zu überzeugen. Sie nähert sich seitlich mit dem Kopf und stößt einen Laut der Verwunderung aus: „Der ist noch ganz stark!" – Alle rücken neugierig vor. Jemand wird ganz nah zum Gong hingedrängelt. Der Ton bricht bei Berührung sofort ab.

– Habt ihr das gemerkt? Bei Berührung stirbt er. Kennt ihr so etwas auch? Er klingt nur, wenn man ihm Raum läßt. Dann entfaltet er seine Kraft und seinen Charakter. Wenn er bedrängt wird, sagt er gar nichts mehr. –

Ein paar Jahre später würden hier Themen wie „Zärtlichkeit", „Jungen und Mädchen", „cool sein" u.ä. geweckt oder auch Problematiken, wie Leistungs- anforderungen und Kreativität.

Jetzt erzählt uns ein Mädchen, wie es ihr geht, wenn die Verwandten kommen und sie „lauter so komische Sachen fragen", und außerdem soll sie dann immer was auf der Geige vorspielen.

Zwischen ein paar Jungen, die die Köpfe zusammenstecken, wird es inzwischen lebendig. Ich höre was von „mal voll reinhau'n!".

Wie würde dieses große Ding seinen Charakter enthüllen? Wie zeigt es sich, wenn man es angeht? Auch von den Erwachsenen oder von neuen Mitschülern wollen sie so etwas möglichst schnell wissen. – Jemand deutet pantomimisch eine Art Baseballschlag an. Man sieht das Interesse an der Auseinandersetzung mit großen Kräften. Bei den Jungen allerdings immer deutlicher als bei den Mädchen.

– Einen Augenblick noch. Ich muß noch etwas von Petar wissen. Petar, hat dir der Ton gefallen? –

Eine schwierige Frage. Er wägt ab und sagt dann nicht sehr entschieden: „Mmh – ja".

– Ich sehe Dir an, Petar, daß Du einen Ton wüßtest, der noch irgendwie besser ist. Stimmt das? –

Er zögert, schmunzelt dann, sieht mich an und sagt: „Richtig!".

– Willst Du ihn suchen gehen? –

Er nickt. Es ist immer noch etwas unruhig in der Klasse.

– Seht ihr, jetzt geschieht etwas Erstaunliches. Habt ihr das mitgekriegt? In Petar gibt es jetzt schon einen Ton, der ihm besser gefällt als der erste, obwohl wir noch nichts davon hören können. Er befindet sich irgendwo im Inneren von Petar. Und jetzt will er hier draußen bei uns einen Ton erzeugen, der möglichst genau so klingt wie der innere Ton.–

Skeptische Minen. Petar schaut zuversichtlich, geht noch etwas bewußter in Position, läßt den Schlägel ein- bis zweimal etwas vorschwingen, und setzt einen zweiten, noch etwas kräftigeren und volleren Ton. Er schmunzelt zu mir herüber, und ich weiß, daß er zufrieden ist.

Ich setze die Zeit, die die einzelnen brauchen, um solchen Dingen nachzugehen, eine gewisse Zeit lang gegen das Gruppeninteresse durch.

Dann verabschiede ich Petar und wähle ein Mädchen aus.

Sie nimmt den Schlägel in die rechte Hand und stellt sich rechts seitlich an den Gong. Der Schlag erfolgt also „Rückhand". Ein etwas kreischender Ton entsteht, der ihr sichtlich mißfällt. Sie steht unbeweglich da. Sie weiß nicht recht, was sie tun kann. Der Arm mit dem Schlägel hängt kraftlos herunter. Ich entschließe mich, den Ton durch die Berührung des Gongs mit beiden Händen zu löschen.

– Der Ton gefällt Dir nicht, oder? –

Fühle ich richtig, daß sie etwas „sauer" ist, weil ich sie in diese Situation gebracht habe? Aber immerhin hatte sie sich ja gemeldet.

– Ich weiß, warum er Dir nicht gefällt. Wie heißt Du? –
„Karin".

– Du hast ihn noch nicht für **Dich** gemacht, diesen Ton. Du hast gewissermaßen den erstbesten genommen. Aber du wirst noch einen besseren finden. –

Ich bitte um den Schlägel und lasse ihn in meiner rechten Hand in einer leichten kreisenden Bewegung immer wieder in beiden Richtungen entspannt um meinen Körper schwingen.

– Welche Richtung führt zu mir hin und welche Richtung führt von mir weg? –, frage ich alle.

Wir sind uns einig, daß die Bewegung nach vorne, die meinen Arm in der Endphase über die Brust kreuzen läßt „zu mir hin" führt, während die andere, die mich im Brustbereich öffnet, von mir weg geht.

– Welche Ohrfeige ist gemeiner –, frage ich die Klasse und deute einmal „Vorhand" und einmal „Rückhand" an. Wir halten fest, daß „Vorhand" wahrscheinlich ärger ist, aber „Rückhand" gemeiner, verächtlicher, erniedrigender.

Ich bitte Karin an die andere Seite des Gongs und schlage ihr vor, jetzt einen Karin-Ton zu machen. Ich behaupte, er sei schon ganz in der Nähe und wolle nur noch hergelockt werden.

Ein völlig anderer Ton entsteht. Voll und etwas hintergründig. Der Arm steht noch geraume Zeit achtsam mit dem Schlägel vor der Mitte des Gongs und sinkt dann mit einer sehr leicht wirkenden Bewegung nach unten in die Entspannung. Karin beschließt, ein Lächeln zeigen zu dürfen. Ich freue mich mit ihr. Sie wirft die absichtlich etwas zu langen Ponyhaare aus der Stirn und blickt mich offen und fast etwas herausfordernd an. Die Klasse hat, denke ich, verstanden, woher die große Veränderung gekommen ist.

Ich bitte Karin, den Schlägel an jemanden weiterzugeben, dem sie auch einen guten Ton zutraut.

Es kann sein, daß nun die Auseinandersetzung mit der Macht und Kraft des Gongs in den Vordergrund tritt, von der ich weiter oben ausführlicher geschrieben habe. Meist aber gewinnt das Interesse an Wohlklängen, was Lautstärke nicht ausschließt, die Oberhand.

Was sich in Schulklassen oft hartnäckig hält, sind Aufforderungen an die „Protagonisten", den Ton auf eine bestimmte Weise anzuschlagen. Eines der zentralen Themen.

– Wenn **ihr** bestimmen wollt, wie es klingen soll, wird es unmöglich ein Franziska- oder Kai-Ton. Das kann eben niemand so gut wie Franziska oder Kai. Das ist wie mit dem Denken. Sag mal jemandem, er solle so denken wie du, oder deinen Geschmack haben. Das geht schief. Es sei denn, du bedrohst ihn oder sie entsprechend. Aber auch dann **sagt** er oder sie höchstens, was du hören willst und denkt weiter seine eigenen Gedanken. –

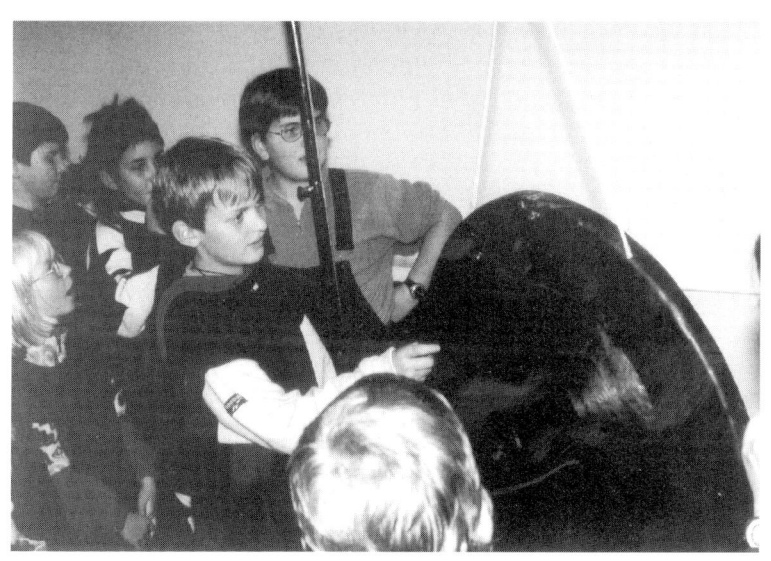

Wenn möglich, lasse ich die Klasse die Bedeutung des Wortes *Person* oder *persönlich* aus dem Lateinischen ableiten: *per-sonare*. Meist entsteht ein verwundertes Innehalten darüber, was so eine alltägliche Worthülse verbergen kann. Einer Klangbedeutung wird sichtbar, während wir vor dem großen Gong stehen. Das Gefühl, sich gegenüberzustehen verstärkt sich.

– Vielleicht klingt jede Person auf eine bestimmte Weise. So wie die Klangfiguren auf der Kelle, die ihr gesehen habt. Wir können ein Experiment machen, das es ermöglicht, das Klingen einer Person etwas zu belauschen. –

– Wer will? – Ich halte den Schlägel bereit.

Jetzt wollen nicht mehr so viele „sowieso". Es geht um etwas mehr als zuzuschlagen. Es geht um eine Erfahrung, eine Auseinandersetzung mit einer Situation.

– Wer kann gut schenken?

Gemurmel: „Was sagt er?"

– Wer kann gut schenken? Ihr habt richtig gehört. –

Wieder deuten verschiedene Finger auf einige bestimmte Kinder.

– Du zum Beispiel. Haben die anderen recht, wenn sie auf dich zeigen? – Sie wagt es, und sagt achselzuckend: „Hm".

– Wie heißt Du? – „Nicole".

– Wenn Du magst, Nicole, darfst Du einen Ton verschenken, an irgend jemanden aus der Klasse. –

Sie wählt eine Freundin aus.

– Jetzt kommt etwas Neues. Nicole macht jetzt keinen Nicole-Ton. Nicole macht jetzt einen Angy-Ton. Angy sucht sich einen Abstand hinter dem Gong und Nicole einen guten Platz vor dem Gong. –

Die Vorstellung, daß sich jemand so einfach hinter den Gong stellen soll, der gleich angeschlagen werden wird, interessiert die anderen. Gelegentlich wird auch hier noch einmal mit der Vorstellung gewitzelt, „voll drauf" zu hauen. Aber noch nie hat es jemand wirklich getan.

Nicole versucht jetzt den Ton zu finden, der bei Angy als Geschenk gut ankommt. Bei einem allzu fragenden Blick ergänze ich:

– Vielleicht willst Du eine Schleife draufmachen oder einen guten Geruch. Aber das weißt Du ja selbst am besten. –

Als sie mit dem Gesicht und dem Schlägel beginnt, sich von vorne behutsam der Mitte des Gongs zu nähern, bitte ich sie, mit Angy Blickkontakt zu halten, damit zwischen ihnen „der Faden nicht abreißt".

Ich habe schon viele „Paare" gesehen beim Töneschenken, und ich empfinde immer wieder Respekt vor dem, was da geschieht. Es gibt da sicherlich keinen endgültigen oder gar einzig „wahren" Ton zu einem Menschen hin. Aber es gibt gelungene Situationen und weniger gelingende. Es werden Worte gefunden für die Art und Weise der Töne, aber auch für die verschiedenen Empfindungen, die bei *Sendern* und *Empfängern* auftauchen.

Es wird in großer Empathie aufeinander eingegangen. Es entsteht Intimität. Es geschieht wirklich der Versuch, das Du zu spüren und in die Sprachmöglichkeit des großen Gongs zu übersetzen. Es ist wirkliche Achtsamkeit, die da agiert. Auch zwischen Mädchen und Jungen und manchmal zwischen Schülern und Lehrern. Sprech-Sprache wäre eher peinlich. Die Gong-Sprache stellt sich als eine allen zugängliche Kunstsprache heraus. Sie macht es möglich, Dinge zu kommunizieren, die sonst nur sehr umständlich oder gar nicht ausgedrückt werden.

Es gibt noch viele Dinge, die am Gong geschehen können.

Wer – z.B. auch gruppenweise – in den Gong hineinschreit, bekommt den Schrei vom Gong in der ausgesandten Charakteristik zurückgespiegelt.

Wenn wir uns mit der Hand nahe an den schwingenden Gong heranbegeben, spüren wir verschieden schwingende Felder. Kinder sprechen auch von unterschiedlichen Temperaturerfahrungen.

Er kann uns dazu inspirieren, die verschiedensten Körpergeräusche zu erzeugen, und uns gegenseitig beim Singen mit den Ohren am Rücken nach starken und schwachen Klangfeldern zu untersuchen.

Wir beschäftigen uns mit der Problematik akustischen Mülls genauso wie mit der Möglichkeit, unser Hören zu verbessern, differenzierter hören zu lernen. Laut entsprechenden Umfragen sollen die allermeisten von uns bereits jetzt mehr Automarken kennen als Vogelstimmen.

Der Gong ist auch Anlaß, um jeweils altersgemäß über den Raumcharakter von Klang zu sprechen, der ebenfalls ein sozialer Charakter ist. Ein Klang erreicht in einem gewissen Umkreis alle und alles. Er ist nicht geheimzuhalten oder abdeckbar wie etwa ein Bild. Er durchdringt Türen und Wände. Er ist Schwingung. Schwingung von Luft, von Material, von menschlichen oder tierischen Trommelfellen. Er ist reine Bewegung, er existiert nur, wo Materie ist, ist aber selbst nicht Materie. Er kann zu einem Rätsel werden.

Besitzen die einzelnen gleichmäßigen Luftschübe (Schwingungen) eines Klanges großen Abstand, so hören wir Metrum und Rhythmus. Dies z.B. im Ticken einer Uhr, dem Geräusch eines Schlagzeuges oder auch einer Stanzmaschine. Bereits die Folge der Einzelexplosionen im Kolben eines Motorrades vermögen wir bei langsamen Geschwindigkeiten schwer, bei höheren gar nicht mehr zu unterscheiden. Wir hören dann ein Geräusch in einer bestimmten Tonhöhe, die sich mit der Geschwindigkeit des Fahrzeuges ändert. So auch z.B. beim Hören der

Flügelschläge einer Mücke oder einer Biene. Wir sprechen dann von einem Ton und gebrauchen Worte wie *summen*.

Werden die Schwingungen extrem schnell, wie z.b. bei einer Hundepfeife, so verlieren sich die erklingenden Töne aus unserem Hörbereich. Noch schnellere Wellen, wie z.b. Licht-, Mikro- oder Radiowellen, rechnen wir nicht mehr zum Bereich Geräusch oder Klang. Wodurch genau aber sind sie qualitativ etwas anderes als die Tonschwingungen? Könnte es sein, daß wir eben für verschiedene Geschwindigkeiten von Schwingungen einfach verschiedene und mehr oder weniger entwickelte Wahrnehmungsorgane besitzen? Die Ätherwellen würden dann einfach durch das Radio in für uns hörbare Schwingungsgeschwindigkeiten „herunt 	erdividiert".

Das Licht und die Farben bestehen aus Schwingungen, die recht genau 1 Billion mal schneller erfolgen als die unserer Töne, berichtet uns die Physik. Gelegentlich wird aus dieser Beobachtung heraus sogar der Begriff einer *Lichtoktave* benutzt.

Der oberste Bereich der Lichtschwingungen, kurz bevor auch unsere Wahrnehmungsfähigkeit für Farben wieder endet, schwingt recht genau doppelt so schnell wie die Farben im unteren Grenzbereich, bei dem wir gerade beginnen, Farbe zu erkennen. Auch im Tonbereich ist der Tonintervall einer Oktave gekennzeichnet durch die Tatsache, daß der obere Ton genau doppelt so schnell schwingt wie der untere. Der Ton a hat z.B. 44o Hz (Schwingungen in der Sekunde), und der Ton à 880 Hz.

Wenn wir uns noch ein weiteres Mal bei der Physik kundig machen, erfahren wir von rhythmisch harmonikalen Schwingungsvorgängen in subatomaren Kleinstbereichen. Und der Jazz-Musiker J.E. Berendt benennt über viele hundert Seiten Beispiele für Dinge in der Welt, die offensichtlich analogen Gesetzmäßigkeiten unterworfen sind, wie die Musik und ihre Instrumente. „Die Welt ist Klang" ist einer seiner Buchtitel.[95]

---

[95] Berendt 1983

Wenn wir Rhythmus schlechthin als die regelmäßige
Wiederkehr des immer Ähnlichen fassen wollen, so können
wir in Richtung größer werdender Abstände auch eine
Reihung vornehmen:
zum Beispiel: Herzschläge, Atemzüge und Schlaf und
Wachrhythmen, der Wechsel von Tag und Nacht,
Jahreszeiten mit ihren wiederkehrenden Festen, bis hin zu
noch viel großräumigeren Rhythmen z.B. in Planeten-
bewegungen.
Daneben gibt es (noch) Maikäferjahre und Kakteenarten,
die nur alle 20 Jahre blühen ...

Häufig fragen mich Lehrkräfte am Ende des Besuchs, was
denn so ein Gong kostet. Leider weiß ich selten, wie die
Resonanz der Schulverwaltung aussieht. Die
Computerausstattung will auch bezahlt sein.

Immer wieder sind die Situationen am Gong ein Einstieg
zu weiterführenden Fragen des richtigen Krafteinsatzes
und der Auswirkungen verschiedener innerer
Einstellungen bei unterschiedlichen Tätigkeiten. Beim
Musizieren wie beim Umgang mit Werkzeug, beim Raufen
wie etwa beim Halten einer Hand am Krankenbett. Immer
gibt es das Geheimnis der „guten" oder „richtigen" Kraft,
die nicht leicht vorschreibbar ist, die wir aber bei uns und
anderen locken, erfahren und üben können.

Einer der Orte, an denen das deutlich werden kann, ist
der Gong. Im nächsten Kapitel ist es der Fußtastpfad.

Über die Erden muaßt barfuß gehn.
Ziag d'Schuach aus, die machen die blind!
Dann kannst den Weg mit die Zechn sehn,
des Wasser, den Wind ...

Sollst mit di Sohln auf d'Staner steign,
mit der nackerten Haut.
Wird dir die Erden a bald zeign,
daß s' dir vertraut.

Gspür des nasse Gras auf die Füaß,
gspür, wie trocken is der Staub.
Gspür, wie dich streichelt das Moos so süaß,
gspür, wie's knistert im Laub.

In 'n Bach muaßt einesteign,
durchs Wasser muaßt auffegehn,
untern Wasserfall muaßt die stelln mit 'm Gsicht
in die Höh,
mit der Wangen auf d'Erd in die Sunn die legn.

Lieg ganz still, riach die Erden und gspür,
wie aufsteigt aus ihr a riesige Ruah.
Und dann is die Erden ganz nah bei dir
und du waßt, du ghörst zu allem dazua.

Martin Auer

Das Umarmen von Bäumen bliebe bloß
sentimental und äußerlich, geschähe
dabei nicht zugleich etwas
Schmerzliches.

G. Selle[96]

Über die Erdn muaßt barfuß gehen

Verschiedene Materialien sind nacheinander als Parcours
auf dem Boden angeordnet. Stroh, ein Abstreifermaterial
mit sehr harten Borsten, Verpackungsmaterial aus
Kunststoff, eine Glasplatte, Teppichboden, dünne
Stöckchen, Hartgeld, Quarzsand, ein feuchter Lappen,
Hydrokulturkörner, Äste ab ca. 8 cm Durchmesser, ein
Hartgummirelief, Kies, Watte ....

Was naheliegt: barfuß über die Materialien zu gehen und
aufmerksamer zu sein als sonst. Selbstbeobachtung und
Fremdbeobachtung: Wie nähert man und frau sich nach
einem ersten Moment des Prüfens dem jeweiligen
Untergrund? Wie setzen wir unseren Fuß, und damit
unser Gewicht auf? Wie lange verweilen wir jeweils?
Staksen wir, wühlen wir, stelzen oder schleichen wir? Was
sagen begleitend die Gesichter dazu aus?

Setzt man sich gesammelt, versuchend und tastend
mit diesem Gelände auseinander, so verschwindet
allmählich alles Gewohnheitsmäßige, alles Starre
und Festgelegte aus dem Gehen, es beginnt etwas
von dem, was das Ziel aller Bewegungsbildung sein
sollte: Jeder Schritt wird in Anpassung an die
Eigenheiten des Bodens neu gefunden, jeder
Berührungsreiz gibt neue Bewegungsimpulse. Es
entsteht eine Fülle verschiedenartiger Gehformen;
und bei einem Gang, der an solches gesammelte

---

[96]   Selle 1988, S. 283

Üben anschließt, wird man finden, daß man eine
neue, erdverbundenere, kraft- und schwungvollere
Art des Gehens gefunden hat.[97]

Sehr stark verändert sich die Intensität der Wahrnehmung, wenn wir die Augen schließen. Wir können uns z.B.
auch Assoziationsketten hingeben. Ein Partner kann diese
evtl. sogar notieren. Später wundert sich nicht selten
jemand darüber, was sie oder er alles gesagt haben soll ...

Eine besondere Situation im Sinne des vorangegangenen
Kapitels entsteht, wenn wir uns gegenseitig über diesen
ständig sich verändernden Weg führen. Leicht an den
Händen gefaßt, den Ellenbogen behutsam unterstützend,
sich fest einhängend, oder den Arm um Hüften, Oberarme
oder Schultern gelegt.

Eine Aufgabe von großer Feinfühligkeit entsteht da.

Von den Begleitern fordert das die gleiche sinnliche
Aufgeschlossenheit wie von den Begleiteten. In welchem
Maß muß ich Halt geben, in welchem Maß Raum lassen?
Ein ständiges Abwägen. Eine ständige, den ganzen Körper
erfassende Fragehaltung. Sehr viele Besucher sind eine
solche Situation kaum gewöhnt. Häufig ist zu sehen, daß
nach einem ersten Moment der Aufmerksamkeit die
Wahrnehmung einfach abschweift, bis der Partner
ernsthaft stolpert und damit oft deutlich an Mut und
Vertrauen verliert.

Oft sehen wir auch ein beengendes Festhalten. Eine Art
Überverantwortung, die gelegentlich auch schon den
Geschmack der Dominanz entstehen läßt. Immer wieder
werden auch – dazu in meist zu schneller Reihenfolge –
Aufgaben gestellt. „Schau, du mußt ....".

Wie aber sieht ein der Situation und dem Partner
dienliches Führen aus?[98]

---

[97]   Jacobs 1983, S. 161

Bei mir ist für diese Aufgabe des gegenseitigen Führens über den Fußtastpfad der Ausdruck „Schutzengel" entstanden. Eine solche Haltung erzeugt eine hohe Bereitschaftsspannung bei nur einem Mindestmaß an tatsächlichem Eingreifen. Nicht selten wirkt, wer so beteiligt ist, ganz anmutig und fast tänzerisch.

Rhythmisch fließende und naturhaft belebte Bewegung ist nur möglich, wenn der Mensch im Gleichgewicht zwischen Rezeptivität und Aktivität, Empfänglichkeit und Willensspannung ist. Jede einseitige Willensspannung bei herabgesetzter Empfänglichkeit äußert sich in Störungen des Bewegungsablaufs, in Unstetigkeiten, Ungenauigkeiten, in Rhythmusstörungen sowie in Schlaffheiten und Verspannungen, die einander bedingen und verstärken.[99]

In unserem Beispiel überträgt sich all dies direkt auf die Bewegungs- und Erlebenscharakteristik derer, die mit geschlossenen Augen über den Parcours geführt werden.

Wie am Gong die Voraussetzung für die Charakteristik eines Tons in Form einer bestimmten Ein-Stellung gesucht wird, entsteht hier die Haltung des *Schutzengels*. Man müßte eine sehr breite Skala benutzen, um die Unterschiedlichkeit der Befähigung zu einer solchen Einstellung bei verschiedensten Personen festzuhalten. Zu weit entfernt ist für viele der Umgang z.B. mit sehbehinderten oder blinden Menschen oder ein verantwortlicher körperlicher Umgang mit der Bewegungserfahrung von Kindern. Ein erster Zugang entsteht manchmal im Kontakt mit Tieren oder beim Geben von Hilfestellungen beim Turnen.

---

[98]   Eine besonders in Deutschland immer noch zu verdauende, auch und gerade die Pädagogik immer wieder zu Stellungnahmen zwingende, und alles andere als gelöste Fragestellung. Hier steht sie körperlich und lebendig vor uns.

[99]   ebd. S. 155

Der Begriff der „guten" Spannung, der *Eutonie*[100] ist längst
geprägt. Am differenziertesten ist er in der Heilpädagogik
entwickelt. Den verschiedenen Impulsierungen des
Muskelsystems wurde dort viel Aufmerksamkeit
geschenkt. Die Zusammenarbeit von Muskelfasern und
Muskelspindeln wurde genau beobachtet.

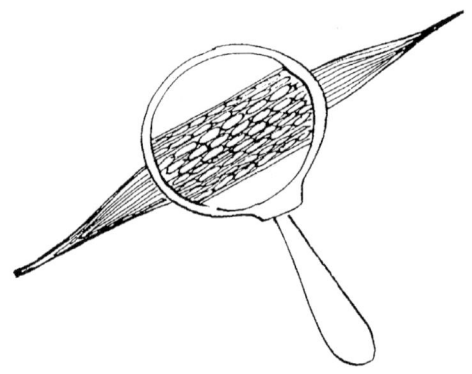

Die Muskelfasern als das gröbere System, gehorchen dem
Wollen des Großhirns, also der bewußten Absicht. Die
Muskelspindeln, die in der einzelnen Muskelfaser
aneinandergereiht sind, werden jedoch vegetativ gesteuert
und sind deshalb nur vermittelt beeinflußbar. So etwa
durch Bilder, Stimmungen und Einstellungen. Von
deutlicher Unterspannung bis in unangemessene
Überspannung hinein wird unser Muskelkostüm durch
nuancenreich schattierte Einflußgrößen ständig verändert
und von Handlung zu Handlung und von Einstellung zu
Einstellung neu geprägt.

Dabei ist das Gesamte der vermittelnden *Innenbewegung*
in dieser sehr kurzen Betrachtung noch gar nicht
berücksichtigt.

> *Unter Innenbewegung verstehen wir die Gesamtheit*
> *der innerleiblichen Lebensvorgänge, die mit der*

---

[100] vgl.: V. Glaser 1980 und Alexander 1964

*Bewegung zusammenhängen und auf sie wirken,
insbesondere Atmung und Säfteströmung als die
beiden Organtätigkeiten, die der Bewegung am
nächsten verwandt sind; darüber hinaus aber auch
die Lebenstätigkeit der Gewebe, ihre Durchblutung,
ihre Entschlackung, ihre Gaswechsel usw.*[101]

Es kann hier auf diese Gesamtsituation nicht tiefer
eingegangen werden. Deutlich wird aber, wenn wir die
Skizze unten betrachten, wie sehr wir als Mensch in und
mit Bewegung und damit letztlich auch immer in und mit
Muskeltätigkeit leben. Wenn es richtig ist, daß Tätigkeiten
Einstellungen locken können, haben wir über handelndes
Tun in bestimmten Kontexten ein komplexes Einfluß-
ganzes auf den Menschen. Jedoch:

*Die innern Lebensvorgänge lassen sich locken,
überreden, lenken, aber sie lassen sich nicht
zwingen.*[102]

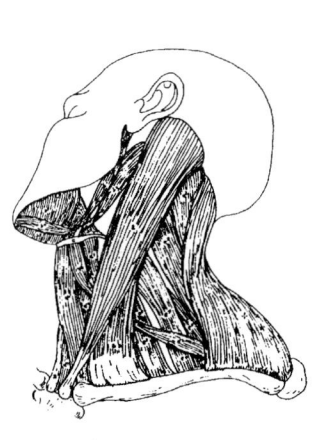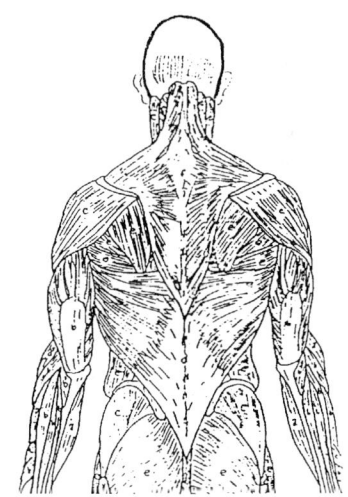

Aus: Kapit/Elson: Anatomie-Malatlas

---

[101] ebd. S. 62
[102] ebd. S. 81

Experiment:

Sie können den folgenden Versuch machen. Packen Sie ein Paket mit 8-10 kg Gewicht und begeben Sie sich mit je unterschiedlicher Einstellung in zwei Situationen, in denen Sie jemandem mit ausgestreckten Armen dieses Paket entgegenhalten.

1. Einstellung:

Sie stellen sich vor, daß das eine ganz schön ärgerliche Situation sei. Das Gegenüber droht, Sie mit dem Gewicht stehen zu lassen. Sie schämen sich und ärgern sich über diese Person. Sie lehnen diese ganze Angelegenheit ab, harren aber in der Position aus.

2. Einstellung:

Sie stellen sich vor (natürlich werden Sie nur ein entsprechendes Ergebnis haben, wenn Sie an diese Vorstellung wirklich glauben und sie entsprechend fühlen), Sie halten jemandem voller Freude, daß es endlich so weit ist, ihr Geschenk entgegen. Sie geben es aber noch nicht aus der Hand, denn Sie möchten dringend noch ein paar Dinge sagen. Es ist als Dankeschön gedacht und soll Ihre Zuneigung ausdrücken. Sie glauben auch, daß Sie das genau Richtige getroffen haben. Er oder sie wird staunen und sich sicher sehr freuen ...

Vergleichen Sie das subjektive Empfinden des Gewichts bei diesen beiden Situationen und bedenken Sie, daß in der zweiten Situation sogar schon die Beanspruchung aus der vorausgegangenen ersten eine Rolle spielt.

Krankenpfleger und Zivildienstleistende bestätigen mir den großen Unterschied, der sich in der subjektiven Wahrnehmung bei verschiedenen Patienten annähernd gleichen Körpergewichtes, z. B. beim Heben vom Auto in den Rollstuhl, ergibt. Sympathie mindert das Gewicht. „Dienst nach Vorschrift" erhöht es.

Zwei Erscheinungen treten da in ganz enger Verbindung auf, die man in Deutschland aus guten Gründen nicht mehr in allzu engem Bezug antreffen möchte: Nämlich Kraft und Freude. Zu gegenwärtig ist noch das *Kraft durch Freude* des Nationalsozialismus.

Aber die enge Verbindung von Einstellungen, Gefühlen und Gestimmtheiten zu Veränderungen von Krafteinsatz und Qualität in Bewegungen ist nun offensichtlich genau das, was uns in diesen Experimenten – und selbstverständlich bei entsprechender Aufmerksamkeit auch im Alltag – begegnet. Dies besonders auch in gegenteiliger Ausprägung – und hier nicht weniger vertraut – als „Mühe durch schlechte Laune".

Ich will diesen Gesamtkomplex von Einstellungen, verschiedenen Innenbewegungen und besonders den Muskeltonusgeschehnissen im nächsten Kapitel noch einmal in einem Kontext beobachten, der uns nicht eben wenig zu schaffen macht: der bereits berührten Problematik eines anwachsenden Milieus von Gewalttätigkeit in der Gesellschaft.

Von dem angemessenen Tonus am Gong über die Schutzengelsituation und dem Umgang mit Gewicht also nun zum Umgang mit der eigenen Kraft und Bewegungsfreude sowie der Lust, irgend etwas zu verursachen.

> Leiblichkeit ist die Voraussetzung von Erfahrung. Erfahrung ist die Bedingung für die Entwicklung des Selbst. Das Selbst ist das, was auch Seele hieß: das Herzstück meines lebendigen Beziehungsgeflechts. (...) Der Verlust der Leiblichkeit führt zum Verlust der Erfahrung. Der Verlust der Erfahrung bedeutet Verlust des Selbst. Der Verlust des Selbst führt zu Herzlosigkeit.
>
> J. Fellsches[103]

---

[103] in: Zacharias (Hrsg.) 1994, S. 115

Die Trägheit ist die größte Kraft,
die wir kennen.

P. Brook

In einem schwankenden Schiff
fällt um, wer stillsteht, nicht wer
sich bewegt.

L. Börne

Du aber sammle unerschlafft im
kleinsten Punkt die größte Kraft.

F.v. Schiller

Wie das Instrument gestimmt
ist, so klingt es.

D. Jacobs

Grenzen müssen sein, damit die
Energie nicht verpufft, aber sie
müssen elastisch federn.

V. Glaser

Wahrnehmung und Bewegung

Was ist eine Bewegung?

Eine erste Beobachtung zeigt uns ein körperliches Von-da-nach-da. Was sich unserem ersten Zusehen entzieht, ist die gesamte Organisiertheit, die die Bewegung aus dem Inneren von Geist und Körper heraus möglich macht und trägt.

Es sieht aus, als ob der Mensch seine Bewegung **mache**. Genauere Beobachtungen von Bewegungsphänomenen beim Menschen ergeben jedoch, daß jede Willensbewegung getragen wird von einer Fülle unwillkürlicher Reflexe. So z.B. Berührungs-, Greif- und Gleichgewichtsreflexe, Mitbewegungen usw. Diese Reflexe sind eingebettet in das komplexe Milieu von dem, was Dore Jacobs *Innenbewegung* nennt (s. S. 230f.).

Der überwiegende Teil des gesamten Bewegungsgeschehens ist also unserer Willkür entzogen. Eine Tatsache, der im Verständnis von Bewegung viel zu wenig Bedeutung beigemessen wird.

> *Diese Vernachlässigung ist gewiß kein Zufall. Im Zeitalter der imponierenden Großhirnleistung, der Naturwissenschaft, der Technik, der Maschinen, der Statistik, der Berechnung aller Lebensdinge liegt es nahe, die animalen Leistungen, mit denen der Mensch – scheinbar! – sich zum Herren der Natur gemacht hat, zu überschätzen und ihre vegetativen Quellen zu übersehen.*[104]

Weitere wichtige Einflußgrößen auf Bewegungsabläufe und Bewegungserleben ist der Grad und die Art und Weise der Bezogenheit auf die Umgebung und den Anlaß der Bewegung. Deshalb:

> *Sich bewegen können, heißt reagieren können*[105]

Nicht etwa in erster Linie **agieren!**

> *Die Qualität der Bewegung* hängt *vom Aufnehmen und Verarbeiten sensibler Reize* ab.[106]

Auch hier ist das bereits zitierte *Gleichgewicht zwischen Rezeptivität und Aktivität, Empfänglichkeit und Willensspannung* ausschlaggebend.

---

[104] Jacobs 1983, S. 126
[105] ebd. S. 157
[106] ebd. S. 156

Die Bewegung umfaßt also immer ein komplexes Ganzes von bewußtem Wollen, Innenbewegung und Umweltbezug, welche sich im Vollzug der Bewegung gegenseitig prozessual in komplexer Weise bedingen und ergänzen.

So wird Bewegung als etwas deutlich, das mit einem mechanischen „Von-da-nach-da" in keiner Weise erfaßbar ist. Bewegung beinhaltet vielmehr immer einen großen Anteil dessen, was wir Improvisation nennen (improvisio / lat.: unvorhergesehen).

Drei Aspekte des Bewegungsgeschehens sollen im weiteren z.B. für den Entwurf von Bewegungsangeboten mit Kindern und Jugendlichen besonders berücksichtigt werden.

1. Die bereits vor einer Bewegung angebahnte Arbeitsbereitschaft der Muskeln, prägt entscheidend Ausdruck, Fähigkeit und Gestalt von Bewegungen.

2. Das tonus**regulierende** Zentrum gehört dem vegetativen, unserer Willkür entzogenen System an. Dieser Umstand war z.B. ausschlaggebend für die unter- schiedlichen Voraussetzungen bei dem Versuch mit dem Halten des Gewichts bei ausgestreckten Armen.

3. Die Tatsache, daß wir uns bei der Betrachtung fremder, oder auch dem Erleben eigener Bewegung nahezu ausschließlich mit der Organisation beschäftigen, welche die Bewegung von da nach da „abschickt", aber kaum mit der so entscheidenden Befähigung, Bewegungen angemessen und präzise auf ein Ziel hin zu einem Ende zu führen.

Ja, die Fähigkeit, Bewegung gekonnt zu vollziehen, besteht geradezu im Einbinden, also im **Ausklang** des Bewegungsgeschehens. Nicht etwa die Fähigkeit, Bewegungen „loszuschicken" fehlt z.B. im eindrücklichen Beispiel dem Betrunkenen, sondern die Fähigkeit, sie willentlich angemessen zu Ende zu führen, störende Reflexe zu entkräften und das Bewegungsziel zu erreichen.

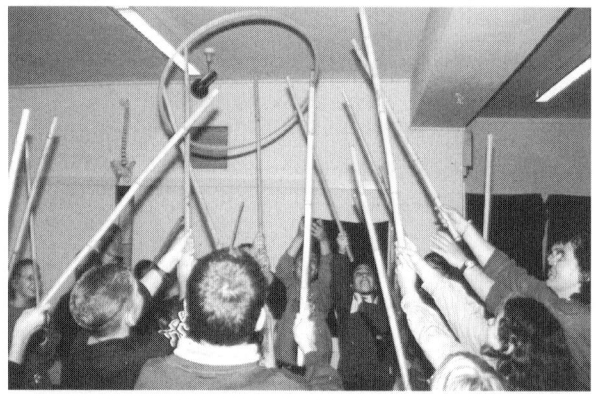

Herrschaft über die Bewegung wird nicht durch Tun gewonnen, sondern durch Unterlassen,[107]

formuliert deshalb Dore Jacobs.

Bezeichnend ist, daß in der Großhirnrinde, dem Organ des Bewußtseins und der Willenstätigkeit, nicht die Reflexzentren liegen, sondern die Zentren für die Hemmung der Reflexe.[108]

Deshalb wird z.b. bei einer Prügelei im Schulhof von entscheidender Bedeutung sein, mit welchem vegetativen Grundtonus, mit welchem Geschick und mit welchen Einstellungen und Werthaltungen der Organismus einer solchen Situation begegnet, und jemand dann die Hand oder den Fuß steuert.[109]

Die Ebene der wahrnehmenden, konstruktiven Auseinandersetzung zwischen verantwortlicher Bewegungsfreude und Aggressivität, ist im Mobilen Erfahrungsfeld die *Bambus-Arena*, bei der jede/r der Teilnehmerinnen und Teilnehmer in verschiedenster Weise mit 1-1,20 m langen Bambusstäben agiert. Behutsam und energisch, präzise und spielerisch, kraftvoll, aber verantwortlich.

Pate steht bei diesem Versuch die Einsicht, daß wir uns bei zunehmender Bewegungsarmut und wachsenden Gewaltphantasien nicht auf verbale Moral und Androhung von Strafen verlassen können. Wir vermögen überschießende Bewegungsdynamik auf Dauer nicht einfach abzuwürgen und stillzulegen. Das steigert sie letztlich nur.

Wir arbeiten in der Regel nur an den beiden Alternativen:

---

[107]   ebd. S. 118

[108]   ebd.

[109]   Wie nebenbei haben wir hier ein Beispiel dafür, wie eng und untrennbar verbunden die vielzitierten Drei, nämlich Körper, Geist und Seele, im Erleben von Situationen zusammenwirken.

Leistung, Rekorde, Ausagieren und kämpferischer Mannschaftssport einerseits, und Beherrschung, Sanftmut, Friedfertigkeit und Entspannung andererseits.

Wir müssen Kinder und Jugendliche aber auch „höchstpersönlich" – und das heißt hier: körperlich, in die lebendige Auseinandersetzung mit der Bewältigung von Bewegungsenergien und -Potentialen begleiten.

Aus dem kurzen Versuch über das Wesen von Bewegung geht hervor, daß es besonders zwei Bereiche gibt, an denen wir arbeiten können:

A. Die Qualität der Gesamtbewegung

Hier ist entscheidend, daß Übungen und Spiele durch das Locken sachgemäßer Ein-stellungen und Haltungen die ganze Persönlichkeit der Akteure berühren können.

B. Die Fähigkeit der angemessenen Einbindung von Bewegung

Hier gilt der Arbeitsgrundsatz:

Es kann jeweils soviel Bewegung gelockt und befreit werden, wie seitens der PädagogInnen und vor allem seitens der TeilnehmerInnen die Fähigkeit besteht, diese Bewegungspotentiale verantwortlich zu handhaben.

Die spielerischen Übungen, die hier geeignet sind, erfüllen im weiteren die Bedingung, daß der Organismus sich nur dann wach und angeregt verhält, wenn „es um etwas geht".

„Gehen" tut es hier z.B. um zwei Dinge:

Die Freude an den Bewegungen **und** die „kleine Gefahr", d.h., die generelle Möglichkeit, jemanden zu verletzen, ist grundsätzlich immer anwesend, aber bisher nie eingetroffen.

Da die Auseinandersetzung mit den Bambusstäben sehr

verschieden stattfindet, hier eine Reihe von Übungen, die jeweils situationsgemäß sinnvoll sein können.

Vorausgeschickt sei, daß diese Arbeit einen deutlichen formalen Rahmen benötigt. Zum Beispiel ein markiertes Feld, in das wir bewußt eintreten, und das wir bewußt wieder verlassen, ein einzelnes Überreichen und Entgegennehmen je eines Stabes, evtl. mit Nennen des Namens, ein akustisches Signal, um Beginn und Ende von Übungen zu markieren. Eine kleine nickende Verbeugung zum Einstieg in jede Partnerübung, eine zweite, um zu wissen, daß die Übung nun beendet ist. All diese Dinge fördern ein Milieu von Form, und im weiteren Sinne auch von Konzentration und Bewegungsform im bewußten verantwortlichen Handeln.

Je nach zeitlichem Rahmen kann ein Hinweis auf den Bambus als Pflanze sinnvoll sein. Sein erstaunlich schnelles Wachstum, seine Verwendung bei 40 m hohen Baugerüsten ohne jegliche Metallverbindungen, seine vielseitige Benutzung für Schmuck, Möbel und Musikinstrumente, als Nahrungsmittel usw.

Das Wissen um Herkunft und Geschichte eines Gegenstandes erzeugt, indem es einen bildhaften assoziativen Horizont aufbaut, einen zusätzlichen Bedeutungsraum und hilft damit, die Aufmerksamkeit zu erhöhen.

Übung 1

Bereitschaft und Geschmeidigkeit der Bewegung

Jede/r hält ihren/seinen Stab mit den Handflächen an den Enden bedeckt, die ganze Gruppe bewegt sich kreuz und quer durch den Raum. Aufgabe ist es, geschmeidig auszuweichen ohne anzuhalten, und niemanden zu berühren. Schon bei langsamer Steigerung der Geschwindigkeit wächst merklich der Bereitschaftstonus.

Die Übung eignet sich sehr gut für den Anfang, da sie Sicherheit und Bewegungseinstimmung verbindet, und deutlich zeigt, wer Interesse am Experimentieren mitbringt und wer eher nicht, bzw., wer dieser Situation eher mutig oder eher ängstlich begegnet. Letztere sind bald am Rand zu finden, erstere drängen in die Raummitte.

Bald kann die eine Hand zur Mitte des Stabes wandern, so daß ein Ende ungeschützt ist, und das andere geschützt. Die Gehgeschwindigkeit sinkt. Die Achtsamkeit muß sich steigern.

Mit der Zeit können wir die Hand noch vom geschützten Ende lösen, haben nun erstmals den Stab mit freien Enden in der Hand und müssen nochmals langsamer werden. Das Greifen der Hand wird lockerer und eine ganz achtsame taktile Einstellung verbreitet sich. Meist entsteht ohne Vereinbarung eine leise und federnde Art des Gehens.

Auch die Augen sind während der drei Phasen deutlich wacher geworden, die Schritte leiser und federnder.

Übung 2

Himmel und Erde

Balance auf der Hand, auf einem Finger, auf Arm, Nase, Schulter, Knie (je nach Interesse und Geübtheit).

Kleine Stabwürfe in die Luft mit erneutem Auffangen (später auch bei geschlossenen Augen), oder auch kleine Stabsprünge auf der Handfläche.

Je mehr die Senkrechte erspürt werden kann, und die Hand dieser nach oben zu folgen vermag, um so gerader wird der Stab senkrecht in der Luft „stehen" können.

Schrittweise Steigerung der Flughöhe.

Übung 3

Schwebende Stäbe

Diese Übung hieß vorher „Fliegende Stäbe", bis deutlich wurde, daß „Schwebende Stäbe" achtsamer geworfen werden.

Jetzt ist die Senkrechte der Stäbe genügend erfaßt, um es zwei Partnern zu ermöglichen, sich die Stöcke zuzuwerfen. Evtl. erst im Wechsel der beiden Hände **einer** Person. Dann wechseln die zwei Stäbe aneinander vorbei in senkrechter Position die Partner. In der Kontinuität entsteht schnell ein Rhythmus, die Partner kommen meist aus den Knien heraus in ein leichtes vertikales Schwingen.

Der Abstand zwischen den Partnern kann jetzt variiert werden.

Wenn die Gruppe dazu in der Lage ist, kann nun ein Durcheinandergehen folgen, und durch Blickkontakt mit

ständig wechselnden Partnern die Vereinbarung des
gegenseitigen Zuwerfens enstehen.

Die Übung verbindet Laune, Rundumbereitschaft und
Präzision.

Übung 4

Nähe

Zwei Partner, einander gegenüberstehend. Je 1 Stab
(evtl. in einem kleinen begrenzten Feld, z.B. einer Anzahl
von vereinbarten Bodenfliesen oder einem Holzreifen).

Der Stab wird mit einer Hand in der Mitte gefaßt.
Wiederholung der permanenten Bewegung in der Luft,
jetzt mit dem Ziel, den Stab ganz nah an Körper und Stab
des Partners entlangzuführen, aber diese nie zu berühren.

Übung 5

Aufgrund der vorangegangenen Prozesse wird folgende
Partnerübung möglich. Die Übung heißt:

Das Zeichen ist uns bereits begegnet. Es steht hier für
etwas nicht Stattfindendes.

Es ist hilfreich, das Zeichen bildhaft einzuführen.

Die beiden Partner stehen sich gegenüber. Beide Partner
tippen erst seitlich außen mit dem Stab leicht den Boden
an, und führen ihn dann im Bild sich kreuzender Klingen
in Richtung auf den Stab des Partners zu, um die
Bewegung aber möglichst knapp vor der Berührung
anzuhalten. Die überkreuzte Position wird einen
Augenblick mit ruhig gehaltenem Stab aufrechterhalten
und dann bewußt und gemeinsam aufgelöst.

Die Absprache zum erneuten Ausholen über das Antippen des Bodens und die Synchronisierung der Bewegungsabläufe erfolgt rein körperlich. Der Vorgang wird viele Male wiederholt. Die Bewegungen werden geübter, rhythmischer und präziser, die Stababstände werden in der kreuzenden Position immer kleiner.

Variationen können entstehen:
Vorhand, Rückhand, verschiedene Rhythmen und Dynamiken, Körperdrehungen usw. vor dem dann folgenden entscheidenden ⚡.

Diese Übung zeigt sehr präzise das Zentrum der Bewegungsaufgabe: Das angemessene Beherrschen einer bei den meisten Teilnehmern mit der Zeit anwachsenden Dynamik des Ausholens.

Das manchmal trotzdem zu hörende Klacken der Stäbe „verrät" sich dem ganzen Raum. Gerade Jugendliche sind, wenn sie an solchen Experimenten teilnehmen, sehr

interessiert, „so etwas" zu beherrschen. Eine Art
Sportsgeist entsteht: „Wieviel Dynamik können wir
entfachen, ohne daß die Stäbe sich berühren?"

Allein diese wenigen Übungen sind vielfach anwendbar
und neue können ständig gefunden werden.
Wenn diese Übungen in der Zeit nach dem Besuch des
Erfahrungsfeldes weiterentwickelt werden, so sollten sie
der Klarheit wegen immer einen Namen erhalten, über
den man sich klar verständigen kann.

Übrigens:

Mit präzisen Stabführungen können auch Texte räumlich
und rhythmisch gestaltet werden. Es können
Tanzformen, Revuen, Märsche, Zirkuskünste usw.
entwickelt werden.

In allen diesen Gestaltungsformen kann an
Bewegungsqualitäten gearbeitet und der überwiegend
sitzenden Lernkultur der Schule, aber auch der Kampf-
und Konkurrenzkultur der meisten Sportarten ergänzend
ein wichtiges Element an die Seite gestellt werden.

Wir dürfen uns keine Automatismen vorstellen, aber wer
mit Selbstverständlichkeit solche Übungen praktiziert,
hat es kaum nötig, Mitschüler zu verprügeln, weil er
nicht weiß, wohin mit seinen überschäumenden und ihm
unvertrauten körperlichen Energien. Die Schüler, die
sich nach Auseinandersetzungen im Schulhof oder bei
nachmittäglichen und abendlichen Treffpunkten im
Krankenhaus wiedersehen, sind, wie aus entsprechenden
Berichten ersichtlich ist, häufig sehr überrascht, daß
man sich so schnell ernsthaft verletzen kann.

Noch vor wenigen Jahrzehnten besaßen Raufereien eine
Art Ehrenkodex, der ernsthafte Verletzungen weitgehend
ausschloß, da die Zuschauer des Kampfes gleichzeitig
Richterfunktion innehatten. Fußtreten z.B. war einfach
„feige". Also wurden die Kämpfenden zurechtgewiesen
oder sogar getrennt.

Solche Strukturelemente gehen immer mehr verloren. Die verschiedenen Jahrgänge leben isolierter als früher, die Straße und der Platz als Orte derartiger Enkulturation können ihre Aufgaben nicht mehr erfüllen. Was ein „sinnvoller" oder „ehrlicher" Kampf ist, bestimmt der Videoclip.

Selbstverständlich sind Übungen und Experimente, wie die oben beschriebenen, nicht immer das Mittel der Wahl. Zu große Gruppen brauchen starke Anleitung und Struktur. Zu verwirrte, in Über- wie Unterspannung entwurzelte Bewegungsfähigkeit, kann sich gerade in sehr kurzer Zeit nur bedingt zu mehr Bewußtheit entwickeln. Auch aktuelle Konflikte in einer Gruppe brauchen selbstverständlich ein genaues Abwägen, ob z.B. die Stäbe das richtige Element sind. Aber auch hier können sie ein Versuch der Kommunikation sein. Der Versuch, wieder in Kooperation zu kommen und Erfahrungen miteinander zu machen.

Entfaltung der Sinne **muß** sich auch mit den Bewegungssinnen auseinandersetzen. Auch wenn wir als Pädagogen nicht gleich wissen, wie das jeweils situationsgemäß auszusehen hat. Der Einstieg kann auch hier nur über die Eigenerfahrung der Verantwortlichen gelingen. Die Bambusstäbe einen Sommer lang im Reisegepäck oder auf dem Balkon, können einen persönlichen Zugang und Einstieg darstellen. Gelegenheit macht Liebe.

Selbstverständlich sieht **Ihr** Zugang zur Auseinandersetzung mit Bewegungsqualität vielleicht ganz anders aus. Es müssen ja auch nicht unbedingt Stäbe sein.

In jedem Fall geht es aber darum, Wahrnehmung und Kultivierung der eigenen Kraft zu fördern und diese in abgewogenen und gezielten experimentellen Übungsritualen zum Gegenstand der kindlichen und jugendlichen Auseinandersetzung zu machen.

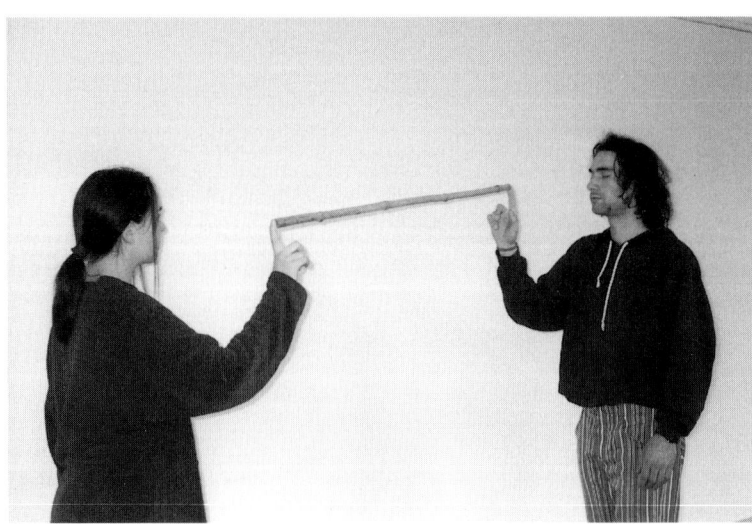

Was Auge und Ohr wahrnehmen, genügt
nicht, um das innere Muster der Dinge
zu erkennen; intellektuelle
Abhandlungen reichen nicht aus, um
über Recht und Unrecht zu entscheiden.
chin.[110]

Die Aufklärung ist durch
ihr eigenes Licht blind
geworden.

D. Kamper[111]

---

[110] Aus: Cleary (Hrsg.) 199,1 S. 81
[111] 1990, S. 15

Von optischen und anderen Täuschungen

Einige Stationen des Erfahrungsfeldes ver-anschaulichen im wahrsten Sinn des Wortes Vorgänge, bei denen in einfachen visuellen Strukturen komplexere Geschehnisse wahrgenommen werden.

Ein einfaches Beispiel:

Um eine Mittelachse in Drehung versetzt, scheint sich das Gefüge auf dieser runden und völlig ebenen Tafel in ein räumliches Geschehen zu verwandeln. Förmlich, als könnte man hineingreifen und den mittleren schwarzen Punkt als Kugel in die Hand nehmen.

Das weltgewohnte, und damit 3-dimensional wirklichende Sehen setzt sich mit den aufgemalten Sichelformen folgernd und phantasievoll er-gänzend auseinander.

Wenn wir einen etwas stärkeren Papierstreifen von ca.
40cm Länge und ca 2,5 cm Breite ein paarmal zwischen
Daumen und einem Bleistift hindurchziehen, so erhalten
wir ein spiraliges Gebilde. Befestigen wir dieses an einem
Faden und zwirbeln ihn zwischen Daumen und
Zeigefinger, so erhalten wir für's Auge eine Auf- bzw.
Abwärtsbewegung.

Vervollständigen wir dieses Gebilde durch einen weiteren
in Fortsetzung angeklebten, in gleicher Drehrichtung
wieder nach oben führenden und nicht mehr so stark
gewundenen, aber deutlich längeren Streifen gleicher
Stärke, und verbinden wir den allerersten Anfang oben mit
dem nun bis dorthin reichenden Ende, so erhalten wir eine
geschlossene Doppelspirale.

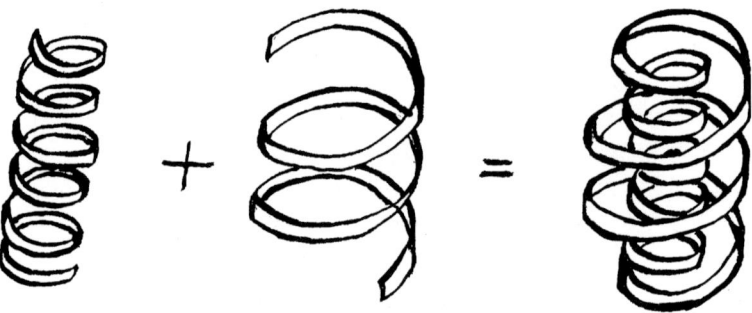

Am besten benutzen wir, um mehr Widerstandsfähigkeit
zu erhalten, ein festeres, formbares Material. Sehr gut
geeignet ist 2 m weiches Kupferband, 1 mm stark. Jetzt
können wir den Streifen in einem Stück erst um einen
dünneren, dann rückwärts in gleicher Drehrichtung um
einen dickeren zylindrischen Gegenstand schmiegen. Gut
geeignet sind z.B. ein Besenstiel und eine dünne feste
Plakatrolle. Etwas Formgefühl und Geschicklichkeit

benötigt die Anfertigung der beiden Umkehrwindungen am oberen und unteren Ende.

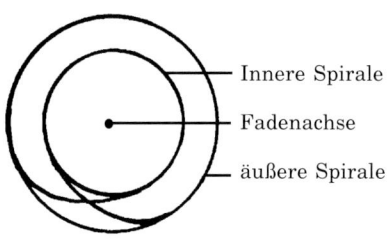

Innere Spirale

Fadenachse

äußere Spirale

Das Gebilde, das wir jetzt erhalten, können wir an zwei gegenüberliegenden Punkten der obersten Windung so befestigen, daß die gedachte Verlängerung des senkrechten Fadenstücks genau die Mittelachse der gesamten Doppelspirale bildet. Die beiden Spiralen müssen dann konzentrisch ineinander stehen.

Die eben noch von unseren Händen geformte Skulptur scheint nun in der Betrachtung eigentümlich pulsierende Eigenbewegungen zu entwickeln. Besonders eindrücklich ist bei entsprechender Beleuchtung auch das entstehende Schattengebilde an einer dahintergelegenen Wand.

Wer die Doppelspirale mit einer Gruppe anfertigt, kann ein ganzes Ensemble solcher, sich im Schatten auch gegenseitig durchdringender Bewegungen betrachten.

Wir sehen einen Vorgang, den unsere Rationalität im gleichen Augenblick als unmöglich erachtet: ein sich ständig formverwandelnder Metallstreifen. Selbst nach eingehender Prüfung durch das Realitätsprinzip nehmen wir staunend einen an zwei entgegengesetzten Richtungen ansetzenden, permanenten, räumlichen, doppelten Umstülpungsvorgang wahr.

Hugo Kükelhaus hat sich leidenschaftlich mit der Fähigkeit beschäftigt, die bei der puren rationalistischen Konstatierung von optischen Täuschungen durch das Raster der *Fest-stellungen* fällt.

Ein Beispiel:

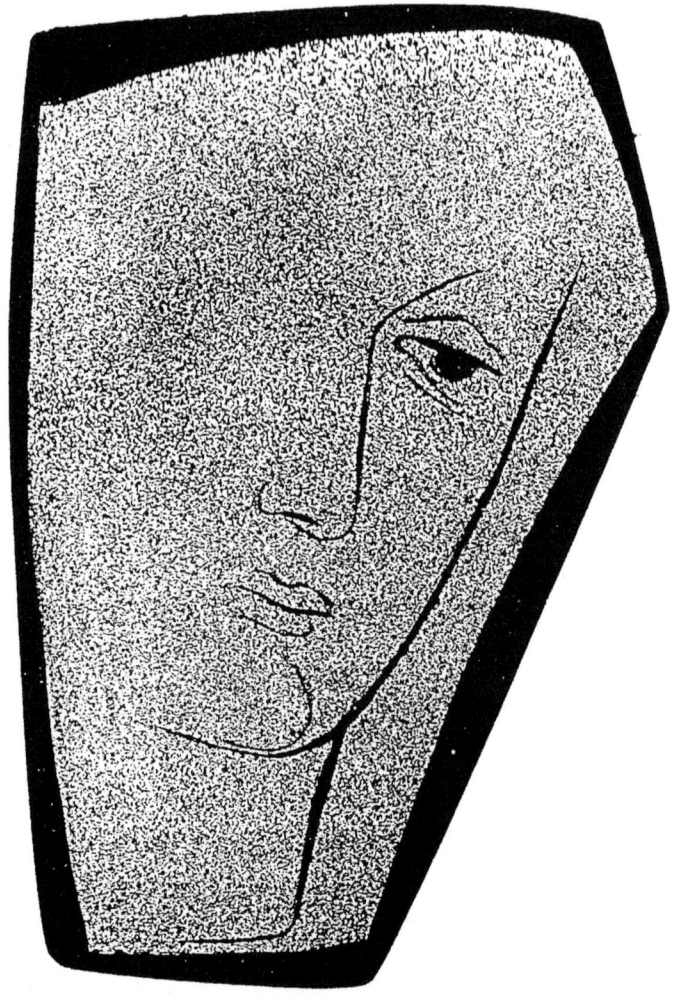

...wiewohl ich von dem Gesicht erstlich: nur Linien sehe (wo doch das Gesicht gar nicht aus Linien auf Papier besteht); zweitens: viel zu wenig Linien sehe, gewahre ich dennoch ein Gesicht in solcher Fülle und Vornehmheit, daß ich das nicht gezeichnete Auge ebenfalls sehe. Ja, es ist

schon verwunderlich genug, daß ich von dem gezeichneten
Auge erst viel später bemerke: da ist ja gar kein Auge! Es
hat weder Brauen, noch Augenlid, noch Augapfel, noch
Pupille und sonstiges, was zum Auge unentbehrlich gehört.
Stattdessen sind einige sonderbar gekrümmte, wurmartige
Linien gezeichnet, dennoch aber sehe ich: Blick (...).

Es kommt hinzu, daß diese Fähigkeit, aus sichtbaren
Zeichen geringsten Umfangs die Fülle und Herrlichkeit des
ganzen Wesens zu sehen, – oh, nicht in der Zeichnung als
Ganzes, sondern jenseits der Papierfläche im leeren Raum
ein Wesen von lebendiger Wirklichkeit. (...)[112]

Wenn man von der „ergänzenden Phantasie" spricht, so
muß man begreifen, daß Phantasie nur ein anderer
Ausdruck ist für: Verwandlung eines stückhaften Haufens
zum gliedhaften Ganzen, einer Scherbenmenge zum Gefäß,
einer Leiche zum Leib: (...) eben das ist „Phantasie"; eben
das ist „Schöpfung". Sie schließt den Ring im Offenen.[113]

[112] 1953, S. 65
[113] ebd. S. 55

Wenn wir die Erscheinungsformen der Doppelspirale auf uns wirken lassen und dieses vor unseren Augen sich abspielende Geschehen in uns aufnehmen, kann es uns Beispiel und Bild werden für eine ganze Reihe von Erscheinungen.

Wir finden die doppelte Spiralform wieder im Fruchtstand von Sonnenblumen, in den Bildern von Spiralnebeln oder einfach dem Ineinander unserer verschränkten Arme.

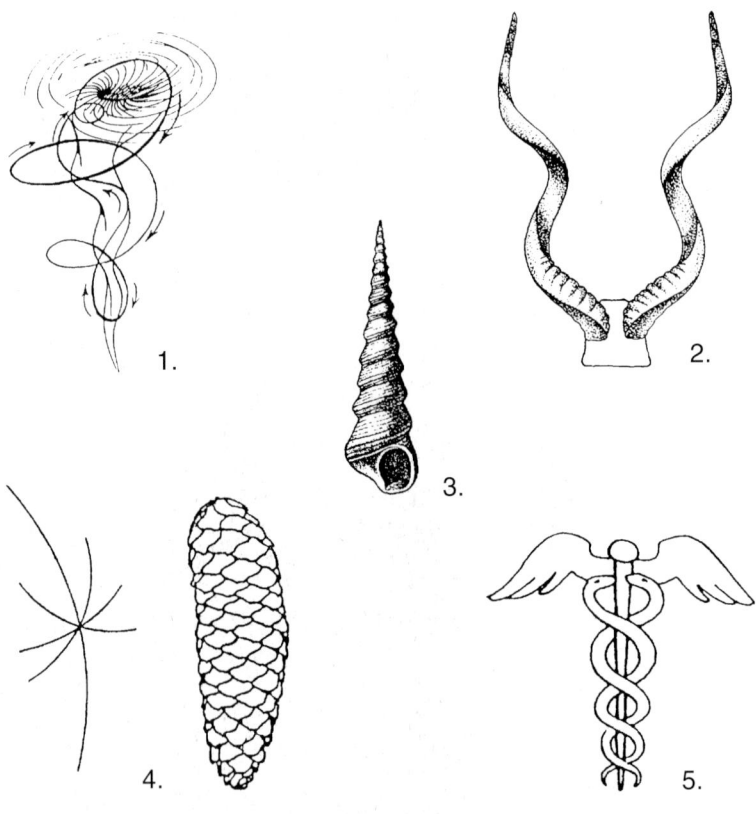

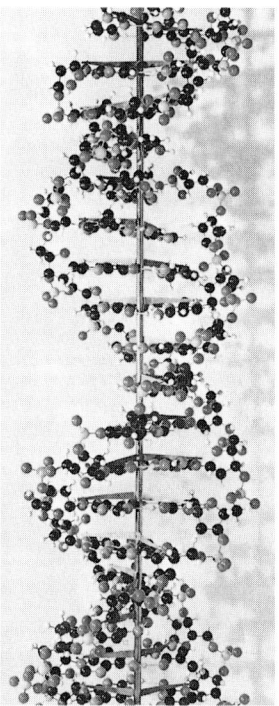

6.   7.

1. Bewegungsgestik von Flüssigkeit in einem Strudel.
2. Hörner einer Kuduantilope.
3. Haus einer Turmschnecke.
4. Die einander durchdringenden gewendelten Ordnungsrichtungen im Wachstum einer Fichtenfrucht.
5. Der Caducaeus, eines der ältesten Symbole für ein dynamisches Gleichgewicht zweier gegensätzlicher Kräfte.
6. Turmtreppe der Basilika Notre-Dame-de-Fourviere, Lyon, Frankreich.
7. Das Modell eines Riesenmoleküls der Desoxyribonukleinsäure (DNS), die als elementare Substanz alles Lebendigen gilt.

Die Doppelspirale,
eine Urgeste.

Zwei sich durchdringende
polare Bewegungen.
Nicht das Auge sieht sie. Es ist der ganze Mensch.

Sich bedingende, nährende und er-gänzende Gegensätze.
Für das Denken: Paradoxa.

Grenzen erwirken Wachstumskräfte.
Das Heben des Hammers erzeugt seine Wucht.
Sterben muß können,
wer leben will.

Dem linearen Denken gerät es
in Vergessenheit, ins Abseits,
ja ins Absurde.

Wenn du dieses polare Geschehen in dir aufnimmst,
kannst du empfinden, daß es bereits da ist
als Menschsein.

Dank gründet. – Würde richtet auf.

Hineingestellt in die Erdenschwere, und
aus ihr erwachsend die Möglichkeit,
sich aufzurichten,
und weit über die Erde zu blicken.

Mit Kindern sprechen wir ausführlich über die Kräfte und Lebensgefühle, die nach unten bzw. nach oben gerichtet sind.

Wir unterscheiden:

einerseits Langeweile, sauer sein, beleidigt sein, wir unterscheiden lasch, lässig und gelassen, Trauer, Behaglichkeit, Faulheit usw.

und andererseits: Freude, Begeisterung, Initiative, aus dem Häuschen sein, Stolz usw.

Nicht so sicher sind wir uns dann bei Wut, Zappeligkeit oder Angst. Da kommt es eben auf die Situation an und auf die **Art** der Wut, der Zappeligkeit oder der Angst.

Was wir aber feststellen ist, daß wir bei der Frage, wieviel Erd- oder Himmelkraft jeweils auf uns wirken, ruhig ein wenig mitreden dürfen. Manchmal, wenn die Erdkräfte unangenehm viel Macht haben, finden wir bei entsprechendem Suchen eben doch noch ein Register mit „Nach-oben-Gefühlen" auf unserer Lebensorgel.

Viele Kinder fassen innerhalb solcher Urbilder große klare Gedanken, die sonst sehr leicht kompliziert wirken können.

Vielleicht machen wir noch einen Rundgang durch die vier Elemente und spüren nach, wie Feuer-, Wasser-, Luft- oder Erdemenschen eigentlich gehen.

Glaubst du, du bist mehr ein Feuer- oder ein Wassermensch? Ein Schmetterling? Ein Bär? Ein Drache?

Und wie fühlt sich jemand, der **in sich drinnen** die Mittelachse der Spirale spürt, die ihn lebendig zwischen Himmel und Erde hineinstellt?

•

Wir befinden uns bei einer Fortbildungsveranstaltung im LehrerInnenkollegium einer Gesamtschule. In der Mitte eines Sitzkreises vollzieht sich in senkrechter Aufhängung das weiter oben beschriebene spiralige Geschehen.

Während eines seit geraumer Zeit stattfindenden Gesprächs hat eine Frau ihre Stöckelschuhe ausgezogen und ist aufgestanden. Während wir anderen uns über Wahrnehmungsstrukturen in verschiedenen Lernsituationen austauschen, schaut sie aufmerksam in die stete Verwandlung des Kupferbandes. Ich nehme im Augenwinkel wahr, wie sie gelegentlich ihr Gewicht leicht verlagert. Die Sitzrunde weiß nicht recht, was da geschieht, und ist angeregt ins Gespräch vertieft, so daß die beiden sich sonst scheinbar irgendwie ausschließenden Vorgänge einander nicht stören.

Nach geraumer Zeit unterbricht aber doch einer der Kollegen dieses Nebeneinander: „Sag mal, mich würde wirklich interessieren, was du da treibst!" – „Wie? – Ach so. Entschuldigung", sie beginnt, ihre Schuhe wieder anzuziehen, „ich hab' nur mal was geguckt." – Jetzt wollen auch andere TeilnehmerInnen wissen, was sie da „geguckt" hat.

„Das läßt sich schwer beschreiben. Das hat mich jetzt einfach fasziniert. Das zieht einen leicht nach oben. Wenn ich da so etwas unscharf 'reingeschaut habe, dann hat mich das irgendwie gestreckt. Ich glaube, ich habe auch ein paar mal tiefer geatmet. Erst bin ich mir blöd vorgekommen und dachte, ich könne mich hier nicht einfach so hinstellen in die Runde, aber dann dachte ich, wozu sind diese Sachen denn sonst hier aufgebaut."

„Also, tut mir leid," meldet sich empört der Kollege, „ich finde das reichlich eigenartig, was du aus diesem Ding machst. Du tust wie ein Kind, als ob, was du da siehst, real wäre. Das muß doch zu irgend etwas nütze sein, daß wir vom Verstand her wissen, daß es sich bei sowas um eine optische Täuschung handelt."

Es verspricht, spannend zu werden. Zwei Erlebens- und Verarbeitungsschwerpunkte begegnen sich.

„Du bist vielleicht so was von Spielverderber, heh! Kannst du nicht mal einfach was ausprobieren. Oder wenigstens andere Leute dabei in Ruhe lassen. Meinst du, ich hätte irgend einen Zweifel daran, daß ich es mit einer optischen Täuschung zu tun habe?"

Die beiden verhaken sich, und ich bitte die Anwesenden, sich doch von der Frau kurz praktisch in das Geschehen einführen zu lassen, das sie erlebt hat, damit wir von der gleichen Erfahrung ausgehend unsere Erörterungen fortsetzen können.

Für die meisten sind die Erfahrungen zumindest ansatzweise nachvollziehbar. Manche bestätigen sie voll.

Wir halten fest: solche Empfindungen stellen sich nur in einem allerdings schwer beschreibbaren Mitvollzug des Geschehens in der Spirale seitens der Betrachter ein. Mit entsprechenden rationalisierenden und damit relativierenden Gedankenfolgen treten sie nur sehr vage oder gar nicht auf.

Wir haben es hier mit zwei völlig verschiedenen Wahrnehmungsvorgängen zu tun. Einmal dem Versuch, der physikalisch-physiologischen Natur der Sache auf den Grund zu gehen, und zum anderen der Frage, welche Empfindungen wir **in uns selbst** unterscheiden können, wenn wir das äußerliche bildhaft-räumliche Geschehen in der Spirale auf uns wirken lassen. Einmal betrachten wir als Subjekt das Objekt: die Spirale. Das andere mal betrachten wir uns als Subjekt im Zustand des Erlebens der Spiralbewegung. Wir machen auch uns selbst zum Gegenstand des Erforschens.

Die zentrale Begrifflichkeit solcher Erörterungen ist immer wieder die *Optische Täuschung* oder überhaupt die Gefahr von Täuschungen.

Es steht außer Frage: die historisch unter Schmerzen und blutigen Kämpfen errungene Erlaubnis und Fähigkeit zur Unterscheidung von Tatsachen und Trugbildern ist und bleibt ein genuin emanzipatorischer Vorgang. Der Mensch erwarb sich das Anspruchskriterium der rationalen Überprüfbarkeit.

Dies geschah, wenn wir die Geschichte der Menschheit mit einem Tag gleichsetzen, erst in den letzten Sekunden seines bisherigen Lebens. In einem kraftvollen Aufbäumen der Rationalität wurde eine ungeheuere Dienstbarmachung der Natur möglich. Ein erhebendes Gefühl. Ein Abschütteln der Götter.

Dieser Überprüfbarmachung der Ansichten über die Welt widersetzt sich jedoch **ein** Element auf ganz besondere Weise. Wie in einer Art Wahrnehmungsunschärfe wird nach vergeblichen Versuchen, es zu ignorieren, heute Schritt für Schritt klar, worum es sich dabei überhaupt handelt: es ist das Erleben und die Tätigkeit des Bewußtseins selbst, das erst sehr spät mit eben diesem neu errungenen Denken wahr-genommen werden kann.

Eine widersprüchliche Situation entsteht. Das naturwissenschaftliche Weltbild und seine Instrumente zur Destillierung der Gesetze der äußeren Natur sind auf die innere Natur des Bewußtseins so gut wie nicht anwendbar.

Zudem stellt sich heraus, daß dieses menschliche Bewußtsein auch noch ein Unterbewußtsein besitzen muß, das sich unserer Wahrnehmung überhaupt weitgehend entzieht.

Auch mit der noch so präzise sezierten Gehirnzelle haben wir weder den Gedankeninhalt, noch unser Erleben im Elektronenmikroskop.

All das geistert an diesem Nachmittag mehr oder weniger ausgesprochen durch den Seminarraum der Gesamtschule. Dazu kommt das Wissen um die Schwerpunktfähigkeiten unserer beiden Gehirnhälften, eine New Age-Kritik, ein Exkurs über männliches und weibliches Denken, ein Herantasten an Kriterien zur Benennung der Grenzen von Naturwissenschaft, die Rolle von Physik und Kunst in der schulischen Ausbildung, Sinnentleerung und Suchtanfälligkeit, die Frage, ob Märchen und Mythen in der Moderne und Postmoderne noch einen Ort haben sollen, und ob Gott denn nun ein Gedanke oder ein Gefühl sei.

Und all das wegen spontan abgestreiften Stöckelschuhen.

Mich beschleicht gelegentlich der Gedanke, daß ich doch das ganze Erfahrungsfeld vorzustellen habe, und nicht zwei volle Stunden mit der Aura von Bedeutungen verbringen kann, welche eine einzige Station, wie hier z.B. die Doppelspirale, gelegentlich wachruft. Außerdem müßten die Raucher wahrscheinlich längst „frische Luft schnappen". Aber dann gebe ich der Gruppendynamik nach, und wir bleiben dran.

Nicht die Gebrüder Grimm irritieren unser Bewußtsein und schaden der Wahr-nehmung, wenn sie erzählen, daß ein Wolf eine Großmutter verschlingt, und sie anschließend lebendig wieder herausgeschnitten wird.
Und nicht Michael Ende deformiert das Wahrheits-empfinden, wenn er seinen kleinen Lesern etwa in „Jim Knopf und die wilde 13" einen Scheinriesen vorstellt, der aus der Entfernung leuchtturmgroß aussieht, und aus der Nähe besehen Normalgröße hat.

Vielmehr ist jeder Hinweis darauf, daß unsere Wahrnehmung in Teilbereichen gelegentlich irritiert werden kann, **ohne** Nennung der wunderbaren Tatsache, daß wir komplexeste Wirklichkeiten auch aus kleinsten Teileindrücken zu erfassen und zuzuordnen vermögen, der Ausdruck eines folgenschwer mißverstandenen Aufklärungs- und Realitätsbegriffs. Eine weitere vertane Chance, das Verständnis und die Wertschätzung dessen zu erhöhen, was wir an menschlichen Potentialen zur Kommunikation mit der Welt und uns selbst zur bewußten und pfleglichen Handhabung zur Verfügung haben.

•

Die Frau, der wir das ganze aufschlußreiche Gespräch verdanken, hat noch eine Rechnung offen: „Die Science

Fiction Stories in deiner Schublade scheinen mir übrigens auch nicht gerade ein Hinweis auf deine Begeisterung für ein rein physikalisches Realitätsprinzip zu sein."

„Oh, das war aber ein Schlag unter die Gürtellinie, Frau Kollegin!"

„Ach! Jetzt spürt wohl sogar der Herr Physikus Dinge, die gar nicht da sind?!"

...

Als alle weg sind, beim Aufräumen und Laden des Wagens, gehen mir Zitate aus dem Buch: *„Die Geschichte der Einbildungskraft"* von Dietmar Kamper durch den Kopf. Ich schlage sie zu Hause nach und lasse sie langsam auf der Zunge zergehen:

> *Reflexive Imagination heißt Erkenntnis mittels einer Einbildungskraft, die über sich selbst und ihre historischen Folgen aufgeklärt ist.*[114]

> *Zivilisationsgeschichte als Abstraktionsgeschichte hat von dem gelebt, was sie verdrängte, ausschloß, vernichtete.*[115]

> *Der Nihilismus ist nichts, was hätte vermieden werden können. Er hat die Gestalt eines säkularen Schicksals, das erst von seinem Ende her adäquat begriffen zu werden vermag.*[116]

> *Jenes globale Experiment, (...) die Welt auf den Verstand zu gründen (...), ist in seine kritische Phase eingetreten (...).*[117]

---

[114] 1990, S. 282
[115] ebd. S. 11
[116] ebd. S. 251
[117] ebd S. 54

Keine Erfahrung eines Menschen ist in
einem Lexikon, einem Kreuz oder in
einem Mandala aufzufinden.

C. Brooks

Wir fürchten Gott längst nicht mehr so
wie unsere Mitmenschen.

Y. Menuhin

Grenzgänge

Die Doppelspirale ist gut sichtbar an einem zentralen Ort
des Raumes aufgehängt und vollzieht durch die sich
immer wieder verdrillende Fadenaufhängung abwechselnd
in beide Richtungen leichte Drehbewegungen.

Stellen wir uns vor, dieses Gebilde sei das Sinnzeichen
einer fernen Kultur, in der wir leben. Es hängt dort in
jedem Haus an einer ausgesuchten und sorgsam
geschaffenen Stelle. In jeder Schule prägt es in der Größe
eines erwachsenen Menschen die Aula oder den
Eingangsbereich. Sie empfängt und verabschiedet dort
täglich alle, die in diesem Haus ein- und ausgehen. Auf
Geburtsurkunden, Schulabgangszeugnissen,
Lehrberufsbriefen und Doktorurkunden ist es in das
Papier eingeprägt. Wenn die Mächtigsten dieser Kultur
gelegentlich über Land unterwegs sind, wird das Zeichen
von ausgesuchten Trägern an Standarten mitgeführt

An großen öffentlichen Plätzen erhebt es sich monumental
in den Raum, und wird abends und nachts mit
Scheinwerfern beleuchtet. Als sich vor geraumer Zeit eine
Gruppe von Jugendlichen an einem solchen Ort um das
Zeichen herum niedergelassen hatte, und gerade dabei

war, Schlafsäcke, Musikinstrumente und allerlei Trinkbares auszupacken, hat man die ganze Schar unter Androhung von drakonischen Strafen davongejagt.

An bestimmten Tagen versammeln sich die Menschen in einem eigens dafür unter sehr hohen Kosten errichteten großen Gebäude. Dort verharren sie in Andacht und Konzentration um das Große Zeichen. Die Älteren knien gelegentlich noch nieder. Gewaltige Gesänge sind zu hören. Dazwischen lauscht man in stiller Versenkung der Stimme einer Frau, die alte Texte liest. Viele Geschichten, Gedichte und Lieder sind es, die sich bedeutungsvoll um das Zeichen ranken. Sie reichern es immer neu mit Inhalt an, ja laden es förmlich auf.

Die Menschen verharren dort manchmal sehr lange in aufrechter Haltung und absolvieren verschiedene mentale und physische Übungen. Das eigene Körpergewicht gilt dabei als Repräsentant der einen großen Gestik dieser Spirale, welche seit Anbeginn der Welt nach unten strebt, zur Erde, zu Vergänglichkeit, aber auch zu Fruchtbarkeit und den ewigen Kräften der Natur.

Dann wird die Aufmerksamkeit auf diejenigen Weltenkräfte gerichtet, welche es mit der Erdenkraft aufnehmen, der menschlichen, aber auch z.B. pflanzlichen Aufrichtung, dem Streben zur Sonne hin, zu den Himmelskräften, wie man sagt, dem Geistigen, kurz: dem großen Oben.

Die Doppelspirale lehrt auch, daß alle Gegensätze des Lebens, ja des ganzen Universums eine Tendenz haben, ineinander überzugehen. Auf die lebendige Blüte des Sommers folgt die Starre des Winters, in dem wiederum schon kaum wahrnehmbar die neuen Kräfte für das nächste große Aufblühen der Natur keimen.

So ist Gesundheit notwendigerweise durch das Durchleben von Krankheiten bedingt. Und ein Sprichwort lautet z.B.: „Wenn die Nacht am tiefsten ist, ist der Tag am nächsten".

Zwei Urkräfte durchdringen und bedingen sich in allen Dingen. Sie halten die Welt mit ihrer ewigen Gesetzlichkeit zusammen, sind ihre innere Struktur, sind uns deshalb heilig.

Nicht zuletzt beim körperlichen und geistigen Üben begegnet unsere Kultur diesen Kräften in der intimen Nähe des eigenen Organismus, im eigenen fühlbaren alltäglichen Erdenleben, mit dem wir uns übend auseinanderzusetzen haben. Immer wieder gestärkt durch die alles durchdringenden, kunstvollen, seit alters her von Generation zu Generation weitergegebenen Worte der heiligen Bücher.

Diese Rituale bewirken für Jung und Alt ein kraftvolles Hineingestelltsein in die Urgesten und Urkräfte alles Lebens.

Aber auch andere sehr nützliche Dinge verbinden sich damit. So kennt dieses Volk z.B. kaum Rückenschmerzen oder gar Haltungsverfall.

Es sind noch viele Bereiche, in denen diese Kultur ihrem großen Zeichen huldigt:
Schulaufsätze etwa werden nicht etwa in These, Antithese und Synthese verfertigt, sondern man nähert sich dem Zentrum einer Thematik in Spiralform und verläßt es nach dem gedanklichen Lösen des jeweiligen Knotens auch auf dem Spiralweg.

Durch alle diese Sinnbezüge und vor allem all den täglichen Beweisen dieser alles durchdringenden Sinnhaftigkeit, die von der Gebärde der doppelten Spirale ausgehen, wird das Zeichen als heilig verehrt, als die Gottheit. Ja, sie i s t Gott.

Würde jemand dies je in Frage stellen, er bekäme den aufrichtigen und heiligen Zorn aller zu spüren. Sie wären für diese ihre Welt-anschauung auch bereit einzutreten, ja wenn es sein müßte, zu kämpfen. Zu kämpfen auf der Seite der Wahrheit gegen all jene, die diese unendliche Integrität zwischen Mensch und Gott nicht mit ihnen zusammen anerkennen und verehren wollten.

Wer aber sollte diese Kultur so herausfordern? Sie ist in sich durch stabile, allen vertraute Traditionen und alltäglichen Kultus gefestigt. Die jeweils jungen Generationen wachsen früher oder später mit der Gesellschaft der Erwachsenen zusammen, und die Sterbenden verlassen die Welt in Vertrauen, Ehrfurcht und Zuversicht. In einer sanften kreisenden Bewegung wird feierlich der Sarg in die Erde eingesenkt, und dabei gleichzeitig ein sofort in die Lüfte aufsteigender Vogel in die Freiheit entlassen.

Dann geschieht das folgende.

Auch die Wissenschaft lebt mit diesem allgegenwärtigen Prinzip der sich durchdringenden polaren Kräfte. Und wie es der Lauf der Geschichte will, verhilft gerade die technische Anwendung dieses Prinzips einer Erfindung zum Durchbruch, welche auf einfache Weise viel größere Entfernungen bewältigbar macht, als man es je zu träumen gewagt hätte.

Mit einem anfangs noch etwas plump wirkenden Fahrzeug fahren nun Einzelne, die sich ein solches zuerst beschaffen können, über die bis dahin bekannten Landes- und Kulturgrenzen hinaus in eine Welt hinein, über deren Existenz man bis dahin nur spekuliert hatte. Zwischen der Windung des Raumes in Spiralform und einem einfachen Bretterzaun, der das Ende der Welt markiert, war alles denkbar und gelegentlich auch schon einmal erwogen.

Nun aber ist man dabei, leibhaftig und mit allen Sinnen erfahrbar die alten Grenzen zögernd hinter sich zu lassen. Die erste Überraschung: das Jenseits sieht, wenn man von Veränderungen der Vegetation und den Straßenverhältnissen einmal absieht, dem Diesseits sehr ähnlich. Fast als ob die Welt dort einfach weiterginge. Da auch noch die Sonne scheint, und am Fahrzeugrückspiegel fröhlich die Spirale baumelt, fährt man aufmerksam weiter. Entdeckerfreude kommt auf, ja sogar der Stolz von Eroberern.

Dann plötzlich, nach einer Wegbiegung: ein Wegweiser. Unbekannte Zeichen und auseinanderstrebende

Richtungsangaben. Die Zeichen sind, um ein genaues Studium möglich zu machen – allerdings viele Jahre später erst – genau abgezeichnet worden.

Intuitiv denken die Eroberer an ihr eigenes Zeichen und wagen sich im Schrittempo vorwärts.

Es kann hier nur gerafft darüber berichtet werden, wie die Neuankömmlinge nun die Bewohner jener anderen Welt kennenlernten. Diese waren, so sehr man auch nach markanten Unterschieden zu suchen geneigt war, denen der eigenen Kultur doch sehr ähnlich.

Nun, man kam sich näher, aß und trank zusammen und kam ins Gespräch. Über Gott und die Welt, wie man so sagt.

Eines Tages trug sich folgendes zu.

Die Eroberer hatten längst etwas irritiert bemerkt, daß in den Wohnstätten der Gastgeber das altvertraute universale Symbol fehlte. Stattdessen herrschte in jedem Haus jeweils eines oder gelegentlich auch mehrere der Zeichen vor, die man seit dem ersten Wegweiser damals kannte.

Es gab in dem Land auch religiöse Zusammenkünfte, und man begann, sich über die aufeinandertreffenden Sinnkulturen auszutauschen.

Unsere Eroberer nannten sich dabei jetzt Spiralisten, und fingen an, argwöhnisch und mißtrauisch zu werden. Nach und nach mußten sie feststellen, daß es, wenn man bereit war, von Details und besonderen Ausformungen abzusehen, erschreckend ähnliche Geschichten waren, ja daß es im Eigentlichen die heimatlichen Sinnzusammenhänge waren, die diese ... ähm ... Menschen ... über ihre je eigenen – also fremden – Zeichen erzählten. Da kamen die Bedingungen für Gesundheit und Krankheit genau so vor wie die große polare Einheit der Gegensätze des Kosmos. Auch die uralte gottgegebene Geschichte einer Vertreibung der Menschen aus einem wunderbaren Garten war da z.B. vertreten.

Vor dieser Zeit – so erzählt jedoch eine Geschichte der Fremden – sollen die Bewegungen einer unsichtbaren und niemals sichtbar gemachten geheimnisvollen Spirale in alle Richtungen des Gartens gleichzeitig geführt haben ... Nun, so ein ausgemachter Unsinn fand bei den Reisenden wenig Verständnis. Aber etwas viel Schwerwiegenderes wurde offenbar. Diese Fremden verehrten die genannten Wegweiserbildchen unverfroren als Gottheiten.

In den Spiralisten stiegen überwältigende, bis dahin nicht gekannte Gefühle auf. Diese sogenannten Gastgeber hatten es offensichtlich darauf abgesehen, ihrerseits die ganze Welt zu beherrschen, was doch seit Menschengedenken nur einer einzigen Instanz möglich und zugedacht war: dem Großen Zeichen.

Kein Zweifel. Die Menschheit war in großer Gefahr. Nicht nur, daß diese Leute die Doppelspirale gar nicht kannten, sie begegneten ihr nur in einer Art von höflichem Interesse und gaben sich, als hätten sie sie gar nicht nötig. Sie ignorierten auf äußerst schamlose, anmaßende und bedrohlich gelassene Weise das Heiligste, was das Volk der Spiralisten besaß –

Es ließ sich nicht mehr verschweigen. Wozu auch?
Sie waren Feinde.

Man verließ deftige Flüche ausstoßend das Land, zerstörte den damals ersten Wegweiser, mit dem das Unheil begonnen hatte, und begann Pläne zu schmieden, für das, was später als die Folge der großen heiligen Kriege der Spiralisten gegen den Rest der Welt in die Geschichtsbücher Eingang fand.

•

Sowohl der Verlauf dieser Kriege, von denen keiner dem Großen Zeichen Ehre zu machen in der Lage war, als auch die Geschichte selbst, die hier nicht weitererzählt werden soll, gibt uns nun Anlaß zu einer unausweichlichen Frage:

Welche anderen Verläufe dieser Begegnung wären denkbar gewesen?
Welches wären die dazu nötigen Voraussetzungen?

Wenn die Vertreter von zwei oder mehreren Kulturen sich begegnen, und alle Beteiligten das berechtigte Anliegen haben, die eigene Sinnkultur als verbindlich und tragfähig aufrechtzuerhalten und zu vertreten, welche Fähigkeiten benötigen beide für eine solche Begegnung? Was genau scheint verschiedene, jede für sich friedfertige und tief humane Kulturen immer wieder dazu zu zwingen, gegeneinander vorzugehen, und damit auch die eigene Kultur und ihre Ansprüche an Humanität in große Widersprüche zu verwickeln?

Wir haben es hier bei eingehender Betrachtung mit einer sehr grundlegenden Form der Wahr-nehmung und der Entstehung von menschlicher Wirklichkeit zu tun: der Fähigkeit zur Schaffung, Wahr-nehmung und Bewahrung von Bedeutungs- und Sinnbezügen in Bild, Symbol, Gleichnis und Ritual.

Welche Fähigkeit hätte die Spiralisten davon abhalten können, in den heiligen Krieg zu ziehen, aber dabei trotzdem auch die Kraft der eigenen Religiösität zu wahren?

Dietmar Kamper benennt die für einen anderen, würdigeren Weitergang der Geschichte unabdingbare Fähigkeit: *Wahrnehmung der religiösen Einbildungskraft mit säkularisierter Phantasie.*[118]

Bei eingehender Betrachtung hat das Bewußtsein mit der Benennung einer solchen Aufgabe hier jedoch einen Knoten zu lösen, welcher einer Quadratur des Kreises gleichzukommen scheint:
Rationale Bearbeitung des rational nicht voll Erfaßbaren.
Bewußte Begegnung mit dem Unbewußten.

Ausschließlich rationalistischem Denken folgend, müßten Symbolik, Ritual und Religiosität allerdings völlig ersatzlos auf dem Scheiterhaufen der Bewußtseinsgeschichte landen. Wie sollten wir dann aber nach einem positiven Verhältnis des aufgeklärten Bewußtseins gegenüber seinen schöpferischen und identitätsstiftenden, sich allzu linearer Rationalität aber immer wieder entziehenden Anteilen Ausschau halten?
Die ganze Epoche der Aufklärung würde zu einem Entsorgungsprogramm für religiöse Dummheit verkürzt sein. Uns allen würde die Aufgabe abgenommen, nach der Begeisterung über das Verlassen eines dumpfen religiös-hierarchischen Mittelalters, die zweite Hälfte der Aufklärung zu beginnen, und uns an die Integration des **vollen** menschlichen Bewußtseinsspektrums zu wagen.

Ein nicht materialistisch-rationalistisch verkürztes Denken könnte uns zu einer vertieften Einsicht in die Entstandenheit von Religion und Religiösität führen. Der Mensch schuf Gott nach seinem eigenen erahnten Bilde. Ein genialer Vorgang von deutlich vorrationalistischer kreativer Denk- und Seelenkraft könnte sichtbar werden, welcher sowohl dem Menschen als auch der Gottheit nur zur Ehre gereichen kann.

---

[118]   1981, S. 13

Diese Einsicht würde in weisem Vollzug des nächsten Schrittes auch nicht zu einer Ausmerzung des Religiösen mißbraucht und zu einem faktischen Religionsverbot für den aufgeklärten Menschen werden. Vielmehr stünde etwas historisch erstmals für alle Verfügbares zur möglichen Erfahrung frei:

das Auffinden der Religio mit ihrem vollen Anspruch im Innern des von weltlichen wie klerikalen Autoritäten schrittweise freiwerdenen Individuums, und unter spiegelnder Begleitung durch die in den Jahrhunderten der Aufklärung erworbenen Ansprüche an Selbst-Erfahrung und ihre kritische Reflexion.

Eine erfahrungsbezogene, aber kritische Anerkennung von Religiösität als eine Wurzel- und Grundkraft des Menschlichen könnte entstehen. Offene, intersubjektive, und im weiteren auch interkulturell kommunizierbare Perspektiven entstünden für die historisch gereifte Aufgabe der Wahr-nehmung der genannten *religiösen Einbildungskraft mit säkularisierter Phantasie.*

C.G. Jung, der zeitlebens aus psychologischer, anthropologischer und ethnologischer Sicht mit den individuellen und kollektiven Wurzeln der Auseinander-setzung um die Kraft des Religiösen befaßt war, läßt über die Eingangstür seines Hauses die Inschrift meißeln:

Gerufen oder nicht gerufen, Gott wird da sein.[119]

---

[119] Vgl. Wehr 1988, S. 88

Die Zumutung, die in jeder Sozialisation für
jedes Menschenkind liegt, geht auf ein uraltes
zivilisatorisches Erbe zurück: es ist
notwendig, zwischen zwei aufeinander
gleichgültig bis feindlich reagierenden
„Welten" eine nicht-neutrale Verbindung
herzustellen, ...

D. Kamper[120]

Man kann den Verstand über das bloße
Verstehen wollen so leicht verlieren, wie über
das Wegtauchen in die Emotionalität.
Bewußtseinsarbeit ist eine Frage der
Übergänge.

G. Selle[121]

Sich entzweiend streiten sie sich, die nur
einen Teil erfassen.

Buddha

Das Gehirn kann nur Denken in Unsicherheit
(...), in beseelter Geistigkeit.

H. Kükelhaus

---

[120] 1990, S. 117
[121] 1988, S. 325

Das Lebendige als Gleichnis wagen

Denken	– – –	Fühlen
Harte Realität	– – –	Träume, Bilder, Utopien
Erde	– – –	Himmel
Materie	– – –	Geist
Wissenschaft	– – –	Kunst
Physik	– – –	Philosophie
Arbeit	– – –	Feier-Abend

Ein „eiserner Vorhang" eigener Art scheint die Welt in zwei große Einflußbereiche zu teilen.

Auf der einen – hier linken – Seite verbünden sich Gehirn und Magen zur herrschenden Klasse und regeln die Konsumentengeschäfte.

Die andere – hier rechte – große Macht steht bei der ersten im Verruf, weltfremd zu sein, untüchtig, ja sogar gefährlich. Sie muß wie aus der Position einer Randgruppe ihre Rechte einklagen, ja an ihre Existenz erinnern. Sie gilt als keinesfalls ebenbürtig. Es handelt sich um die Macht, die man etwas unbeholfen der Herzregion zuteilte. Für manche wird sie gar mit dem „Bauch" identifiziert, um sie gesichert aus dem Denken verbannt zu wissen.

Die Logik der modernen Industrie-, Material- und Hightechgesellschaft produziert als wesentliche Werte die beiden Pole: Ware und Konsumrechte. Ratio und Kalkül geben sich aus als der Geist schlechthin. Ethische und geistige Suche scheint sich erledigt zu haben, und erhält deshalb bestenfalls literarischen Status. Sie scheinen in Ziffern internationaler Geldwährungen viel rationeller ausdrückbar. Den Rest regeln Sozialarbeit, Gerichte und die kollektive Improvisationsfähigkeit.

Aus der herrschenden Sicht der in der obigen Gegen-überstellung linken Hemisphäre, erscheint die rechte

Einflußsphäre nicht materialhaft, nicht erdbezogen, nicht tat-sächlich, nicht überprüfbar, nicht meßbar genug.

Je mehr das Leben über Waren, also materiell definiert wird, kann die rechte Hemisphäre nur als materie-fremd angesehen werden, und das bedeutet in der materiell bestimmten Welt eben: welt-fremd. Und Fremdkörper sollten, besonders im Klima allseitig anwachsender Kostenfragen doch – bei Gelegenheit – ausgeschieden werden, oder?

Die „rechte Seite" besitzt in dieser Situation eine besonders schwache Lobby. Sie steht in jeglicher materialistischen Gesellschaftsordnung, sei sie kapitalistisch oder sozialistisch geprägt, immer im Verdacht der Wehrkraftzersetzung.

Mit dem Fall der Mauer in Deutschland wurde jedoch ein Blick frei. Eine Denkinventur wurde möglich: Diese Mauer trennte mit Bombenteppichen, Todesschüssen und zwei gigantischen ideologischen Machtapparaten lediglich zwei materialistische Systeme unterschiedlicher Prägung.

Solange „die da drüben", die Feinde, die ganz anderen, aus dem Dialektischen Materialismus lebten, konnten wir im Westen, ohne das weiter belegen zu müssen, einfach von der gewohnten, dumpfen, aber keineswegs reflektierten Annahme ausgehen, daß wir, da bei uns ja eben alles ganz anders ist, eben **nicht** in einem Materialismus leben.

Selbstverständlich versuchten **beide** Systeme sich des großen anderen, in dieser Betrachtung „rechten" Pols, ‚dadurch zu bedienen, daß sie einen immensen Aufwand betrieben, um Ideologien, das heißt politische Emotion und Motivation für die eigene Sache zu produzieren. Der *Kalte Krieg* mußte geführt, die beiden Bevölkerungen auf ihre „wahren und guten" Aufgaben eingestimmt werden. Ein wenig kritischer Rationalismus und viel Fleiß sollten Wirtschaftswunder vollbringen. Im Westen gelang das besser.

Allein dieser Begriff des *Wirtschaftwunders* war für ein eben dem *1000jährigen Reich* entstiegenes Bewußtsein, das dabei war, sich nie mehr auf „Gefühle" zu verlassen, einfach ein „Segen".

Die Abwendung von Sinnfragen, die uns in dieses ausgehende 20. Jahrhundert hinein begleitet, hat ihre Wurzeln – außer im systematischen Abbau der religiösen Dimension – in zwei zentralen geschichtlichen Tatsachen: der eiskalten „Sinnlosigkeits-Dusche" des 3. Reichs und der kalten und jüngeren, die darin besteht, daß das Wunder des immerwährenden wirtschaftlichen Wachstums, das so manches klaffende Sinnloch stopfen konnte, nicht länger zu bemühen ist.

Um neuen Kälteschocks zu entgehen, gibt man sich nun entweder besonders hitzig und hängt in widersprüchlicher Weise die erworbene „Scheißvernunft" endgültig an den Nagel, oder man gibt sich von selbst cool genug, um jeglicher weiteren Überraschung zuvorzukommen.

Beide politisch-kulturellen „Lösungen" bewirken, daß sowohl im je materialistisch faßbaren Bereich, wie innerhalb der anderen menschlichen Dimension, als auch den beiden Seiten des erzeugten *inneren eisernen Vorhangs*, nur noch menschlich sehr hilflos agiert werden kann.

Rational, wie emotional geprägte Dogmen und Ismen sind **beide** Reduzierungen der Wahr-nehmung von Wirklichkeit. Die dazu immer nötigen Verdrängungskräfte prägen ein Klima ständiger diffuser oder auch bewußter Ängste. Gedachtes und Erlebtes ist in vielfältiger Weise durch einen dichten Schleier getrennt. Über- und Unterbau ergänzen sich nicht. Konzepte je reduzierter halber Menschen legen sich nahe.

Es ist unübersehbar: Das *Defizit an Befragbarkeit* (H. Glaser) herrscht auf beiden Seiten. Dieser Umstand muß Polarisierungen produzieren. Kühlen Rationalisten, die – wenig glaubwürdig – behaupten, auf Gefühle nicht mehr hereinzufallen, stehen dann heißköpfige Fundamentalisten gegenüber, die – ebensowenig glaubwürdig – versichern, keinen Rationalismen aufzusitzen.

Die meisten von uns leben zwar vermutlich noch auf irgend eine Weise in beiden Welten, jedoch spagathaft getrennt durch den hier *eiserner Vorhang* genannten Sicherheitsabstand.

Besonders an den Grenzen ist die Lage aber glücklicherweise noch lebendig:
Es gibt auf beiden Seiten nämlich nicht nur „Denunziationen und Todesschüsse", sondern glücklicherweise auch „desertierende Wachposten", nächtliche „Fluchthilfeaktionen", viel „Dienst nach Vorschrift", eine ausgedehnte „Brieftaubenzüchterbewegung", gelegentlich sogar vielversprechende „Feste im Niemandsland" und – nicht zu vergessen – die richtig ernst gemeinten „Reisen nach Drüben".

Wie anders sollen beiderseits auch – glaubwürdig und tragfähig – Qualitätskriterien für ein zukunftsweisendes Miteinander entstehen – oder sogar gesunde Nachkommen –, wenn nicht unter Einbeziehung der jeweiligen anderen Hälfte des ganzen lebendigen Daseins?

Dringend nötig sind also

Schritte zur Minderung der zivilisationsbedingten Aufspaltung des Menschenlebens in eine gedankliche Apparatur, die Informationen sammelt, speichert und verarbeitet – in tiefer Gleichgültigkeit und Unberührbarkeit gegenüber ihrem Inhalt – auf der einen Seite; und in eine Zentrale der Gefühle, Begierden und Phantasien, die sich imaginäre Räume und Fluchtwelten schaffen, um von der kalten, der banalen, der unerträglichen Realität wegzukommen in heroische Grandiosität oder in idyllische Geborgenheit.[122]

Dialoge zwischen den beiden Welten wirken leider oft komplizierend. Sie machen bereits spürbar, daß „es" Kraft kosten wird ...

---

[122] Rumpf 1987, S. 15f

Nur wenige scheinen sich den trotzdem langsam selbstverständlicher werdenden Grenzgang zuzumuten, und die Weite und Integrität „beider Hälften des Himmels" genießen zu wollen. „Das Ganze" als Verheißung, als Chance, gewiß aber nicht als leicht einzunehmende Perspektive.

Historisch gesellschaftlich ist jedoch vorerst nur eine vage und laue Stimmung möglich. Die zwei inneren Welten werden weitgehend getrennt und sich vielschichtig widersprechend erlebt. Dabei ist es weder möglich, die „linke" so richtig zu lieben, noch die „rechte" ganz her- oder ganz wegzudenken. Für beide Vorgänge fehlt die Beteiligung der jeweils anderen Seite.

Was für die Kommunikation der beiden Welten untereinander noch nicht genügend ausgeprägt ist, sind eingängige, tragfähige, aber auch reflektierbare Worte, Bilder und Symbole, Repräsentanzen für Vielschichtiges, Widersprüchliches, Bedeutungsvolles.

Es fehlt die Weite und Integrität eines nicht ständig Wirklichkeiten ausgrenzenden Menschen- und Gesellschaftsbildes.

Der Philosoph Hans Jonas hat

> ... das Bildermachen als die Eigenschaft bezeichnet, durch die sich der Mensch am wesentlichsten vom Tier unterscheidet[123].

> Beim Abbilden geht es, schreibt R. Arnheim[124], um die Fähigkeit, der Welt der Dinge aus eigenem Willen eine zweite Welt entgegenzusetzen, in der er sich sozusagen für die erste revanchiert, sie aufbewahrt, erkundet und nach Wunsch verändert.

Seit dem die Aufklärung die Bilderwelten gestürmt hat, befinden wir uns in der Wahrnehmung von Bildern und

---

[123] zitiert nach Arnheim: Abbilder als Mitteilung, in: Schuster / Woschek 1989, S. 23f

[124] ebd.

Symbolen auf einem sehr widersprüchlichen Terrain. Die Bilder wurden entwertet, da sie als Trugbilder und Einbildungen enttarnbar waren.

Wie kann auch ein aufgeklärtes Bewußtsein es zulassen, etwa Wein aus dem Supermarkt als Blut Christi zu identifieren? Wie ist bei der Summe der Herz-/Kreislauferkrankungen und Organtransplantationen glaubwürdig, das Herz etwa als Zeichen der Liebe aufrechtzuerhalten?

Durch die Eigenschaft der Bilder, mehrdeutig sein zu können, geraten sie von seiten des Anspruchs auf Präzision natürlich in Verruf. Jedoch:

> *Gerade Menschen von (...) verkümmerter Einbildungskraft sind zuerst verführt, weil sie aufgrund ihrer fixen Ideen für jede beliebige Phantastik anfällig sind.*[125]

Hat nun die Aufklärung, so müssen wir uns fragen, die archaischen und mythologischen Bildgestalten mit Schimpf und Schande verbannt, um die Städte und die Phantasien ihrer Bewohner zur zweiten Jahrtausendwende den Bilderwelten des Werbe- und Bewußtseinsmanagements zu überlassen, dieser *spezifisch modernen Ersatzverzauberung*[126]?

Guy Debort bezeichnet immerhin *das Spektakel* als den *materiellen Wiederaufbau der religiösen Illusion.*[127]

•

Bereits in der Zeit des *Kalten Krieges* hat Hugo Kükelhaus etwas sehr Bemerkenswertes getan:

Er hat in einem Bereich, der vom Alltagsverständnis auf den ersten Blick mit dem schulischen Physikunterricht assoziiert werden kann, der also gewissermaßen garantiert

---

[125] Kamper 1990, S. 166
[126] H. Glaser 1992, S. 126
[127] 1978, S. 11

auf materialistischem Boden steht, begonnen, die grundlegenden Gesetzmäßigkeiten zu inszenieren, die Himmel und Erde zusammenhalten. Fallgesetze, Polaritäten, Schwingung, Rhythmus, Formbildung, Zentrifugalkräfte, Magnetismus usw. Im *Naturkundlichen Spielwerk* und späteren *Erfahrungsfeld zur Entfaltung der Sinne* werden diese Gesetzmäßigkeiten im Zusammentreffen mit der menschlichen Wahrnehmungsorganisation erfahrbar gemacht.

Die zu diesem Zweck entworfenen und gebauten Stationen sind so beschaffen, daß ich mich mit diesen Gesetzen und Prozessen selbst mitverstehen lernen kann. Dieses Geschehen besitzt Be-deutung für mich, deutet also auf etwas, das über den unmittelbaren vollzogenen Vorgang hinausweist, und zum Sinn-Bild werden kann.

Kein neues und soundsovieltes Sinnimperium ist da intendiert. Trete ich von diesem Geschehen zurück, so bricht dieser Erfahrungsgang einfach ab. Ich bleibe das körperliche und geistige Subjekt solcher Suchbewegungen.
Ich bleibe erstens der Veranlasser und bin zweitens Teil dieser regelhaften Vorgänge. Drittens weist mein Erleben aber über mich hinaus. Es berührt Fragen nach dem, was alles zusammenhält, was ... Sinn macht. Ich bin Teil der Gesetzlichkeiten der Welt, bin mit meinem ganzen Organismus und auch mit der ganzen Organisation meiner Wahr-nehmung auf eine Weise in dieser Welt lebendig, die genau zu dieser Welt in ihren verschiedensten Ausformungen paßt, ja aus ihr schlüssig hervorgeht.

Die bewunderswürdige Fähigkeit meines Hörens oder Sehens z.B. ist die genau adäquate Antwort meines Organismus auf das, was Klang, Licht, Farbe und Form in der Welt sind.

Die gesamte lebendige Organisation einer der kleinsten meiner körperlichen Zweibeiner-Bewegungen gehorcht von Anfang an den Gesetzen der Trägheit und ihrer Aufhebung.

Die ganze Welt meiner Wahrnehmungen, aber auch der Kosmos all der milliardenfachen Vorgänge in mir, die niemals in mein Bewußtsein treten, gehorchen uranfänglichen Gegebenheiten, an denen sie sich gebildet haben. An diese auch jetzt noch allgegenwärtig gebunden, besitzen sie die Fähigkeit, sich in steter lebendiger Auseinandersetzung zu regenerieren und weiterzuentwickeln.

Längst bevor wir uns daranmachen, unsere Organe zu erforschen, sind wir in autonome Lebensprozesse und Gesetzmäßigkeiten hineingewachsen, die wir in all ihrer Abgestimmtheit und ihrem organismischen Zusammenspiel mit unserem ganzen psychisch-biologisch-ökologischen Sein nur bewundern können.

Und ist die reife Form solchen Be-wunderns nicht Dankbarkeit?

Wir ent-decken die Tatsache, eingebunden zu sein, rückgebunden, mit jeder unserer Zellen hineingestellt in eine Welt uralten und erprobten Geschehens. Dieses Geschehen verbindet uns mit unserer tierischen und pflanzlichen Ahnenreihe genauso, wie es uns in die Lebenswelten des 3. Jahrtausends hineinbegleiten wird.

Diesen weiten Blick, dieses Erfahren von Ur-sprüngen, Tat-sachen und Sinn-Bildern, dieses Bewußtsein der Verbundenheit hat Hugo Kükelhaus in seinen Stationen inszeniert. Sie scheinen zu sagen: Wenn du die „beiden Welten" nur elementar genug erfaßt, erzeugst du Integration, arbeitest du am Abbau des *eisernen Vorhangs*, kommen Welt und Sinn zueinander, gehören sie zusammen, ja gehen sie auseinander hervor.

Die Astronauten haben uns Bilder geschenkt, die uns die Erdatmosphäre als verletzliche und sehr dünne Haut um den Erdball zeigen. Dort ist Klima und Ort des menschlichen Lebens. Dort ist die einzige menschliche

Heimat, sein Platz im Universum, seine Feuerstelle und seine Atomanlagen.

An irgendeinem Ort, in einem gesonderten Raum an einer unscheinbaren Installation sind eine oder mehrere Dimensionen dieses filigranen Wunderwerks zu einem Erfahrungsfeld gemacht. Eine Einladung, sich als Teil der Welt zu erfahren, als zeitlich begrenzter Besucher dieser Erde und ihrer uns umfassend prägenden Gestaltungs- muster und Urgebärden.

Eine Einladung, den *kalten Krieg* der beiden großen Einflußsphären zu beenden, und an einem umfassenden Projekt der Integration teilzunehmen:

An Verbundenheit und gegenseitigem Durchdringen von:

Denken und Fühlen
Harter Realität und Träumen, Bildern, Utopien
Erde und Himmel
Materie und Geist
Wissenschaft und Kunst
Physik und Philosophie
Arbeit und Feier-Abend

Oder mit einem Wort von Hugo Kükelhaus:
das Lebendige als Gleichnis wagen.

Tennisbälle, Flüchtlingsgespräche und eine Relativitätstheorie

Eine Klasse von angehenden ErzieherInnen hat Besuch. „Irgend so ein Erfahrungsfeld" soll vorgestellt werden, war morgens in der Raucherecke zu vernehmen. –

Die obligatorische anfängliche Schulkulturdusche für den Herrn Gastlehrer in Form von gelangweilten Mienen und „Na-wenns-denn-sein-muß-Sitzhaltungen" stehen die Installationen „zur Entfaltung der Sinne" gegenüber. Vorhin im Vorraum beim Ausladen sah es wie eine

Ladung Sperrmüll aus. Jetzt erinnert es an eine willkürliche Mischung zwischen Physikunterricht und dem mit Haßliebe geschluckten Rhythmikseminar. Das ganze steht da wie eine Ausstellung, bietet aber außer einer ausgesuchten Gesamtanordnung im Raum nicht viel Eindeutiges für's Auge. – Irritierend. Aber:

„Sei doch mal still. Er will anfangen."

In der etwas Selbstverständlichkeit verbreitenden Einwegkommunikationsform des Berichts werden einige

Daten verkündet. Städtische Anbindung, reisendes Projekt seit 1990.

Gerade kurz vor dem finalen Zusammensacken und Zurücklehnen poltern unvermittelt eine ganze Menge Tennisbälle durch den Raum.

„Oh Gott, Sensomotorik!" – „Oder Jonglieren." – Die zweite Stimme klingt etwas zuversichtlicher. Niemand, der die aufgenommenen Bälle stillhält. Von Anfang an werden sie zwischen den Händen hin und herbewegt, durch die Luft geworfen, wieder aufgefangen. Oder sind es die Bälle, die ihrerseits die Hände in Bewegung setzen und dadurch den ganzen Körper, die Gleichgewichtsorganisa-tion und die lebendig gewordenen Augen?

Fast etwas Enttäuschung, als je ein Ball aus der spielfreudig gewordenen Hand unter einen der nackten Füße gebetet wird. – „Wie bitte? – Schuhe aus? – Strümpfe wohl auch noch !?"

Man und frau tut's. Vielleicht ist ja was dran. Außerdem muß man in so einem Beruf eh' mit allem rechnen. Dreiundzwanzig rechte Füße kneten nun unter Anweisung je einen Tennisball. Eine Hilfsassoziation steht bereit: die Vorstellung, der Boden sei etwas hart gewordener Küstensand. Der Ball kann nach und nach in den Boden hineingewalkt werden, und mit der Zeit vielleicht sogar ganz in der entstehenden Sandmulde verschwinden.

Suchende, gelegentlich fast verstohlene Blicke in die Runde. Wie machen's die anderen? Zwischen träge kauenden Unterkiefern mit Blick aus dem Fenster und lachend engagiertem „Gegen den Ball vorgehen" sind verschiedenste Formen des Krafteinsatzes vertreten. Nacheinander wird mit verschiedenen Fußzonen gearbeitet. Massagefachbegriffe tauchen in der Runde auf.

Hier und da ein vertiefter Atem oder gar ein Seufzer. Jetzt noch die Suche nach einer Stelle unter dem Fuß, in der der Ball sich am besten anfühlt, wo er förmlich „hingehö-ren" könnte. Dann die Aufforderung, so viel Gewicht auf den Ball zu geben, wie einem angebracht erscheint. Zwischen Zähnen wird hie und da zischender Einatem hörbar, und gelegentlich fällt ein allgemeines Festhalten im Schulterbereich bei angehaltenem oder verstärktem Einatmen auf. Auch ausgeatmetes „Ohohohoh", mit Ansatz zum Lachen hin, wird vernehmbar.

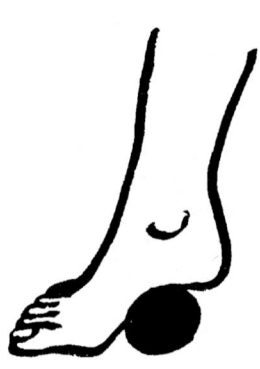

Einige in der Runde haben die Augen geschlossen und horchen trotz der ungewohnten Gesamtsituation mit entspanntem Gesicht aufmerksam nach innen. Dieses stille Insichgekehrtsein kann einen sehr privaten, ja intimen Ausdruck annehmen.

Nochmal den ganzen Fuß durchgewalkt.

– Vergleichen Sie jetzt ohne Ball Ihre beiden Füße und Beine, und teilen Sie Ihre Wahrnehmungen bitte hier in der Runde mit. –

Überraschungslaute, aber auch ratlos suchende Konzentration in manchen Gesichtern.

Viele schließen die Augen jetzt noch, um den Empfindungen genauer nachgehen zu können. „Wärmer" – „irgendwie gewölbter".

– Welcher? –

„Der aktive!"

„Ich spüre eine Art Angeregtheit bis in die Hüften." – „Irgendwie lebendiger" – „Meiner ist aber platter, flacher am Boden." – „Es klingt blöd, aber mein eines Bein ist länger als das andere." – „Mein Fuß auch!"

Heimliche Kontrollblicke ...

Ein aufmerksamer Beobachter kann einzelne einseitig deutlich gesenkte Schultern sehen.

„Ich hab' ihn jetzt viel mehr, meinen Fuß, ich kann jetzt viel mehr mit ihm anfangen. Daß er dazugehört, daß er ein Teil von mir ist. Ich find' ihn jetzt richtig toll, meinen Fuß", sagt jemand.

Viel Lachen und Zustimmung.

„Und jetzt den anderen, oder?"

Nein. Im Interesse der bewußten Wahrnehmung und der zentralen Thematik dieses Experiments soll der Unterschied der Empfindungen in der rechten und linken Körperhälfte noch eine Weile präsent sein.

Die Intensität der Empfindungen – sie seien hier einfach mit dem Begriff „mehr Lebendigkeit" zusammengefaßt – war nur so groß, weil wir uns durch die einseitige Inanspruchnahme eine Vergleichsmöglichkeit geschaffen hatten. Und zwar eine gleichzeitige Vergleichsmöglichkeit, keine von Vorher und Nachher.

Letztere hätte uns nur wesentlich unschärfer unterrichtet.

Unsere Wahrnehmung ist sehr auf Vergleiche angewiesen. Was sich genügend langsam verändert, ist nur sehr schwer oder gar nicht wahrnehmbar. Jeder, der eine Brille trägt, kennt den eindrücklichen Moment, in dem das erste Mal wahrnehmbar war, daß es ja möglich ist, schärfer zu sehen, als man es gewohnt war. Die Sehschärfe hatte so langsam nachgelassen, daß dieser Vorgang nicht bemerkt werden konnte.

Diese Tatsache der Relativität von Wahrnehmungsqualitäten und -intensitäten beinhaltet weitergehende Implikationen, wie unten noch deutlicher werden soll.

Bemerkenswert ist auch, daß uns im Experiment mit den Tennisbällen nicht spontan vollzogener Zeitvertreib oder etwa Entspannung das Mehr an Lebendigkeit gebracht hat – was wohl vertrauter erschienen wäre – sondern Bewegungsmühe. Dazu haben die Teilnehmer ohne gesicherte Aussicht auf ein relevantes Ergebnis in diese

Übung investiert. Lebendigkeit entstand also durch Anforderung, durch Inanspruchnahme, ja Arbeit.

Ein gebrochener und deshalb in Gips gelegter Arm ist ein eindrückliches Beispiel. Die Muskeln bilden sich in kurzer Zeit zurück. Ihnen fehlt die Inanspruchnahme. Sie werden nicht mehr im Vollzug von Bewegungen ständig neu zu ihrer gewohnten plastischen Form herangebildet.

Dore Jacobs schreibt:

> *Ein Organismus ist keine Maschine. Eine Maschine wird durch Schonung erhalten und durch Gebrauch abgenutzt; ein Organismus wird durch Gebrauch erhalten und entwickelt, und er verkümmert durch Untätigkeit*[128].

> *Wird z.B. ein gebrochener Arm in der Binde getragen, so erschlafft sogleich die Rumpfmuskulatur an der kranken Seite, das Schulterblatt hängt, die Atmung wird ungleichmäßig, der Mittelkörper schlaff, und sogar das Gehen leidet*[129].

Nicht etwa Stillstand also ist es, mit dem wir es dann zu tun haben. Es geschieht Minderung, Schwund!

Auch Hugo Kükelhaus ist nicht müde geworden, immer wieder in differenzierter Weise auf diesen Umstand hinzuweisen.

> *Das Leben lebt vom Reiz. Der Reiz (...) darf weder zu stark noch zu schwach sein. Schwache Reize führen zur Entstehung von Organen, mittelstarke kräftigen sie, starke Reize hemmen und überstarke zerstören sie*[130]

Erinnern wir uns an die Ergebnisse aus den Versuchsanordnungen mit Astronauten in den Anfängen

---

[128] 1983, S. 41
[129] ebd. S. 52
[130] 1979, S. 76

der Raumfahrt in den USA. Dort versuchte man herauszufinden, wie Organe physiologisch meßbar auf Nichtbeanspruchung reagieren. Man erzeugte Schwerelosigkeit, völlige Dunkelheit, Lautlosigkeit, Erschütterungsfreiheit und z.b. äußere Wärmekonstanz in Höhe der Bluttemperatur.

Ergebnis: Zur Vermeidung lebensbedrohender Schäden mußten die Versuche schon nach viertelstündiger Einwirkung abgebrochen werden. Alle humoralen und hormonalen Systeme gerieten aus den Fugen.(...) vor allem: Die Selbst-Steuerung des Organismus erlahmte. [131]

Auch unsere psychische Spannkraft ist so beschaffen. Wo wir sie nicht durch ihr gemäße Anforderung immer wieder „wirklichen", schwindet ihre Substanz. Immer kleinere, womöglich noch überraschend auftretende Anforderungen, können dann zum Grenzfall werden, zum Risiko, zur unüberwindbaren Hürde oder gar zum Zusammenbruch führen.

Mit Fähigkeiten, die sich ohne genügend Anforderung genauso zurückbilden wie ein stillgelegter Arm in Gips, sind hier z.B. gemeint:

– Durchhalten, Geduld, Konzentration

– Freude am Investieren in etwas

– sich mit etwas bleibend verbunden fühlen

– Kooperieren, Rücksichtnehmen, Teilen

– sich für jemanden oder etwas wirklich zuständig, verantwortlich fühlen

– Jemanden oder etwas verschonen, pflegen, achten

– Kreativität, Phantasie, Intuition

– sich selbst Aufgaben stellen und sie bewältigen

---

[131]   z. Lippe / Kükelhaus 1982, S. 450

- etwas genau planen, organisieren, durchführen, dranbleiben, und den Erfolg feiern

- Spielregeln erfinden und einhalten

- Stille erleben oder sie überhaupt aushalten

- warten bis man dran ist, es soweit ist, die Zeit reif ist

- mit Neuem rechnen

- Mitleid, Mitfreude, Miterleben.

All dies sind Fähigkeiten, die wir immer schmerzlicher vermissen. Hugo Kükelhaus hatte für solche Stillegungen einen kurzen und klaren Begriff:

Menschenschwund.

Zurück in das Schulgebäude, die Klasse der angehenden ErzieherInnen und unserem sehr einfachen, aber ebenso aufschlußreichen Experiment mit den Tennisbällen.

Noch etwas ist in dem beschriebenen Versuch bemerkbar: Nach dieser Auseinandersetzung mit dem Ball hatte am meisten zu erzählen, wer am ausgiebigsten in diesen Vorgang investiert hatte. Dies stellt eine existentielle Frage nicht nur, aber besonders für Jugendliche dar: Wo, wofür und wie engagiere ich mich, investiere ich?

Auch für die angehenden ErzieherInnen war das ein stets mehr oder weniger bewußtes und präsentes Thema. In dieser Ausbildungsphase sind sie gerade dabei – selbst meist noch nicht allzu weit aus der Jugendphase entfernt – mit diesem Beruf gewissermaßen „um den Tresen herumzugehen" und demnächst selbst „auszuschenken". Dies mit allen damit verbundenen Rollenanforderungen und Neudefinitionen, die das mit sich bringt.

Wofür lohnt sich da im einzelnen die Investition? Im Lebensgefühl auf der einen Seite des Tresens wird diese Frage sehr anders beantwortet, als in dem der anderen

Seite. Wie soll man/frau sich zu Arbeit und Verbindlichkeit schlechthin stellen? – Will ich mir eine diffuse, immer bettschwere Abwehr dagegen reservieren, oder kann ich aus diesem Experiment z.B. entnehmen, daß mich solche Investition belebt, durchpulst, und immer auf irgendeine Weise weiterbringt?

Kann ich realisieren, daß ich in dieser Situation eigentlich nicht am Ball, sondern an mir selbst gearbeitet habe, daß ich gerade in einem solchen Beruf immer auch an **mir** arbeite, wenn ich arbeite? Wie an einer Skulptur. Der Skulptur meines Alltags, meiner Biographie, meiner Fähigkeiten und Möglichkeiten, meiner Person, meines Selbst.

Die ganze Schullaufbahn kann mich über weite Strecken unendlich getäuscht und irritiert haben, als sie mir viele tausend Stunden lang die Tatsache demonstrierte, daß alles auch zu einem Ziel führt, wenn ich mich weitgehend heraushalte. Ich kann aber eben doch das Subjekt meiner Lebendigkeit sein, und sähe dieser Tennisball, der mir präzise den Grad meiner Investition gespiegelt hat, auch **noch** so unscheinbar aus.

Noch einmal zu der Frage der Relativität von Qualitäten und Intensitäten:

Nehmen wir doch einmal an, eine unsichtbare Macht wäre in der Lage, unsere Empfindungsmöglichkeiten in irgendeinem Bereich – oder, noch verheerender: in mehreren Bereichen synchron – ganz langsam zu senken. Wann und wie würden wir diesen Vorgang bemerken?

Der große Unterschied des Geschmacks, z.B. von Karotten verschiedener Herkunft, fällt uns eventuell erst auf, wenn zufällig eine aus dem Supermarkt neben einer aus Großmutters Biogarten vor uns auf den Tisch kommt, und der Kontrast damit erst deutlich wird.

Was Nachbarschaft sein kann, erfahren wir häufig erst im Notfall. Ihre scheinbare Abwesenheit fällt uns in der

„normalen" und gewohnten Form der Beziehungen in Haus, Nachbarschaft, Straße und Stadtteil gar nicht auf.

Was ein guter Spielplatz ist, kann von Kindern, die einmal Gelegenheit hatten, einen solchen kennenzulernen, eventuell jahrelang eingeklagt werden. Alle folgenden finden weniger Zustimmung. Ein Anspruch an Qualität und Intensität ist etabliert.

Die notwendige Bedingung für die veränderten Annahmen über mögliche Qualität in einem bestimmten Bereich ist:

d i e E r f a h r u n g .

Die Erfahrung, der z.B. „vollmöhrigen" Möhre, der lebendigen und tragenden Nachbarschaft, oder z.B. eines Spielplatzes, der diesen Namen verdient.

Und Erfahrungen wollen gemacht sein.

Dazu kommt in vieler Hinsicht noch die Notwendigkeit der Wiederholung von Erfahrungen. Manche Dinge begegnen uns sehr oft, bis sie zu uns durchdringen und wirklich zu Erfahrung werden.

> *Der Wirklichkeitsgrad ist eine von unserer Aufmerksamkeit abhängige Größe.*[132]

Mit einem solchen *Wirklichkeitsgrad* kennen wir etwas ganz Entscheidendes in unserem Dasein nicht. Wir können es nicht kennen. Er verbirgt sich hinter zwei sehr komplexen Gebilden: der Gesamtorganisation unserer Wahrnehmung und der Normalität der Mitwelt.

Wir haben also keine Orientierung darüber, was an Qualität und Intensität in einem bestimmten Bereich – aber umso mehr noch in unseren ganzen Lebensumständen – **möglich w ä r e** (!). Es sei denn, wir schafften eine neue Situation, und wir könnten dadurch an irgend einer Stelle etwas davon erfahren.

---

[132] Kükelhaus 1986, S. 66

In Bertolt Brechts *Flüchtlingsgesprächen* liest sich dieser Umstand so:

> *Die Kriegsfurie hatte Europa halbwegs abgegrast, aber sie war noch jung und hübsch und überlegte es sich, wie sie noch einen Sprung nach Amerika hinüber machen könnte, als im Bahnhofsrestaurant von Helsingfors zwei Männer saßen und, sich ab und zu vorsichtig umblickend, über Politik redeten. (...)*

> *DER GROSSE hielt sein Bierglas hoch und durchschaute es:*

> *Das Bier ist kein Bier, was dadurch ausgeglichen wird, daß die Zigarren keine Zigarren sind (...). Das Bier und die Zigarren hier. Ich möchte sie als führende Marken ansehen, das Beste was hier zu haben ist, und ich sehe einen glücklichen Umstand darin, daß das Bier kein Bier ist **und** die Zigarre keine Zigarre, denn wenn da zufällig keine Übereinstimmung bestände, wär das Restaurant kaum zu halten. Ich nehm an, daß der Kaffee auch kein Kaffee ist.*

> *DER UNTERSETZTE: Wie meinen Sie das, glücklicher Umstand?*

> *DER GROSSE: Ich mein, das Gleichgewicht ist wieder hergestellt. Sie brauchen den Vergleich miteinander nicht zu scheun und können Seit an Seit die ganze Welt herausfordern, keiner von ihnen find einen besseren Freund, und ihre Zusammenkünfte verlaufen harmonisch. Anders, wenn der Kaffee z.B. ein Kaffee und das Bier kein Bier wär, möcht die Welt leicht das Bier minderwertig schimpfen, und was dann?*[133]

Der Umstand, der DEN GROSSEN über seine aktuellen Erfahrungen hinauszuheben vermag, heißt: er muß die Erfahrung von „echtem", „wirklichem", auf jeden Fall besserem Bier bereits besitzen.

---

[133] Brecht: Ges.Werke 1967, S. 1383

Es klingt wie schon oft gehört, und ist doch von geradezu
werkzeughafter Einsicht:

Eine einzige Zugangsmöglichkeit gibt es zu einer
Veränderung der begründeten Annahmen über jeweils
mögliche Intensität und Qualität. Niemand kann es mir
erzählen, es behaupten oder sonstwie nahebringen.
Der einzige Zugang heißt:

**Ich muß es er-leben, es mit meinem Lebendigsein
wahr-nehmen.**

Deshalb gibt es keine auch nur im weitesten Sinne men-
schenbildliche Annahme ohne eigenes umfänglich gelebtes
Leben. Der Streit um individuelle, gesellschaftliche und
globale Utopien hat deshalb in entscheidender Weise zu
tun mit dem, was Menschen hier und heute in der Lage
sind zu er-leben.

Woher könnte ich sonst wissen, wie wach ein Mensch sein
kann, wie wütend, wie dankbar, wie verlassen, wie
verliebt, wie ausgebrannt, wie verbunden mit der Welt, wie
aufmerksam, wie grausam, wie menschlich?

Diese Fragen und ihre Beantwortung sind um so
entscheidender, als wir uns als Menschen immer auf
dem **Weg** zum Menschsein befinden. Wir wissen schlicht
noch gar nicht, was volles Menschsein alles beinhalten
kann.

Daß ein Löwe noch „löwiger" werden kann oder ein Schaf
noch „schafiger" scheint mir nicht plausibel. Aber daß ein
Mensch menschlicher werden kann, darüber besitze ich
sogar sehr rege Vorstellungen.

Aus dieser Perspektive ist auch die Aussage des
ehemaligen Nürnberger Kulturdezernenten H. Glaser zu
verstehen:

> *Soziokulturelle Kompetenz ist stark emotional
> bedingt; man muß daran „glauben", daß die
> Gesellschaft humanisiert, also mit Hilfe eines*

*utopischen Potentials vorangebracht werden
kann.*[134]

Oben ist hergeleitet, welche Bedingung dieses „glauben"
überhaupt erst in den Bereich des Möglichen rückt: es sind
entsprechende Erfahrungen.

Zwei Dinge prägen also auf entscheidende Weise auch die
Annahmen darüber, wie die ganze Arbeits- und
Lebenskultur einer Gesellschaft beschaffen sein sollte, was
sie zu leisten in der Lage sein müßte, was ihren
Individuen würdig sei und was nicht:

1. Die Qualität und Intensität der Erfahrungen und
Erlebnisse, die wir bereits jetzt zu haben in der Lage sind,
und

2. die daraus abgeleiteten Vorstellungen darüber, was
volles Menschsein überhaupt alles beinhalten würde.

Meine ganz persönlichen Vorstellungen über
Erlebnismöglichkeiten in diesem meinem Leben machen
auch einen gehörigen Anteil meiner Identität aus, meiner
Lebensplanung, meiner intimsten Hoffnungen auf ein
erfülltes Da-sein.

Jedoch: mich in einem Bereich zu verändern, bzw. mich
verändern zu lassen, birgt nicht nur Freude und Hoffnung,
sondern auch Irritation und Verunsicherung.

*Wahrnehmen, Empfinden, Erkennen und Erinnern
bilden sich in der kontinuierlichen Reibung mit der
alle unsere Sinne fordernden Wirklichkeit. Im
aktuellen Akt der Wahrnehmung kommt unsere
gesamte Biographie zur Erscheinung. In gewisser
Weise sind wir daher für das, was wir wahrnehmen
auch verantwortlich. Indem wir unseren Blick
schärfen, uns in der geschärften Selbstbeobachtung
der eigenen Arbeitsweise inne werden, halten wir
uns offen für den gezielten Eingriff in unsere*

---

[134] 1992, S. 116

geistige und körperliche Dynamik. Es bedarf jedoch
zunächst einer Irritation, einer Störung (...)
gewohnter Ordnungen, damit das fraglos Gewohnte
zu Bewußtsein kommt.[135]

Eine Veränderung der Vermutungen oder des Wissens über
die Möglichkeiten von Wahrnehmung und Erleben
bedeutet deshalb immer, Neuland zu betreten, d.h
eigentlich, **mich** zu verändern. Dies nicht etwa nur
gedanklich, sondern organismisch. Beim Heraustreten aus
einer Höhle etwa – und R.A. Wilson spricht z.B. auch
wörtlich von *Wirklichkeitstunneln*[136] – können schon
geringe Lichtstärken blenden, ja schmerzen, solange meine
Augen sich noch nicht auf die neue Lichtqualität
eingestellt haben. In der Anfangsphase mag die Frage
durchaus auftauchen, ob ich denn das will, diese
Konfrontation, diese Umstellung.

Die Fragen, was das gute Leben und was die gute
Gesellschaft seien, sind abgründig. Eben darum
muß man sie ständig miteinander erörtern. Nicht
daß es keine positive, auf Übereinkunft gründende
Antwort darauf gäbe! Vielmehr: Die Menschen
ertragen eine solche nicht[137],

behauptet Hartmut von Hentig, der jahrelange Leiter der
Laborschule in Düsseldorf.

Auch an dieser Stelle zeigt das herrschende Denk-,
Wissenschafts- und Informationsmilieu eine seiner
zentralen Schwächen. Festgelegt auf eine schwach genug
gelöste Erörterung der Frage nach dem, was relevante
Wirklichkeit überhaupt sei, wie sie erfaßbar wäre, und wer
eigentlich das Recht und die Fähigkeit besäße, diese
verantwortlich zu gewichten, wird der Tatsache, daß
Wirklichkeit auch **ausgehalten** werden muß, um
überhaupt den Rang einer solchen zu erhalten, als

---

[135] Lantermann 1992, S. 9
[136] vgl.: Wilson 1992,
[137] v. Hentig 1994, S. 91

alltägliches Erkenntnisproblem nicht einmal zu einem relevanten Thema.

Wer aber vermag denn noch zu benennen, wie der Anteil an verdrängter, aber individuell und gesellschaftlich durchaus existenzieller Wirklichkeit überhaupt aussieht, mit welchem Umfang er – auch nur etwa – anzunehmen wäre?

Wer vermag schon – nicht nur denkerisch, sondern wahrnehmungspsychologisch – Tatsachen wie Umweltkatastrophen, die eigene Gehaltsabrechnung, den Nord-Süd-Konflikt, den nächsten Urlaub, das Ozonloch, psychische Verelendung, die anstehenden Verwandtenbesuche, über 4 Millionen Arbeitslose, ein atomares Gleichgewicht des Schreckens, den nicht stattgefundenen Seitensprung, politische Letargie und 1-2 Dutzend Fernsehprogramme auf einem einzigen großen Haufen Wirklichkeit zusammenzudenken, ohne hilfesuchend in eine Art innerer Ablenkungsemigration zu gehen, oder aber hoffnungslos in Coolheit zu ersticken?

Und wer vermag das alles denn womöglich noch im Rahmen einer Gesamtbestandsaufnahme bewußt in Waagschalen zu stellen, an denen die Frage nach dem Stand des Experiments Mensch zu ersehen wäre, mit all seinen Anfragen an Menschenwürde, Glück, oder auch nur mit Anstand realisierte Machbarkeit?

Eine große Anfrage an die weltweite, sprachraumbezogene, aber auch familien-, stammtisch- und schulzimmer-umfassende Kapazität und Spannkraft von Wahr-nehmung.

•

Die Verarbeitung eines einfachen und elementaren Versuchs mit Tennisbällen entpuppte sich zu einer Aussagenfolge von großer Tragweite.

Dies wiederum stellt einen der zentralen „Nerven" der Arbeit mit dem Erfahrungsfeld dar, daß im kaum

Beobachteten, scheinbar längst Bekannten allgemeine Geschehnisse und Gesetze beobachtbar sind, die – konsequent verfolgt – gesellschaftliche Gestaltungskraft besitzen.

Müssen wir uns mit perspektivischen Fragen, wie dem Grad an möglicher Lebendigkeit und Gesundheit ausgestattet, nicht auch an Architektur, Städtebau, Schulwesen, Ökologie und die ganze Art und Weise von Produktion und Konsumtion wenden, um diese auf ihre Geeignetheit hin zu befragen?

Das angenommene Niveau der möglichen oder angemessenen Wahrnehmung zeigte sich in all dem mit zwei großen Eigenschaften:

Relativität und **Veränderbarkeit.**

Diesem Gedanken folgend, kann sich bei uns durchaus die wachsende Vermutung einstellen, daß sich in allen unseren Lebensvollzügen auch eine schwer quantifizierbare und deshalb um so mehr beunruhigende Portion ungelebten Lebens verbirgt.

In diese Wahrnehmung kann sich nun aber neben einer vielleicht entstehenden offensiven inneren Aufbruch-stimmung auch eine Art „Verdünnungs- und Relati-vierungsimpuls" einmischen, der bereits wieder auf Entlassung aus dieser Perspektive drängt. Wir erklären uns vielleicht wieder als „doch zufrieden" leistungsfähig, und befürchten vielleicht, daß, wer zu hoch greift, am Ende eventuell gar nichts haben könnte, versuchen uns mit den bestehenden Verhältnissen wieder neu anzufreunden, und betonen, daß sie doch auch ihre Vorzüge hätten.

Vielleicht ist uns dann auch die sicher richtige Vermutung besonders willkommen, daß wir – gerade in pädagogischen Berufen stehend – gut zu überlegen haben, welche Art von Lebendigkeit wir zu entfachen helfen wollen, und welche eher nicht.

Und so kann das eben noch Erkannte schnell wieder zu einem bekannten und vertrauten Maß hin blasser werden.

Im gleichen Maß, in dem sich aber nun eine Nivellierung zum Status quo hin anbietet und den eben noch als vielversprechend aufleuchtenden Erfahrungen und Einsichten die Kraft nimmt, benötigen wir Gegenkräfte in Form von immer wieder neuer bewußter und kritischer Vergegenwärtigung der genannten Tatsachen.

Wir können versuchen, dieser Entscheidung für ein Maß gewünschter und wünschbarer Veränderungen von Erlebensfähigkeit und Erlebnisintensität mit einer kleinen Geschichte zu begegnen. Im Anschluß an sie will ich in diese Geschichte hinein eine, wie ich meine, entscheidende Frage stellen.

Die Geschichte vom Stein am Grunde des Sees

Es war einmal ein Stein, ein großer kräftiger runder Stein. Er lebte am Grund eines tiefen Sees und war so halbwegs glücklich, wie auch die anderen Steine in seiner Nähe es waren. Der See war umgeben von mächtigen alten und hohen Bäumen, die sich während der Stürme, die über's Land gingen, ehrwürdig und dunkel hin und her neigten und das ganze Jahr über ihre Schatten über den See ausbreiteten. In klaren Nächten konnte der Stein außer dem Mond auch noch ein paar Sterne erschau'n.

Die Jahre gingen ins Land. Im Winter zog eine Eisdecke auf, und im Sommer sah der Stein Libellen über der Wasseroberfläche schillern. Dies alles bildete zusammen mit den Pflanzen am Grunde des Sees, die Welt, die der Stein kannte und liebte.

Eines Tages im Herbst nun zogen wieder starke Stürme übers Land. Dieses Jahr waren sie besonders mächtig. Die

Baumriesen, die den See umstanden, ächzten und krachten aneinander, und plötzlich geschah etwas noch nie Dagewesenes. An einer Stelle nämlich neigten sich die Baumkronen so weit auseinander, daß ein Sonnenstrahl von weit draußen seinen Weg zur Wasseroberfläche fand und von dort aus bis zu dem Stein auf dem Grunde des Sees gelangte. Alles ringsum war für einen Augenblick in einen goldenen Schimmer eingetaucht. Eine nie gekannte überwältigende Schönheit umgab plötzlich den Stein, und er sah es fast mit einer Spur von Bestürzung.

Nach einem langen Augenblick neigten die Bäume sich wieder zueinander, der Sturm legte sich, und erneut lag der gewohnte Schatten über dem Wasser. Alles war wie früher. Jedoch: der Schatten war jetzt ein Schatten, denn der Stein besaß jetzt etwas Neues, etwas schmerzlich Schönes:

Er hatte – eine Sehnsucht.

Die Geschichte endet hier, und ich will meine Frage anschließen. Sie lautet:
Darf der Wind so etwas tun?

Ich habe von vielen Menschen Antworten auf diese Frage gesammelt. Hier sind einige davon:

- Das ist schon unverantwortlich. Der Stein kann sich ja nicht selber helfen. Eigentlich ist das gemein!

- Klar darf der Wind das: Eine Sehnsucht zu haben ist etwas sehr Schönes und Inspirierendes. Das trägt einen weiter, und irgendwie fällt einem dann was ein.

- „Mittelmäßig glücklich" hieß es da. Ich finde das schon ganz schön viel. Das darf man doch nicht auf's Spiel setzen.

- Der Wind? – Der Wind weht doch einfach wo er will. Genau! Der kann doch nicht immer überlegen, was da alles passiert.

- Man könnte ja versuchen, auf Dauer was mit den Bäumen zu machen. Ein paar, finde ich, dürfte man schon absägen, wenn das für den Stein wirklich so schlimm ist.

- Aber zuviel fände ich auch nicht gut. Vielleicht hat der Stein in der Dunkelheit ja irgendwelche Fähigkeiten erworben, die dann niemandem mehr nützen.

- Die Sonne soll lieber zu **mir** herscheinen. Der Stein spürt doch eh' nichts.

- Der Stein müßte versuchen, sich gut mit dem Wind zu stellen ...

- Auch die Erinnerung an was Schönes ist schon was wert. Man macht die Augen zu, und dann ist es wieder da.

- Ich finde, die Geschichte ist nur eine Geschichte, denn in Wirklichkeit kommt doch nicht plötzlich mal was ganz Schönes, das noch nie da war.

- Vielleicht hat der Stein ja bei mehr Licht einen anderen Stein in seiner Nähe bemerkt und ist nun nicht mehr so allein.

- Der Wind müßte schon so wehen, daß dem Stein irgendwie eine Chance bleibt, seine Sehnsucht auch zu verwirklichen.

Diese im Plauderton formulierten Standpunkte, die ganz verschiedene Alters- und Entwicklungstufen widerspiegeln, enthalten beim genaueren Hinsehen zentrale kontroverse Standpunkte zur Frage der Verwandelbarkeit von Bewußtsein und äußerer Wirklichkeit, aber auch der Aufgaben und Möglichkeiten konkreter Utopien.

Ob du nun Lehrer, Gelehrter oder Musikant wirst, habe die Ehrfurcht vor dem 'Sinn', aber halte ihn nicht für lehrbar. Mit dem Lehrenwollen des 'Sinnes' haben einst die Geschichtsphilosophen die halbe Weltgeschichte verdorben, das feuilletonistische Zeitalter eingeleitet und eine Menge von vergossenem Blut mitverschuldet.

H. Hesse[138]

Daß eigentlich alle wahre Lehre nur die ist, die das schon Vorhandene und Bekannte entzündet und erleuchtet.

J. Grimm

Der Geist ist nicht eine Scheune, die man füllt, sondern eine Flamme, die man nährt.

C. Freinet

Ein politischer Wille bildet sich erst, wenn Menschen von etwas bewegt sind, und zwar nicht primär in ihren Interessen, sondern in ihrem Herzen.

K. M. Meyer-Abich

Die Wahrheit triumphiert nie, aber ihre Gegner sterben aus.

M. Planck

---

[138] Das Glasperlenspiel, 1979, S. 128

Ausklang

Nicht in einem noch so engagierten, losgelösten Bildungsinteresse äußert sich die Wirkungsmöglichkeit des Erfahrungsfeldes. Es realisiert sich erst in der Entfaltung und im Wiederfinden der gemachten Erfahrungen im praktischen und gedanklichen Alltag jeder Art.

Wenn vielleicht mit weniger Spielzeug mehr Spiel möglich wird, wenn zwischenmenschliche Beziehungen neue Aspekte erhalten, wenn ökologische Zusammenhänge stärker unter der Perspektive von Neugierde und eigenem Dazugehören wahrgenommen werden, wenn die Auseinandersetzung mit Polaritäten Konfliktfähigkeit oder auch ins Abseits geratene Gefühle, wie z.B. Trauer relevanter werden läßt, wenn die Begegnung mit Neuem und Fremdem auch von der menschlichen Geste des Wunderns und der Achtsamkeit begleitet wird, wenn Pädagogik mehr auf die organischen Gegebenheiten von Wahr-nehmung und Wachstum aufbaut, wenn die Dinge, die wir erwirtschaften, und mit denen wir uns umgeben, kompromißloser nach ihrem Beitrag zu wirklicher Lebensqualität befragt werden.

Manchmal können dann – ganz unerwartet und vielleicht durchaus nicht in bewußter Erinnerung an das Erfahrungsfeld – ergänzende Perspektiven und neue Sicht- und Verhaltensweisen möglich werden. – Inspiriert eher durch längst Gewußtes oder Geahntes, denn durch neues Wissen.

Lebendige und wirklich inspirierende Erfahrungen aber führen früher oder später zu einer zentralen Frage-stellung:

Was veranlaßt denn den modernen Menschen, in scheinbar freien Willensentscheidungen, seine krankmachenden, zerstörerischen und entwürdigenden Wege zu gehen?

Es muß doch die Folge tiefgreifender Orientierungs– und Empfindungslosigkeit sein, wenn er die organismischen Grundlagen seines Daseins – bis zu Ansätzen der Selbstvernichtung – dauerhaft und fast widerspruchslos einem Dickicht aus öffentlichen und privaten Sachzwangsargumenten ausliefert.

Dies kann nur geschehen in Unkenntnis und Unbeholfenheit gegenüber dem Kosmos seiner Wahrnehmungen. Nur so wird es möglich, in solch krasser Weise Quantitäten und Qualitäten zu verwechseln, und das bestehende Ausmaß an individueller, sozialer, ethischer und ökologischer – also gesamthumaner – Zerstörung in Kauf zu nehmen.

In all dem zeigte sich aber auch ein zweiter Horizont:

In die Freiheit entlassen, keiner tradierten Moral mehr gehorchend, und erwirtschaftete Bequemlichkeiten bis zur Langeweile und dem Schwund an humanem Grundpotential ausgekostet, stehen wir auch vor einer grundlegenden historischen Chance und Aufgabe: nämlich der Möglichkeit des umfassenden und grundlegenden Erkennens der organismischen Gesetze in den Empfindungs-, Verarbeitungs-, Erhaltungs- und Entwicklungsweisen des Lebendigen schlechthin.

Ein solches Unternehmen kann nur möglich sein zusammen mit der schrittweisen Entfaltung einer umfassenden Transparenz menschlicher Wahr-nehmung. Sie erst ist in der Lage, eben diese unsere Wahr-nehmung im lebendigen Vollzug ... wahrzunehmen.
Nur wenn auf diesem Weg auch unser Verwachsensein mit der Schöpfung und ihren Kreaturen wieder verstärkt erlebbar wird, können tragende Schlüsse gezogen werden für Maß und Qualität des globalen kollektiven Zusammenlebens des 21. Jahrhunderts.

Es geschieht nicht aus einem Übermaß an Zuversicht oder gar Euphorie, wenn von diesem entwickelten Punkt aus versucht wird, pädagogische Arbeitsfelder zu entwickeln. Es geschieht aus der sich aufdrängenden Tatsache heraus, nach dem Versagen von sowohl moralisierender als auch rationalistischer Ethik keine Wahl zu haben, als andere tragende Instanzen zu ermitteln, und sähen wir uns auch noch so unbeholfen und am Anfang neuer Denkgebärden der pädagogischen und politischen Kultur.

Als eine seiner geistigen Wurzeln nennt Hugo Kükelhaus immer wieder Goethe. Dieser schrieb einmal:

> *Ich habe wie Noah ein Schiff gebaut auf dem Gipfel eines Berges. Wenn die Wasser bis dorthin gestiegen sein werden, dann wird es flott.*

Es ist nicht leicht, Behauptungen darüber aufzustellen, wie weit die Wasser noch steigen können oder müssen, ich hoffe, etwas Teer beizutragen, um die Möglichkeiten des Schiffes zu stärken.

Es besteht immerhin die Chance, aus den uns aufgezwungenen Nöten und der erkannten Anatomie der Krise der Gegenwart, auch Inspirationen zu gewinnen für ein neues Ranken pädagogischer Aufgabenstellungen um die vertieft wahr-genommene Achse zwischen Selbst und Welt.

Es wäre doch wirklich zu schade. –
Finden Sie nicht?

Dank gebührt

Jutta Jäger, die es mit meinem
unersättlichen Gesprächsbedarf
aufnahm, die immer wieder Texte
las und Gedanken teilte,
die den Weg mitgeht,

Alfons Limbrunner und Frank
Rubach, die Mut machten,

Joachim König, der die wiederholt
nötigen Einweihungsriten zum
Novizen in Sachen
Computerschreibprogramme vollzog,

Wolfgang Sachße, der den
abgestürzten Text aus den
Kellergewölben des Hauptspeichers
bergen konnte,

den Bornholmer Sonnenuntergängen
über meinen Aufzeichnungen,

und den vielen Besucherinnen und
Besuchern, die die Stationen des
Erfahrungsfeldes ständig mit ihrer
Lebendigkeit anreichern.

Über den Autor

Initiator und Leiter des
Mobilen Erfahrungsfeldes zur
Entfaltung der Sinne
Nürnberg

Hauptamtlicher Dozent an
der
Evangelischen
Fachhochschule Nürnberg,
Fachbereich: Sozialwesen

Seminare und Fortbildungen,
Workshops und
Vortragsveranstaltungen zu
den Themen dieses Buchs.

Literaturverzeichnis

Adriani, G. u.a.: Beuys, Köln 1981

Alexander, G.: Eutonie, Ulm 1964

Avital, S.: Mimenspiel, Berlin 1985

Benner, D.: Allgemeine Pädagogik, Weinheim 1991

Berendt, J.E.: Nada Brahma, Frankfurt M. 1983

Berendt, J.E.: Das Dritte Ohr, Reinbek 1985

Brecht, B.: Gesammelte Werke, Frankfurt M. 1967

Buber, M.: Das dialogische Prinzip, Gerlingen 1994

Bundesverband Erlebnispädagogik: Information für
   Interessenten, Lüneburg 1993

Carnap, M./ **Moenig**, P.: kulturlos, Bern 1988

Debort, G.: Die Gesellschaft des Spektakels,
   Hamburg 1978

Endriss, U./ **Scharf**, K.: Lotos auf Steinen, Berlin 1994

Evans, R.J.: Gespräche mit C.G. Jung und Äußerungen
   von Earnest Jones, Zürich 1967

Fauser, P./ **Madelung**, E.: Vorstellungen bilden,
   Velber 1996

Faust, F. (Hrsg.): Buch der Lebensweisheiten,
   Rastatt 1996

Ferguson, M.: Die sanfte Verschwörung, München 1980

Gebser, J.: Ursprung und Gegenwart, München 1986

Glaser, H.: Behagen und Unbehagen in der Kulturpolitik,
Bad Heilbrunn 1992

Glaser, V.: Eutonie, Heidelberg 1980

Göbel, T.: Die Quellen der Kunst, Dornach 1982

Hanna, T.: Beweglich sein – ein Leben lang,
   München 1990

Hentig, H.v.: Die Schule neu denken, München 1994

Hesse, H.: Das Glasperlenspiel, Frankf. M. 1979

Illich, I.: Die Gesellschaft in den Fängen der Bedürfnismacher, Zeitschrift *Scheidewege,* Stuttgart 1977/4

INFO-DIENST Kulturpädagogische Nachrichten, München

Jacobs, D.: Die menschliche Bewegung, Wolfenbüttel 1983

Jonas, H.: Das Prinzip Verantwortung, Frankfurt M. 1979

Jung, C.G.: Gesammelte Werke, Zürich 1958ff

Jung, C.G.: Bewußtes und Unbewußtes, Olten 1971

Kafka, P.: Gegen den Untergang, München 1994

Kamper, D.: Zur Geschichte der Einbildungskraft, Reinbek 1990

Kant, I.: Kritik der reinen Vernunft, Frankf. M. 1974

Kapit, W./ **Elson**, L.M.: Anatomie-Malatlas, München 1989

Kegan, R.: Die Entwicklungsstufen des Selbst, München 1991

Köhler, H.: Von ängstlichen, traurigen und unruhigen Kindern, Stuttgart 1994

Kühlewind, G.: Die Belehrung der Sinne, Stuttgart 1990

Kükelhaus, H.: Das Wort des Johannes, Frankf. M. 1953

– Du kannst an keiner Stelle mit eins beginnen, Zürich 1981

– Fassen Fühlen Bilden, Köln 1986

– Organ und Bewußtsein, Köln 1977

– Organismus und Technik, Frankfurt M. 1979

– Unmenschliche Architektur, Köln 1983

Laing, R.D.: Phänomenologie der Erfahrung, Frankf. M. 1969

Lautermann, E. D.: Bildwechsel und Einbildung, Berlin 1992

Lesestunde, Zeitschrift der Deutschen
      Buchgemeinschaft, Heft 2
      Darmstadt 1960

Lindenberg, C.: (Hrsg.): Rudolf Steiner – Zur
      Sinneslehre, Stuttgart 1981

Lippe, R.z.: Sinnenbewußtsein, Reinbek 1987

Lippe, R.z./ **Kükelhaus**, H.: Entfaltung der Sinne,
      Frankfurt M. 1982

Lippe, R.z.(Hrsg.): *poiesis* – praktisch theoretische Wege
      ästhetischer Selbsterziehung, Zeitschrift des
      Instituts für praktischer Anthropologie e.V., Uni
      Oldenburg, Oldenburg 5/1989

Loccumer Protokolle, Loccum 1995

London, J.: Die großen Romane, München 1985

Maturana, H.R./ **Varela**, F.J.: Der Baum der Erkenntnis,
      München 1984

Meyer-Lexikon, Mannheim 1980

Ökorrespondenz, Organ der Ökobank, Frankf. M. 1996

Ott, G./**Proskauer** H.O.: Das Rätsel des farbigen
      Schattens, Basel 1979

Portmann, A.: Biologie und Geist, Zürich 1982

Prekop, J./**Schweizer**, C.: Unruhige Kinder,
      München 1993

Rumpf, H.: Belebungsversuche, Weinheim 1987

Schenkel, E.: Sinne und Sinn, Stuttgart 1992

Schiller, F.v.: Über die ästhetische Erziehung des
      Menschen, Stuttgart 1973

Schuster, M./ **Woschek**, B.P.: Nonverbale
      Kommunikation, Stuttgart 1989

Selle, G.: Gebrauch der Sinne, Reinbek 1988

Soesman, A.: Die zwöf Sinne, Stuttgart 1995

Stachelhaus, H.: Joseph Beuys, München 1987

Suhrkamp, P. (Hrsg.): Taschenbuch für junge Menschen,
      Berlin 1946

Straus, E.: Vom Sinn der Sinne, Berlin 1956

Tomatis, A.: Der Klang des Lebens, Reinbek 1980

Uelley, K.W. (Hrsg.): Der Heimatplanet,
    Frankfurt M. 1989

Vester, F.: Denken, Lernen, Vergessen, München 1978

Waffender, M.(Hrsg.): Cyberspace, Reinbek 1991

Wegzeichen, Zeitschrift der Rudolf Steiner Schule
    Nürnberg 12/1995

Wehr, G.: Carl Gustav Jung, Zürich 1988

Weinreb, F.: Traumleben Bd.1, Weiler 1979

Wilson, R.A.: Die neue Inquisition, Frankfurt M. 1992

Winter, F.G.: Der Wachstumskomplex, Freiburg 1980

Winter, F.G.: Arbeit: Zwang oder Erfüllung,
    Freiburg 1983

Zacharias, W. (Hrsg.): Sinnenreich, Hagen 1994

Zeitschrift für Erlebnispädagogik, Lüneburg 1991

Da es

dem König aber

wenig gefiel, daß seine Kinder,

die kontrollierten Straßen verlassend,

sich querfeldein herumtrieben,

um sich selbst ein Urteil über die Welt zu machen,

schenkte er ihnen Wagen und Pferd.

„Nun braucht ihr nicht mehr zu Fuß zu gehen",

waren seine Worte.

„Nun dürft ihr es nicht mehr",

waren deren Sinn.

„Nun könnt ihr es nicht mehr",

deren Wirkung.

Raum für Notizen:

Raum für Notizen:

Raum für Notizen:

Raum für Notizen:

Bücher für Eltern und Kinder

Horst Manfred Otte
Ohnmächtige Eltern
Was Eltern verzweifelt macht und Kinder verunsichert
– Ein Elternführerschein
3., durchges.u. erweiterte Aufl. 1997, XIV/ 172 Seiten, Format DIN A 5, br, ISBN 3- 86145-129-8, Bestell-Nr. 8366   DM 29,80

Helmut Köckenberger
Bewegungsräume
Entwicklungs- und kindorientierte Bewegungserziehung
1996, 180 S., mit vielen Illustrationen und Fotos, Format 16x23cm, br, ISBN 3-86145-088-7
Bestell-Nr. 8117   DM 36,00

Barbara Cárdenas
Diagnostik mit Pfiffigunde
Ein kindgemäßes Verfahren zur Beobachtung von Wahrnehmung und Motorik (5-8 Jahre)
4., verb. Aufl. 1996, 204 Seiten, mit Kopiervorla- gen, Format 16x23cm, br, ISBN 3-86145-115-8
Bestell-Nr. 8529   DM 39,80

Friedhelm Schilling
Spielen – Malen – Schreiben
11. Aufl. 1996, 78 Blatt, Format DIN A4, Block, ISBN 3-8080-0063-5, Bestell-Nr. 5210, DM 14,80

Christa-Maria Hippenstiel / Herbert Krautz
Konzentrations-Trainingsprogramm
für Kinder des ersten und zweiten Grundschuljahres
2. Aufl. 1995, 107 Blatt, Format DIN A4, Block, ISBN 3-86145-013-5 Bestell-Nr. 8355, DM 22,80

Christa-Maria Hippenstiel / Herbert Krautz
Konzentrations-Trainingsprogramm
für Kinder des dritten und vierten Grundschuljahres
2. Aufl. 1996, 107 Blatt, Format DIN A4, Block, ISBN 3-86145-014-3 Bestell-Nr. 8356, DM 22,80

Hilde Trapmann / Gerhard Liebetrau / Wilhelm Rotthaus
Auffälliges Verhalten im Kindesalter
Bedeutung – Ursache – Korrektur
Handbuch für Eltern und Erzieher
8. unveränd. Aufl. 1994, 244 Seiten, Format 16x23cm, br, ISBN 3-8080-0228-X
Bestell-Nr. 1101, DM 28,00

Peter Ehrlich / Klaus Heimann
Bewegungsspiele für Kinder
Wie ein Kind in seiner Entwicklung gefördert wer- den kann
4., überarb. und erw. Aufl. 1995, 120 Seiten, mit Fotos, Format DIN A5, br, ISBN 3-8080-0337-5
Bestell-Nr. 1117, DM 29,80

Volker Scheid / Robert Prohl
Kinder wollen sich bewegen
Bewegungserziehung in Wohnung und Halle für das Kleinkindalter
2. Aufl. 1989, 84 Seiten, Format 16x23cm, br, ISBN 3-8080-0153-4, Bestell-Nr. 1134, DM 25,80

Helmut Köckenberger / Gudrun Gaiser
„Sei doch endlich still!"
Entspannungsspiele und -geschichten für Kinder
1996, 168 S., mit Illustrationen, Format DIN A5, br, ISBN 3-86145-089-5
Bestell-Nr. 8373, DM 34,00

Helga Sinnhuber
Spielmaterial zur Entwicklungsförderung
– von der Geburt bis zur Schulreife
4., durchges. Aufl. 1991, 120 Seiten, mit 75 Abb., Format 16x23cm, br, ISBN 3-8080-0254-9
Bestell-Nr. 1112, DM 28,00

Kostenloses Gesamtverzeichnis und Lieferung ohne Porto- und Versandkosten durch:

vml **verlag modernes lernen**
borgmann publishing
Hohe Straße 39 • D-44139 Dortmund
☎ (0180) 534 01 30 • FAX (0180) 534 0120

Ihre Praxis ist unser Programm!

Sehen – Spüren – Hören

Wahrnehmung integrativ betrachtet

hrsgg. von Esther Rohde-Köttelwesch

1996, 200 S., 16x23cm, br,
ISBN 3-86145-093-3, Bestell-Nr. 8118, DM 38,00

Ein Weg für alle!

Leben mit Montessori

von Lore Anderlik

1996, 264 S., 16x23cm, viele Fotos, br,
ISBN 3-8080-0375-8, Bestell-Nr. 1173,
DM 38,00 bis zum Erscheinen, danach DM 42,00

Sinn und Sinne im Dialog

hrsgg. von Waltraut und Winfried Doering /
Gude Dose / Mario Stadelmann

1996, 264 S., 16x23cm, br,
ISBN 3-86145-083-6, Bestell-Nr. 8116, DM 39,80

Bewegungsräume

Entwicklungs- und kindorientierte
Bewegungserziehung

von Helmut Köckenberger

1996,180 S., 16x23cm, viele Abb., br,
ISBN 3-86145-088-7, Bestell-Nr. 8117, DM 36,00

„Sei doch endlich still!"

Entspannungsspiele und -geschichten für Kinder

von Helmut Köckenberger / Gudrun Gaiser

1996, 168 S., DIN A5, mit Illustr., br,
ISBN 3-86145-089-5, Bestell-Nr. 8373, DM 34,00

Portofreie Lieferung auch durch:

 verlag modernes lernen *borgmann publishing*

Hohe Straße 39 • D - 44139 Dortmund
☎ (0180) 534 01 30 • FAX (0180) 534 01 20